Dietmar Herrmann

**Effektiv Programmieren
in C und C++**

Ausbildung und Studium

Die Bücher der Reihe „Ausbildung und Studium" bieten praxisorientierte Einführungen für die Aus- und Weiterbildung sowie Bausteine für ein erfolgreiches berufsqualifizierendes Studium.

Unter anderem sind erschienen:

Studien- und Forschungsführer Informatik an Fachhochschulen
von Rainer Bischoff (Hrsg.)

Turbo Pascal Wegweiser für Ausbildung und Studium
von Ekkehard Kaier

Delphi Essentials
von Ekkehard Kaier

Programmieren mit Fortran 90
von Hans-Peter Bäumer

Wirtschaftsmathematik mit dem Computer
von Hans Benker

Datenbank-Engineering
von Alfred Moos und Gerhard Daues

Visual Basic Essentials
von Ekkehard Kaier

Excel für Betriebswirte
von Robert Horvat und Kambiz Koochaki

Grundkurs Wirtschaftsinformatik
von Dietmar Abts und Wilhelm Mülder

Praktische Systemprogrammierung
von Helmut Weber

Ingenieurmathematik mit Computeralgebra-Systemen
von Hans Benker

Excel für Techniker und Ingenieure
von Hans-Jürgen Holland und Uwe Bernhardt

Relationales und objektrelationales SQL
von Wolf-Michael Kähler

Kostenstellenrechnung mit SAP® R/3®
von Franz Klenger und Ellen Falk Kalms

Theorie und Praxis relationaler Datenbanken
von René Steiner

OBERON
von B. Marincek, J.L. Marais und E. Zeller

Studienführer Wirtschaftsinformatik
von Peter Mertens, Peter Chamoni, Dieter Ehrenberg, Joachim Griese, Lutz J. Heinrich und Karl Kurbel (Hrsg.)

Einführung in UNIX
von Werner Brecht

Grundkurs JAVA
von Dietmar Abts

Objektorientierte Programmierung in JAVA
von Otto Rauh

PL/I für Workstations
von Eberhard Sturm

Effektiv Programmieren in C und C++
von Dietmar Herrmann

Vieweg

Dietmar Herrmann

Effektiv Programmieren in C und C++

Eine aktuelle Einführung
mit Beispielen aus Mathematik,
Naturwissenschaft und Technik

4., aktualisierte und erweiterte Auflage

1. Auflage 1989
2., überarbeitete Auflage 1990 (Nachdruck 1991)
3., vollständig überarbeitete und erweiterte Auflage 1996
4., aktualisierte und erweiterte Auflage 1999

Alle Rechte vorbehalten
© Friedr. Vieweg & Sohn Verlagsgesellschaft mbH, Braunschweig/Wiesbaden, 1999

Der Verlag Vieweg ist ein Unternehmen der Bertelsmann Fachinformation GmbH.

Das Werk einschließlich aller seiner Teile ist urheberrechtlich geschützt. Jede Verwertung außerhalb der engen Grenzen des Urheberrechtsgesetzes ist ohne Zustimmung des Verlags unzulässig und strafbar. Das gilt insbesondere für Vervielfältigungen, Übersetzungen, Mikroverfilmungen und die Einspeicherung und Verarbeitung in elektronischen Systemen.

http://www.vieweg.de

Die Wiedergabe von Gebrauchsnamen, Handelsnamen, Warenbezeichnungen usw. in diesem Werk berechtigt auch ohne besondere Kennzeichnung nicht zu der Annahme, dass solche Namen im Sinne der Warenzeichen- und Markenschutz-Gesetzgebung als frei zu betrachten wären und daher von jedermann benutzt werden dürften.

Höchste inhaltliche und technische Qualität unserer Produkte ist unser Ziel. Bei der Produktion und Auslieferung unserer Bücher wollen wir die Umwelt schonen: Dieses Buch ist auf säurefreiem und chlorfrei gebleichtem Papier gedruckt. Die Einschweißfolie besteht aus Polyäthylen und damit aus organischen Grundstoffen, die weder bei der Herstellung noch bei der Verbrennung Schadstoffe freisetzen.

Konzeption und Layout des Umschlags: Ulrike Weigel, www.CorporateDesignGroup.de
Druck- und buchbinderische Verarbeitung: Lengericher Handelsdruckerei, Lengerich
Gedruckt auf säurefreiem Papier
Printed in Germany

ISBN 3-528-34655-8

Vorwort

C hat sich schon seit vielen Jahren als die wichtigste professionelle Programmiersprache bewährt. Seit langem hat C sein textgebundenes UNIX-Image überwunden und ist an allen Maschinen in einer grafisch-visuellen Benutzeroberfläche vertreten.

Das Buch ist als Arbeitsbuch für alle Leser geschrieben, die selbst am Rechner Erfahrungen in dieser wichtigen Programmiersprache sammeln wollen. Das Buch ist kein Lehrbuch, das mit einigen wenigen Programmfragmenten enzyklopädisch alle Sprachelemente in systematischer Weise abhandelt. Der Leser kann sich vielmehr an über 150 C- Programmen beispielorientiert in die Sprache einarbeiten. Die Neuerungen der ANSI C-Norm, die fast alle in C++ ihren Niederschlag gefunden haben, werden ausführlich referiert. Die Darstellung setzt voraus, daß der Leser seinen Rechner und sein Betriebssystem kennt und nach dem Laden des Quelltexts in einen Editor das Programm mittels eines C- bzw. C++-Compilers zum Laufen bringt.

Das Buch ist ursprünglich aus Aufzeichnungen für Kurse aus dem Bereich Lehrerausbildung entstanden, es wurde mehrfach als Basis für eine Vorlesung „Programmieren 1 und 2" an der Fachhochschule München verwendet. Die vorliegende 4. Auflage wurde gänzlich überarbeitet, aktualisiert und erweitert.

Die Bedeutung von C ist in den letzten Jahren durch die Einführung der Programmiersprache C++ noch wesentlich gewachsen. B. STROUSTRUP wählte bewußt C als Basis für seine objektorientierte Spracherweiterung. Eine vertiefte Kenntnis von C ist sicher ein idealer Einstieg in C++. Das Buch bietet in den Kapiteln 18 bis 20 einen elementaren Einstieg in die objektorientierte Programmierweise.

Da auch James Gosling die C/C++-Syntax für seine Programmiersprache JAVA gewählt hat, ist die C-Syntax zur universellen Ausdrucksweise geworden und hat die Pascal-Syntax längst verdrängt. Obwohl die Philosophie von JAVA eine ganze andere als die von C ist, kann man mit C-Kenntnissen JAVA-Programme weitgehend verstehen, da dort alle Kontrollstrukturen, Datentypen (bis auf *array* und *enum*) und die Funktionen übernommen wurden. Die Datentypen Boolesche Werte (*boolean*) und Zeichenketten (*strings*) sind in JAVA, anders als in C++, vordefinierte Klassen.

Kapitel 1 liefert einen Überblick in die Entstehung und Philosophie von C. Kapitel 2 legt die Grundlagen der Syntax von C, die im Gegensatz zu anderen Programmiersprachen gewöhnungsbedürftig ist.

Ausführlich werden im Kapitel 3 die einfachen Datentypen, ihre Speicherformate, mögliche Typumwandlungen (*casts*), die Fallstricke der Computer-Arithmetik und die grundlegenden Ein- und Ausgabefunktionen dargestellt.

Die grundlegenden Kontrollstrukturen behandelt Kapitel 4. Das folgende Kapitel 5 zeigt das Arbeiten mit Reihungen und Zeichenketten. In C sind die Pointer aus Kapitel 6 ganz eng mit Reihungen verbunden, die die knifflige Seite von C darstellen.

Die Funktionen werden in Kapitel 7 ausführlich und umfassend dargestellt. Seine Flexibilität verdankt C vor allem der Vielfalt von Funktionen, seien es mathematische, Zeichenketten- oder System-Funktionen.

Nach einer kurzen Diskussion der Speicherklassen in Kapitel 8 folgt in Kapitel 9 eine breite Darstellung von Operatoren in C. Die Schreib- und Verwendungsweisen von Operatoren von C sind nicht immer selbsterklärend, da manche Operatoren in mehrfacher Bedeutung angewandt werden. Hinzu kommt noch, daß in C++ fast alle Operatoren durch Überladen weitere Bedeutungen erhalten können.

Kapitel 10 beginnt mit der Rekursion als spezielle Programmiertechnik. Diese Techniken werden dann im Kapitel 15 fortgesetzt durch eine Diskussion weiterer Techniken wie

Teile-und-Herrsche-, Backtracking- und Branch & Bound-Methoden.

In Kapitel 11 erfolgt die Behandlung der höheren Datentypen wie Aufzählungstypen, Verbunde, Strukturen und Bitfelder, Diese werden ergänzt durch die selbstdefinierten, dynamischen Datentypen wie Listen, Binärbäume u. a. in Kapitel 12.

Hinweise zum Präprozessor und zum Einbinden von Bibliotheksfunktionen liefert Kapitel 13. Die Standard-Ein- und Ausgabe behandelt Kapitel 14.

MS-DOS-spezifisch ist Kapitel 16, das einige Beispiele zur Systemprogrammierung zeigt. Den Abschluß des C-Teils bildet Kapitel 17, das zehn Programme aus der Numerischen Mathematik, Statistik und Grafik enthält.

Der C++-Teil des Buchs beginnt in Kapitel 18 mit einer Einführung in das objektorientierte Programmieren (OOP). Im folgenden Kapitel 19 kann der Leser den Übergang von C nach C++ nachvollziehen. Hier finden sich Neuerungen wie Inline- und Template-Funktionen, Default-Parameter und die objektorientierte Ein- u. Ausgabe.

Kapitel 20 enthält zehn C++-Programmen aus verschiedenen Bereichen wie Wirtschaft, Numerik, Statistik, Physik und Astronomie. Sie zeigen, in welcher Vielfalt die Klassen – als selbstdefinierte Datentypen – in den Naturwissenschaften Anwendung finden.

Den Abschluß des Buchs bildet das Kapitel 21, in dem das Arbeiten mit der Standard Template Library (STL) aufzeigt. Diese Bibliotheken liefern die wichtigsten Algorithmen und Datenstrukturen in Form von Template, d.h. datentypunabhängig. Jeder Programmierer kann diese Templates, z.B. *<vector>* mit beliebigen eigenen Daten bzw. Klassen füllen. Dies ist eine erhebliche Arbeitserleichterung für Programmierer.

Alle C/C++-Programme dieses Buches können Sie als Datei erhalten per Internet unter der URL:
    http://www.informatik.fh-muenchen/~dietmar

Die im Buch enthaltene Programme entsprechen weitgehend dem ANSI C++-Standard und sollten daher von allen gängigen C- Compilern, die meist auch C++-Programme übersetzen können, fehlerfrei akzeptiert werden.

Dem Vieweg-Verlag, insbesondere Herrn Dr. R. Klockenbusch, danke ich für die Herausgabe des Buches nunmehr in der 4.Auflage . Besondere Unterstützung erfuhr ich durch Herrn Th. Kregeloh, der das Layout des Buches erstellte, meine Bitmap-Grafiken ins Vektorformat umwandelte und auch die Microsoft-Version der Grafikprogramme schrieb.

Anzing, Juli 1999

Dietmar Herrmann (dietmar.herrmann@t-online.de)

Inhaltsverzeichnis

1	**Überblick**	1
1.1	Die Geschichte von C	1
1.2	C als Programmiersprache	2
1.3	C als universelle Syntax	5
1.4	Die Bibliotheksfunktionen	5
1.5	Aufbau eines C-Programms	6
1.6	Ein C-Programm	7
2	**Syntax**	9
2.1	Zeichen	9
2.2	Bezeichner	10
2.3	Schlüsselwörter	12
2.4	Operatoren	13
2.5	Konstanten	15
2.6	Zeichenketten	17
2.7	Kommentare	17
2.8	Trennzeichen	18
2.9	Token	18
2.10	Ausdrücke	19
2.11	Anweisungen	21
3	**Einfache Datentypen**	23
3.1	Der Typ int	23
3.2	Der Typ unsigned int	26
3.3	Der Typ char	26
3.4	Der Typ unsigned char	28
3.5	Der Typ short int	29
3.6	Der Typ float	30
3.7	Der Typ long int	33
3.8	Der Typ double	35
3.9	Der Typ long double	41
3.10	Arithmetik	44
3.11	Der Cast-Operator	46
3.12	Die Eingabe mit scanf()	47
3.13	Übungen	49
4	**Kontrollstrukturen**	51
4.1	Die FOR-Schleife	51

	4.2	Die WHILE-Schleife	54
	4.3	Die DO-Schleife	56
	4.4	Die IF-Anweisung	59
	4.5	Die SWITCH-Anweisung	60
	4.6	Die BREAK-Anweisung	65
	4.7	Die CONTINUE-Anweisung	66
	4.8	Die GOTO-Anweisung	66
	4.9	Übungen	67
5	**Reihungen und Zeichenketten**		**69**
	5.1	Reihungen	69
	5.2	Zeichenketten	71
	5.3	Mehrdimensionale Reihungen	72
	5.4	Sortieren und Suchen in Listen	73
	5.5	Tabellen	79
	5.6	Mengen	81
	5.7	Umrechnung ins Binärsystem	85
	5.8	Polynome	86
	5.9	Matrizen	88
	5.10	Übungen	90
6	**Pointer**		**91**
	6.1	Was sind Pointer?	91
	6.2	Pointer und Reihungen	96
	6.3	Pointer-Arithmetik	97
	6.4	Pointer und Zeichenketten	100
	6.5	Pointer auf Pointer	106
	6.6	Die Speicherverwaltung	108
	6.7	Pointer auf Funktionen	113
	6.8	Übungen	118
7	**Funktionen**		**121**
	7.1	Funktionen	121
	7.2	Funktions-Prototypen	124
	7.3	Mathematische Standardfunktionen	126
	7.4	Prozeduren	129
	7.5	Call by Reference	130
	7.6	Stringfunktionen	134
	7.7	Zeichenfunktionen	138
	7.8	Übungen	140
8	**Speicherklassen**		**143**
	8.1	Die Speicherklasse auto(matic)	143
	8.2	Die Speicherklasse register	145

8.3	Die Speicherklasse static		146
8.4	Die Speicherklasse extern		149
8.5	Die Speicherklasse volatile		150
8.6	Zusammenfassung		150

9 Operatoren und Ausdrücke 151
   9.1   Einteilung der Operatoren 151
   9.2   Priorität von Operatoren 155
   9.3   Logische Operatoren 156
   9.4   Die Bitoperationen 158
   9.5   Ausdrücke und L-Values 160
   9.6   Übungen 162

10 Rekursion 163
   10.1   Das Rekursionsschema 163
   10.2   Grenzen der Rekursion 166
   10.3   Die Türme von Hanoi 167
   10.4   Permutationen 171
   10.5   Quicksort 173
   10.6   Die Ackermann-Funktion 178
   10.7   Übungen 180

11 Höhere Datentypen 181
   11.1   Der Aufzählungstyp enum 181
   11.2   Der Verbund struct 186
   11.3   Komplexe Zahlen und Polarkoordinaten 190
   11.4   Der Datentyp union 194
   11.5   Der Datentyp Bitfeld 197

12 Dynamische Datenstrukturen 201
   12.1   Der Stack 201
   12.2   Die verkettete Liste 210
   12.3   Die doppelt verkettete Liste 217
   12.4   Die verkettete Ringliste 219
   12.5   Der Binärbaum 222
   12.6   Heapsort 226
   12.7   Der Huffmann-Algorithmus 230

13 Präprozessor und Bibliotheken 237
   13.1   Der Präprozessor 237
   13.2   Die Header-Dateien 241
   13.3   Funktionsähnliche Macros 250

14 Dateien und stdin 253
   14.1   Die Standard-Ausgabe (stdout) 253

	14.2	Die Standard-Eingabe (stdin)	254
	14.3	Sequentielle Dateien	255
	14.4	Umleitung von stdin/stdout	258
	14.5	Der Standarddrucker (stdprn)	261
	14.6	Arbeiten mit Textdateien	266
	14.7	Öffnen eines Binärfiles (MS-DOS)	270
15	**Programmier-Prinzipien**		**273**
	15.1	Die Iteration	273
	15.2	Die Rekursion	275
	15.3	Das Teile-und-Herrsche-Prinzip	277
	15.4	Die Simulation	280
	15.5	Das Backtracking	286
	15.6	Branch & Bound	290
16	**System-Programmierung (MS-DOS)**		**295**
	16.1	Die Register des 8086	295
	16.2	Das BIOS	297
	16.3	Die DOS-Funktionen	300
	16.4	Die in/outport-Funktion	307
	16.5	Abfragen von Speicherstellen	309
	16.6	Die Datei ANSI.SYS	312
	16.7	Werteübergabe an MS-DOS	315
	16.8	Erzeugen eines Assembler-Codes	316
17	**C-Programme aus verschiedenen Bereichen**		**319**
	17.1	Newton-Iteration	319
	17.2	Runge-Kutta-Fehlberg-Verfahren	322
	17.3	Mehrschrittverfahren von Adams-Moulton	325
	17.4	Gauß-Integration	328
	17.5	Romberg-Integration	332
	17.6	Das von-Mises-Verfahren	334
	17.7	Das Householder-Verfahren	337
	17.8	Berechnung der Normalverteilung	341
	17.9	Grafik für Iterierte Funktionssysteme	344
	17.10	Grafik von Zykloidenkurven	347
18	**Von C nach C++**		**353**
	18.1	Warum C++?	353
	18.2	Kommentare	355
	18.3	Schlüsselwort Const	356
	18.4	Mathematische Konstanten	357
	18.5	Deklaration innerhalb eines Blocks	357
	18.6	Geltungsbereich-Operator ::	358

18.7	Verkürzte Strukturnamen	358
18.8	Inline-Funktionen	359
18.9	Default-Parameter bei Funktionen	360
18.10	Überladen von Funktionen	360
18.11	Referenzen	361
18.12	Leere Parameterliste einer Funktion	364
18.13	Überladen von Operatoren	365
18.14	Ausgabe/Eingabeströme in C++	365
18.15	Linken mit C-Objektcode	367
18.16	Template-Funktionen	368
18.17	Zusammenfassung	370

19 Einführung in OOP ... 371

19.1	Eine Klasse mit Operator-Überladen	372
19.2	Eine Klasse mit einfacher Vererbung	381
19.3	Eine Klasse mit Friend-Funktionen	385
19.4	Eine Klasse aus der Zahlentheorie	391
19.5	Eine Klasse aus der Biologie	394
19.6	Zusammenfassung	397

20 C++-Programme aus verschiedenen Bereichen ... 399

20.1	Eine Datums-Klasse	399
20.2	Eine Klasse zur Hypothekentilgung	402
20.3	Eine Klasse zum Datentyp Stack	404
20.4	Eine Klasse zur Dreiecksberechnung	407
20.5	Eine Klasse zum Bisektionsverfahren	411
20.6	Eine Klasse zur numerischen Integration	413
20.7	Eine Klasse zur Wahrscheinlichkeitsrechnung	415
20.8	Eine Klasse aus der Statistik	418
20.9	Eine Klasse aus der Atomphysik	423
20.10	Eine Klasse aus der Astronomie	426

21 Die Standard Template Library (STL) ... 431

21.1	Die Iteratoren	432
21.2	Funktionsobjekte	433
21.3	Der Container <vector>	435
21.4	Der Container <deque>	435
21.5	Der Container <list>	437
21.6	Der Container <map>	439
21.7	Der Container Multimap	441
21.8	Der Container <set>	443
21.9	Der Container Multiset	446
21.10	Der Adapter <stack>	446
21.11	Der Adapter <queue>	448

21.12 Der Adapter <priority_queue> 449
21.13 Die Template-Klasse <complex> 451
21.14 Nicht-verändernde Sequenz-Algorithmen 452
21.15 Ändernde Sequenz-Algorithmen 453
21.16 Mischen und Sortieren 454
21.17 Numerische Algorithmen 456

Anhang 459

A.1 Literaturverzeichnis 459

A.2 Verzeichnis der Beispielprogramme 463

Sachwortverzeichnis 469

1 Überblick

1.1 Die Geschichte von C

> *Keep C powerful, simple and elegant!*
> B. Kerninghan[18]

Die Entstehung von C erfolgte simultan zur Entwicklung des Betriebssystems UNIX. In den Jahren 1969-72 schrieb Ken THOMSON in den AT&T-Bell-Laboratories mit Hilfe von Dennis RITCHIE ein Betriebssystem (die erste Version von UNIX) für den Rechner DEC PDP-7 von DIGITAL EQUIMENT. Dazu entwickelte Thomson die Programmiersprache BCPL (*Basic Combined Programming Language*) von M. RICHARDS (1967) weiter und nannte sie B. B war wie BCPL für Systemprogrammierung gedacht; daher war der einzige verwendete Datentyp das Maschinenwort. Bei der Einführung der DEC PDP-11 1972 stellte sich das Problem, wie man das Betriebssystem am einfachsten an die Architektur der neuen Maschinen anpassen sollte. Da die PDP-11 nunmehr auch Zeichen, Ganz- und Fließkommazahlen unterstützte, war klar, daß B um dieses Datentypkonzept erweitert werden mußte. Das Resultat dieser Erweiterung war C, wie die neue Programmiersprache nun folgerichtig genannt wurde.

Bereits 1973 wurde C zusammen mit UNIX von Western Electric an Universitäten und Colleges abgegeben. Obwohl zunächst für die PDP-11 maßgeschneidert, wurde der C-Compiler 1975 von S. JOHNSON auf andere Maschinen umgeschrieben. Die Zahl der UNIX-Installationen wuchs sehr schnell, 1975 erschien die Version 6 und 1979 Version 7. Die letztgenannte Version ist unter der neuen Numerierung V die momentan aktuelle Fassung, die von der Open Software Foundation, dem Zusammenschluß zahlreicher Firmen unter der Federführung von AT&T, endgültig festgeschrieben werden soll.

1 Überblick

Die erste Standardisierung erfuhr C durch das 1978 erschienene Buch *The C Programming Language* (Übersetzung [17]) von B. KERNINGHAN und D. RITCHIE (allgemein unter dem Kürzel K & R populär), das jahrelang den Standard für C festschrieb. In der Folgezeit gewann C immer mehr Bedeutung in anderen Betriebssystemen und wurde an fast allen Rechnern implementiert – vom Microcomputer (unter CP/M) an bis hin zur CRAY-2.

Seit 1983 setzte das ANSI-Institut (*American National Standard Institute*) eine Arbeitsgruppe zur Standardisierung von C ein. Die folgenden Prinzipien hatte P. J. PLAUGHER 1985 in einem Seminar für die Weiterentwicklung von C aufgestellt:

- Existierender Code ist wichtig, nicht irgendeine Implementierung!
- C kann portabel sein!
- C kann nicht portabel sein!
- Bewahre den Geist (spirit) von C!

Am 9. November 1987 sollte schließlich nach weltweiten Verhandlungen der Entwurf X3J11/87-211 vorgelegt werden. Nach Verzögerungen erschien dann das Schlußdokument erst zu Beginn des Jahres 1990 unter der Nummer ANSI/ISO 9899:1990. C ist damit nach PASCAL die zweite, nicht von einem Komitee erdachte Programmiersprache, die eine internationale Norm erhielt.

1.2 C als Programmiersprache

> *Provide an ambigous and machine-independent definition of the language C [2]*

C ist wie FORTRAN, PASCAL u.a. eine höhere Programmiersprache im Gegensatz zu den Sprachen auf Assemblerebene. C ist jedoch wesentlich maschinennäher als ADA oder MODULA-2, da es den direkten Zugriff auf Bits, Bytes und Adressen erlaubt. Im Vergleich zu anderen Sprachen wird es manchmal mit FORTH auf eine Stufe gestellt.

1.2 C als Programmiersprache

Wie alle höheren Programmiersprachen unterstützt C das Datentypen-Konzept wie PASCAL, ADA oder MODULA-2. Jedoch ist C wesentlich flexibler und erlaubt jede sinnvolle Datentyp-Konversion. Es kennt eine universelle Ausgabefunktion, die den Ausdruck aller einfachen Datentypen ermöglicht. In MODULA-2 benötigt man dazu bereits sechs verschiedene Funktionen, nämlich WriteCard, WriteInt, WriteString, WriteReal, Write und WriteLn. Ein C-Compiler führt keine rigorose Prüfung der Indexgrenzen und Typenverträglichkeit durch, wie es z. B. ein PASCAL- oder MODULA-2-Compiler tut. Es ist in C sogar möglich, Prozeduren mit einer variablen Zahl von Parametern zu schreiben, was in PASCAL undenkbar wäre. Dieser größeren Freiheit steht die größere Verantwortung des Programmierers gegenüber. Die in C steckende Philosophie beschrieb Kerninghan wie folgt:

C retains the basic philosophy that programmers know what they are doing; it only requires that you state your intentions explicitly.

Die folgende Richtlinien stammen aus Kreisen des ANSI C-Komitees:

- Vertraue dem Programmierer!
- Hindere den Programmierer nicht in seiner Arbeit!
- Halte den Sprachumfang klein und einfach!
- Laß nur einen Weg zu, um eine bestimmte Aufgabe zu tun!
- Mache es schnell, auch wenn das Programm nicht immer garantiert portabel ist!

C kann als blockstrukturierte Sprache bezeichnet werden, obwohl strenggenommen zur Blockstruktur auch gehört, daß innerhalb einer Prozedur oder Funktion eine weitere definiert werden kann. Aber immerhin gilt diese Blockstruktur für Variablen. C kennt ferner die wichtigsten Kontrollstrukturen wie die FOR-, WHILE- und DO-WHILE-Schleifen und die Alternativen IF und SWITCH. Die Sprunganweisung ist zwar erlaubt, kann aber im Gegensatz zu BASIC und FORTRAN vermieden werden.

Die grundlegenden Komponenten von C-Programmen sind die Funktionen. Neben der leichten Wartbarkeit fordert das Software-Engineering auch die Modularität einer Programmiersprache. C unterstützte von Anfang an das Konzept der gesondert compilierbaren Funktionen, so daß umfangreiche Software-Projekte in kleinere, überschaubare Teile gegliedert und jeweils einzeln realisiert werden können.

Obwohl damit C eigentlich alle wichtigen Anforderungen an eine Programmiersprache erfüllt, gibt es doch eine ganze Reihe von Professoren, die C als Programmiersprache kritisch gegenüberstehen. Ihr Hauptvorwurf ist, daß C eine zu hohe Disziplin des Programmierers voraussetzt, damit er nicht völlig unleserliche Programme schreibt. Weiter wird vorgeworfen, daß die Blockstruktur in C nicht streng eingehalten wird, da neben Funktionen auch die symbolischen Konstanten global sind.

Bemängelt wird auch insbesondere die Umgehung des Datentyp-Konzepts. So gibt es keine BOOLEschen Variablen, und durch den Zugriff auf Adressen wird die Typenprüfung umgangen. Hinzu kommt, daß durch die UNION-Struktur eine mehrfache Interpretation der Daten ermöglicht wird. Kritisiert wird ferner, daß Nebeneffekte möglich sind; d.h. durch eine Wertzuweisung an eine Variable oder durch Pointermanipulation ist es möglich, den Wert einer zweiten Variablen zu ändern. Von den meisten Informatik-Professoren wird C gerade noch als UNIX-Hilfsmittel akzeptiert. Bezeichnend ist das Zitat von GHEZZI und JAZAYERI (1982):

Altough C is not in any sense a superior language, there are many tools in the system that combine with C to make for an excellent program development environment. .. It is no exaggeration to say that the best thing about the language C is that it comes with the UNIX system.

Diese Argumente gehen natürlich am Sinn und Zweck von C vorbei. C ist nicht, wie z.B. PASCAL, für Lehr- oder zu didaktischen Zwecken konzipiert worden. C ist, wie auch z.B. APL, ähnlich wie die Symbolik der höheren Mathematik, für den Erfahrenen gedacht, der sich damit kurz und prägnant ausdrücken will.

1.3 C als universelle Syntax

Da C++ als die mit Abstand am häufigsten verwendete objektorientierte Programmiersprache und nunmehr auch JAVA die Syntax von C übernommen hat, hat C nun universelle Bedeutung erlangt. Kein angehender Programmierer kann es sich leisten, sich ohne C-Kenntnisse um einen Programmierjob im Windows- bzw. UNIX-Bereich zu bewerben.

1.4 Die Bibliotheksfunktionen

Ein weiterer Grund, warum sich C heute bei Software-Entwicklern großer Beliebtheit erfreut, ist die Portabilität.

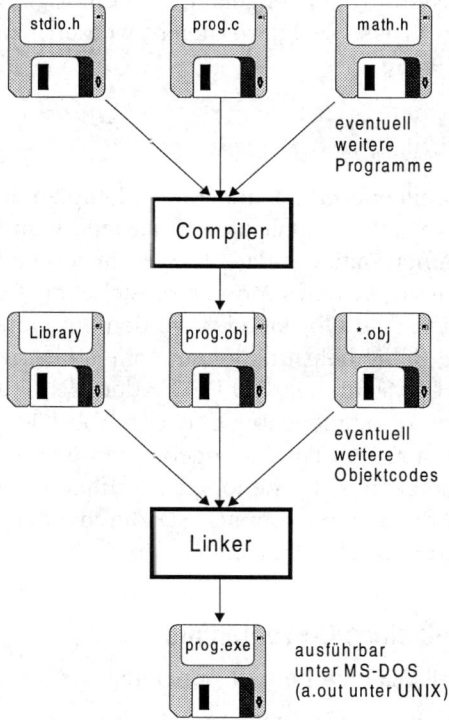

Abb. 1.1: *Compilieren und Linken eines C-Programms*

Es ist möglich, bei Vermeidung von implementationsabhängigen und nicht dokumentierten Eigenschaften, Programme (ohne Grafik) zu schreiben, die sowohl auf einem IBM-PC wie auf einer VAX oder einer CRAY-2 laufen. Möglich wurde dies durch das Konzept der Einbeziehung einer Bibliothek in C. Diese Bibliothek enthält die maschinenabhängigen Teile von C, z.B. die Ein- und Ausgabefunktionen printf() bzw. scanf(), die Speicherbelegungs-Funktionen malloc() und die mathematischen Funktionen wie sin() usw. Der C-Neuling ist meist sehr erstaunt zu erfahren, daß es in C keinen Befehl zum Bildschirmlöschen gibt und daß er zum Vergleich zweier Zeichenketten erst eine Funktion laden muß!

Die Deklarationen dieser Bibliotheksfunktionen sind, nach Bereichen zusammengefaßt, in den sog. Header-Dateien zu finden. Diese Header-Dateien werden durch die Include-Anweisung:

```
#include <math.h>
#include <string.h>
```

im Quellcode erfaßt und beim Compilieren mit eingeschlossen. Sie stellen damit die Schnittstelle vom Programm zu den Maschinenroutinen dar. Die beim Compilieren eines Programms bzw. eines Moduls entstehende Datei heißt der *Objektcode*. Alle Objektcodes werden zusammen mit den benötigten Bibliotheksfunktionen vom Linker zu dem in einem Betriebssystem wie MS-DOS oder UNIX ausführbaren Programm zusammengebunden (vgl.Abb.1.1). Während Objektcodes stets vollständig eingebunden werden, werden aus der Bibliothek nur die benötigten Routinen mit Hilfe von relativen Adressen entnommen. Dadurch erhält man in C einen kurzen und schnell ausführbaren Code.

1.5 Aufbau eines C-Programms

Ein C-Programm besteht prinzipiell aus folgenden Teilen:

- Durch die #Include-Anweisungen werden externe Dateien in den Quelltext einbezogen oder Schnittstellen zur Compiler-Bibliothek geschaffen.

- Mit den #define-Anweisungen werden symbolische Konstanten und Makros definiert.

- Variablen und Datentypen, die vor dem Hauptprogramm deklariert werden, kennzeichnen globale bzw. externe Variablen bzw. Datentypen, die allen Teilen des C-Programms zugänglich sind.

- Das Hauptprogramm main() steht meist vor den übrigen Funktionen. Jedes C-Programm darf nur eine main-Funktion aufweisen, gleichgültig aus wievielen Unterprogrammen es besteht.

- Es folgen die übrigen Funktionen des Programms, darunter die externen Funktionen.

1.6 Ein C-Programm

Als Beispiel für ein typisches C-Programm mit Ein- und Ausgabe dient das folgende Programm, das den Endwert eines Sparvertrags mit vorschüssigen (d.h. am Monatsersten fälligen) Monatsraten berechnet.

```
/* sparen.c */
/* Endsumme eines Sparvertrags mit vorschuessigen
   Monatsraten */
#include <stdio.h>
void main()
{
    int i;      /* Laufvariable           */
    int n;      /* Anzahl der Jahre       */
    float p;    /* Zinsfuss in %          */
    float r;    /* monatliche Rate        */
    float q;    /* Aufzinsfaktor          */
    float e;    /* Endwert                */
    printf("jaehrl.Zinssatz in %%? ");
    scanf("%f",&p);
    printf("monatliche Rate in DM? ");
    scanf("%f",&r);
```

Prog. 1.1:   *sparen.c (Fortsetzung auf der nächsten Seite)*

7

1 Überblick

```
printf("Laufzeit in (ganzen) Jahren? ");
scanf("%d",&n);
p = p*0.01;
q = 1.+p;
printf("Jahr  Sparbetrag(DM)\n");
for (i=1; i<=n; i++)
{
   e = r*(12./p+6.5)*(q-1.);
   q *= 1.+p;
   printf("%3d %12.2f\n",i,e);
}
return;
}
```

Prog. 1.1: *sparen.c*

Für die Eingabe

p = 4.5 %, r = 200 DM, n = 12 Jahre

erhält man die Ausgabe

```
Jahr  Sparbetrag(DM)
  1      2458.50
  2      5027.63
  3      7712.38
  4     10517.93
  5     13449.74
  6     16513.48
  7     19715.08
  8     23060.76
  9     26557.00
 10     30210.56
 11     34028.54
 12     38018.32
```

2 Syntax

Die Syntax einer Programmiersprache zählt stets zu den etwas trockenen Kapiteln eines Buches. Jedoch ist die Kenntnis der Syntax unerläßlich, um korrekte Programme schreiben und die Arbeitsweise des Compilers verstehen zu können. Gerade in C, das sich durch eine Vielzahl von Operatoren, eine Kurzschreibweise und eine spezielle Interpretation von Ausdrükken wesentlich von anderen Programmiersprachen unterscheidet, ist die genaue Kenntnis aller *Grammatikregeln* der Sprache wichtig.

2.1 Zeichen

> *Das Zeichen ist das sinnlich Wahrnehmbare am Symbol.*
> Wittgenstein

Ein C-Programm besteht aus einer Folge von Zeichen (englisch *character*). Dazu zählen:

Kleinbuchstaben	a,b,c,d,...,z
Großbuchstaben	A,B,C,D,...,Z
Ziffern	0,1,2,3,4,5,6,7,8,9 (dezimal)
	0,1,2,3,4,5,6,7 (oktal)
	A,B,C,D,E,F (hexadezimal)
	a,b,c,d,e,f (hexadezimal)
Sonderzeichen	+ = - ( ) * & % $ # ! | < > . , ; : " ' / ? { } ~ \ [ ] ^
Nichtdruckbare Zeichen	Leerstelle, \n (Neue Zeile), \t (Tabulator)

Die beiden letzten Symbole zählen als ein Character, obwohl sie jeweils mit zwei Zeichen dargestellt werden.

2 Syntax

Ebenfalls als ein Character zählen die neu von der ANSI C-Norm eingeführten Trigraphen

Trigraph	Ersatz für
??=	#
??(	[
??)	]
??<	{
??>	}
??/	\
??!	|
??-	~
??'	^

Sie sind Ersatzzeichen und für die (nationalen) Tastaturen gedacht, die nicht alle Sonderzeichen unterstützen.

2.2 Bezeichner

Der Name ist durch keine Definition weiter zu zergliedern. Er ist ein Urzeichen.
Wittgenstein

Bezeichner sind eindeutige Namen für alle Objekte eines Programms, z. B. Variablen, Schlüsselwörter, Funktionen, Sprungmarken usw..

Ein Bezeichner besteht aus einer beliebigen Folge von Buchstaben, Ziffern und dem Sonderzeichen _ (englisch *underscore*), wobei das erste Zeichen keine Ziffer sein darf. Gemäß der ANSI C-Norm sind Bezeichner, die mit _ beginnen, dem Betriebssystem vorbehalten. Nach dieser Norm haben Bezeichner maximal 31 gültige Zeichen. Das bedeutet, daß zwei Bezeichner nicht unterschieden werden können, wenn sie in den ersten 31 Buchstaben übereinstimmen. Bezeichner für externe Funktionen haben nur sechs signifikante Zeichen.

2.2 Bezeichner

Gültige Bezeichner sind:

```
a
x0
zaehler
einkommen
karl_der_grosse
zins1988
_time           /* nur System                        */
```

Ungültig sind:

```
nord-west       /* Minus nicht erlaubt               */
ludwig II       /* Leerstelle im Dateinamen          */
3dim            /* Ziffer am Anfang nicht erlaubt    */
ludwig.2        /* Punkt im Dateinamen               */
```

Im allgemeinen wird in C zwischen Groß- und Kleinschreibung unterschieden.

```
anna
ANNA
Anna
anNa
aNna
```

sind somit lauter unterschiedliche Bezeichner.

2.3 Schlüsselwörter

Einige Bezeichner haben in C spezielle Bedeutung und sind daher als Schlüsselwörter reserviert. Es gibt 32 davon:

auto	break	case	char	const
continue	default	do	double	else
enum	extern	float	for	goto
if	int	long	register	return
short	signed	sizeof	static	struct
switch	typedef	union	unsigned	void
volatile	while			

Neu davon sind nach der ANSI C-Norm:

const	enum	signed	void	volatile

Der Microsoft C-Compiler kennt zusätzlich noch die Schlüsselwörter:

cdecl	far	fortran	near	pascal

Turbo C benutzt zusätzlich noch:

asm	cdecl	far	huge	near
pascal	cs	ds	es	ss

Auch die Namen der Standardfunktionen wie sqrt, sin, cos usw. sollten nicht als Bezeichner verwendet werden, da solche Namen dann nicht mehr eindeutig sind. Die Anzahl der Schlüsselwörter in C ist klein im Vergleich z. B. zu Ada. Die Mächtigkeit der Programmiersprache C zeigt sich an den ca. 300 Bibliotheksfunktionen, die in neueren MS-DOS-Versionen implementiert sind.

2.4 Operatoren

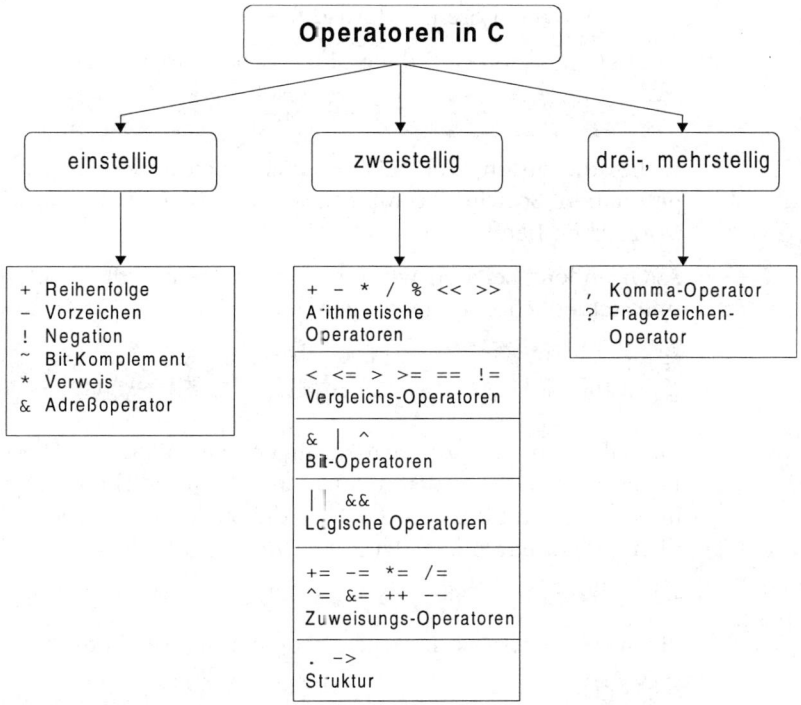

Abb. 2.1: Operatoren

Ein Operator ist eines der folgenden Zeichen:

!	~	++	--	+
-	*	/	%	<<
>>	<	<=	>	>=
==	!=	|	&	^
&&	||	=	+=	-=
*=	/=	%=	>>=	<<=
&=	^=	|=	?:	,
[]	()	.	->	

2 Syntax

Wie man sieht, haben fast alle der oben aufgeführten Sonderzeichen als Operator eine besondere Bedeutung (siehe auch Kapitel 9: Operatoren und Ausdrücke).

Am bekanntesten sind die arithmetischen Operatoren:

wobei die ersten drei Zeichen auch noch andere Bedeutungen haben. So wird das Minuszeichen z. B. auch als negatives Vorzeichen benutzt.

Auch andere Zeichen wie etwa das Prozentzeichen treten in unterschiedlichen Bedeutungen auf:

```
j = a % b;          /* Modulo-Operator           */
printf("%d",j);     /* Formatzeichen für Ausgabe */
```

Einmal dient es zur ganzzahligen Restbildung (Modulo-Rechnung), zum anderen auch als Formatzeichen bei Ein- und Ausgabefunktionen. Auch ist die Stellung der Operatoren nicht immer eindeutig. Hat a den Wert 3, so liefert

```
b = a++;
```

die Werte b=3, a=4. Dagegen bedeutet die Ausführung von

```
b = ++a;
```

die Wertzuweisung b = a = 4.

2.5 Konstanten

Konstanten gibt es von jedem Datentyp. So ist

   17   eine ganzzahlige Konstante,

   17.0   eine reelle (oder Gleitkomma-)Konstante.

Zahlkonstanten müssen jedoch nicht im Dezimalsystem stehen. Erlaubt ist ebenso das Oktal-(Achter-) System wie das Hexadezimal-System zur Basis 16. Oktalzahlen werden durch eine vorangestellte Null, Hexzahlen durch ein vorangestelltes 0x gekennzeichnet. So ist:

   17   dezimal,

   017   oktal (= 15 dezimal),

   0x017   hexadezimal (= 23 dezimal).

Spezielle Konstanten sind die Escape-Sequenzen (Steuerzeichen), die besondere Bedeutung aufweisen, wenn sie in einem String vorkommen:

\'	Hochkomma,
\"	Anführungszeichen,
\\	Schrägstrich,
\ddd	dezimale Konstante,
\xddd	hexadezimale Konstante,
\a	Alert (Glocke),
\b	Backspace (ein Zeichen nach links),
\f	Form Feed (Seitenvorschub),
\n	neue Zeile,
\r	Return (Zeilenvorschub),
\t	Tabulator,
\v	Vertical Tab (Zeile nach unten).

Die Steuerzeichen \v und \f wirken nur am Drucker, nicht jedoch am Bildschirm.

Textkonstanten können Zeichen oder Zeichenketten sein:

   "007", "4711"
   "Fehlermeldung"

2 Syntax

Zeichenketten der Länge 1 und Zeichen werden voneinander unterschieden:

'a','A'   Buchstaben a, A,
"a","A"   Zeichenkette der Länge 1.

In C sollte die Möglichkeit genutzt werden, einer Konstante einen symbolischen Namen zu geben:

```
#define SIEDEPUNKT 100
#define MWST 16
#define PI 3.14159265L
#define FEHLERMELDUNG "falsche Parameter"
```

Diese Konstantennamen – meist in Großbuchstaben geschrieben – erhöhen die Lesbarkeit eines Programms deutlich. Außerdem können solche Programme leichter geändert werden, da im Fall einer Änderung, z. B. des Mehrwertsteuersatzes, nur der Wert der entsprechenden Konstante modifiziert werden muß. Diese symbolischen Namen werden vor dem Compilieren vom Präprozessor durch ihren Zahlenwert bzw. durch Textsubstitution ersetzt.

Neu gemäß der ANSI C-Norm ist die Möglichkeit, eine Konstante explizit zu einem Datentyp zu vereinbaren. Dies erfolgt mit Hilfe des Schlüsselworts const.

```
const int maxint = 32767;
const float wurzel_2 = 1.4142135623;
const char *str = "Hello, world";
```

Die Konstanten-Vereinbarung verhindert, daß einer Zahl- oder Zeichenkettenkonstante zur Laufzeit des Programms ein neuer Wert zugewiesen wird. Diese Konstanten können aber nicht als Obergrenze einer Reihung (*array*) dienen.

2.6 Zeichenketten

Eine Zeichenkette (englisch *string*) ist eine Folge von Zeichen, die von zwei Anführungszeichen " " eingeschlossen ist. Enthält die Zeichenkette auch Ziffern, so heißt sie alphanumerisch. Schließt ein String ein Anführungszeichen ein, so muß ihm ein \ (englisch *backslash*) vorangehen. Gültige Zeichenketten sind:

```
"Karl_der_Grosse"
"Romeo & Julia"
"Sein Name war \"Caesar\""
"    "           /* String mit Leerstellen */
""               /* leerer String           */
```

Nach der ANSI C-Norm kann eine Zeichenkette (nach einer Verkettung) höchstens 509 Zeichen haben.

2.7 Kommentare

Ein Kommentar ist erläuternder Text, den der Programmierer seinem Programm als Verständnishilfe mitgibt. Ein solcher Kommentar wird durch die Zeichen /* */ begrenzt.

```
/* Kommentar */     /* 2.Kommentar */
/* Ein Kommentar
   kann sich auch über
   mehrere Zeilen erstrecken */
```

Nicht zu übersehen ist ein Kommentar der Form:

```
/*****************************
 *    Kommentar mit Rahmen    *
 *****************************/
```

Kommentare dürfen im allgemeinen jedoch nicht verschachtelt werden, d. h. kein Kommentar darf einen anderen einschließen. In Turbo C gibt es zwar eine spezielle Compileroption, die verschachtelte Kommentare erlaubt; dies sollte man jedoch aus Gründen der Übertragbarkeit vermeiden. Da

Kommentare für die Maschine keine Bedeutung haben, werden sie – wie alle Leerstellen und -zeilen – beim Compilieren einfach überlesen.

2.8 Trennzeichen

Mit Hilfe von Trennzeichen (Separatoren) werden Bezeichner, Ausdrücke und Schlüsselwörter getrennt.

Als Trennzeichen dienen die Sonderzeichen:

[]	()	{}	*	:
=	;	#		

2.9 Token

Ein Token ist die kleinste Einheit eines C-Programms, das der Compiler als grammatikalische Einheit erkennt. Dies kann sein ein(e):

- Satzzeichen,
- Operator,
- Bezeichner,
- Konstante,
- Schlüsselwort,
- Zeichenkette.

Token werden entweder durch Separatoren (siehe oben) oder auch durch Leerstellen getrennt. Daher dürfen Bezeichner und Schlüsselwörter keine Leerstellen enthalten, da sie sonst nicht vom Compiler als solche erkannt werden. Dagegen ist es möglich, Bezeichner zu wählen, in denen Schlüsselwörter enthalten sind.

```
integer     /* erlaubt */
elsewhere   /* erlaubt */
```

Bei einer Aneinanderreihung von Operatoren muß beachtet werden, daß der Compiler die Token eventuell anders liest, als sich der Programmierer das gedacht hat. Der Ausdruck

```
i+++j
```

wird vom Compiler als

```
(i++)+(j)
```

gelesen. Falls der Ausdruck anders interpretiert werden soll, z. B. als

```
(i)+(++j)
```

müssen entsprechende Klammern gesetzt werden.

2.10 Ausdrücke

Verknüpft man einen Operator mit der seinem Typ entsprechenden Anzahl von Variablen oder Konstanten, so erhält man einen Ausdruck (englisch *expression*)

```
a + b       /* arithmetischer Ausdruck */
x = 2
x == 1      /* Boolescher Ausdruck     */
3*x + 5
```

Allgemein wird ein Ausdruck in C definiert durch folgende Liste:

- Bezeichner,
- Konstante,
- Zeichenkette,
- Ausdruck(Ausdruck),
- Ausdruck[Ausdruck],
- Ausdruck.Bezeichner,
- Ausdruck->Bezeichner,
- einstelliger Ausdruck (mit -,~,!,*,&),
- zweistelliger Ausdruck (mit zweistelligem Operator),
- dreistelliger Ausdruck (mit ? Operator),

- Zuweisungs-Ausdruck (mit ++, --),
- (Ausdruck),
- (Datentyp)Ausdruck (Cast-Operator).

Wie an dieser Aufzählung zu erkennen ist, ermöglicht C sehr vielfältige Ausdrücke. Spezielle Ausdrücke sind die arithmetischen; sie enthalten nur die arithmetischen Operatoren, Bezeichner und Konstanten. In anderen Programmiersprachen haben Ausdrücke, in denen Vergleichsoperatoren vorkommen, besondere Bedeutung; sie werden BOOLEsch genannt (nach dem Mathematiker George BOOLE 1815-1864). Nur solche BOOLEschen Ausdrücke haben dort einen Wahrheitswert; d. h. sie sind entweder wahr oder falsch. In C dagegen hat jeder Ausdruck einen Wert und kann damit den Programmablauf beeinflussen. Der Ausdruck

```
x = 7
```

z. B. hat den Wert 7, wie man mittels

```
printf("%d",x=7);
```

nachprüfen kann. C kennt nicht den Datentyp der BOOLEschen Variable. Vielmehr wird jeder Ausdruck, der ungleich Null ist, als wahr und jeder Ausdruck vom Wert Null als falsch angesehen.

Nach der ANSI C-Norm darf ein Ausdruck maximal 32 Klammerebenen enthalten.

2.11 Anweisungen

Eine Anweisung (englisch *statement*) in C gehört zu einer der folgende Gruppen.

Wiederholungsanweisungen:
- FOR-Anweisung,
- WHILE-Anweisung,
- DO-WHILE-Anweisung.

Bedingte Anweisungen:
- IF-Anweisung,
- SWITCH-Anweisung.

Sprunganweisungen:
- GOTO-Anweisung,
- BREAK-Anweisung,
- CONTINUE-Anweisung.

RETURN-Anweisung

Verbundanweisung

Leere Anweisung ";"

Ausdruck;

CASE-Anweisung

default-Anweisung

label-Anweisung.

Eine Wertzuweisung wie

```
x = 2;
```

ist eine spezielle Anweisung der Form Ausdruck;. Alle Anweisungen, außer der Verbundanweisung

```
{ }
```

müssen mit einem Strichpunkt abgeschlossen werden. Daher folgt

2 Syntax

```
x = 2     /* ist ein Ausdruck   */
x = 2;    /* ist eine Anweisung */
```

Es fällt auf, daß keinerlei Aus- und Eingabe-Anweisungen aufgeführt wurden. Die Ein- und Ausgabe ist nicht eigentlicher Bestandteil der Programmiersprache C.

Gelingt z. B. die ganzzahlige Eingabe von Tag, Monat, Jahr mittels

```
scanf("%d.%d.%d",&tag,&monat,&jahr);
```

so hat dieser Ausdruck den Wert 3. Die erfolgreiche Eingabe des Datums kann somit getestet werden durch:

```
if (scanf("%d.%d.%d",&tag,&monat,&jahr)==3)
```

3 Einfache Datentypen

*Die ganzen Zahlen hat der liebe Gott gemacht,
alles andere ist Menschenwerk.*

Kronecker

3.1 Der Typ int

Der einfachste Datentyp ist die Ganzzahl (engl. *integer*). Bei den meisten 16-Bit-Rechnern werden int-Zahlen durch ein Rechnerwort implementiert und haben somit eine 16-Bit-Darstellung. Berücksichtigt man, daß ein Bit davon zur Speicherung des Vorzeichens benötigt wird, lassen sich $2^{15} = 32768$ unterschiedliche Werte darstellen. Unter Einbeziehung der Null lassen sich damit die positiven Zahlen 0 bis 32767 darstellen. Zusammen mit den negativen Zahlen ergibt sich für int-Zahlen der Wertebereich -32768 bis 32767 Das Überschreiten dieses Bereichs heißt Integer-Overflow und führt nicht zu einer Fehlermeldung des Compilers. Zählt man 32767 um eins weiter, entsteht das sinnlose Ergebnis -32786.

Diese eigenartige Rechnung erklärt sich aber, wenn man zur Binärdarstellung des Rechners übergeht. In Binärdarstellung sind die ersten 15 Bits von 32767 gesetzt

32767 = 01111111 11111111

Beim Weiterzählen wird das nächste Bit – hier also das Vorzeichenbit – gesetzt. Das aber ist die interne Darstellung von

-32768 = 11111111 11111111

Analog erhält man beim Overflow 32767 als Differenz, wenn -32768 um eins verringert wird. Der Sachverhalt läßt sich an 16 Bit-Maschinen mit folgendem Programm nachvollziehen:

3 Einfache Datentypen

```
/* ovrflow.c */
#include <stdio.h>
void main()
{
  int i1 = 32767;
  int i2 = -32768;
  printf("%d um eins vermehrt ergibt %d\n",
         i1,i1+1);
  printf("%d um eins vermindert ergibt %d\n",
         i2,i2-1);
  return;
}
```

Prog. 3.1: ovrflow.c

Die Anweisung

```
int i1 = 32767;
```

ist eine in C übliche Kurzform für eine gleichzeitige Deklaration und Initialisierung einer Variable. Sie ist also gleichbedeutend mit

```
int i1;
i1 = 32767;
```

Zur Ausgabe der int-Variablen i1 und i2 dient hier die Bibliotheksfunktion printf(). Der Formatparameter %d gibt an, daß die Ausgabe dezimal erfolgen soll. Die Ausgabe im Oktal- bzw. Hexadezimalsystem erreicht man durch den Formatparameter %o bzw. %X. Zur Demonstration dient der folgende Programmausschnitt:

```
void main()
{
  int i=32254;
  printf("Dezimal = %d\n",i);
  printf("Oktal = %o\n",i);
  printf("Hexadezimal = %X\n",i);
}
```

3.1 Der Typ int

Es ergibt sich die Ausgabe:

```
Dezimal = 32254
Oktal = 76776
Hexadezimal = 7DFE
```

Wie schnell die Grenze des Integer-Overflow erreicht wird, zeigt das folgende Programm:

```c
/* ovrflow2.c */

#include <stdio.h>

void main()
{
  int i,sum,grenze;

  sum =0;
  grenze = 500; /* Overflow bei 256 */

  for (i=1; i<=grenze; i++)
    sum +=i;
  printf("Summe = %d\n",sum);
  return;
}
```

Prog. 3.2: *ovrflow2.c*

Für die Summe der Zahlen 1 bis 500 ergibt sich hier der unsinnige Wert von -5822. Der Overflow findet bereits beim Summanden 256 statt. Es liegt in der Verantwortung des Programmierers, daß kein Integer-Overflow stattfindet. Durch Wahl eines anderen Datentyps, z. B. `long int`, kann die Overflowgrenze zwar hinausgeschoben werden, aber prinzipiell bleibt sie bestehen.

25

3.2 Der Typ unsigned int

Will man verhindern, daß das 16. Bit einer int-Zahl als Vorzeichenbit verwendet wird, deklariert man die Zahl als vorzeichenlos (engl. *unsigned*).

unsigned int x;

Mit 16 Bits können insgesamt $2^{16} = 65536$ Zahlen dargestellt werden. Unter Einbeziehung der Null ergibt sich der Wertebereich der unsigned-Zahlen 0 bis 65535. Die unsigned-Zahlen entsprechen den natürlichen Zahlen in der Mathematik und werden daher in Modula-2 CARDINAL-Zahlen genannt. Das Rechnen verläuft entsprechend zu den int-Zahlen. Die Overflowgrenze liegt hier bei 65535. Die Standardausgabe erfolgt über den Formatparameter %u, z. B. mittels

printf("%u",x);

3.3 Der Typ char

Der zweite grundlegende Datentyp ist das Zeichen (engl. *character*). Da Zeichen maschinenintern durch 8 Bits (=1 Byte) codiert werden, gibt es hier $2^8 = 256$ Möglichkeiten. Obwohl ein Vorzeichen bei Zeichen nicht plausibel erscheint, führt man ebenfalls ein Vorzeichenbit ein, damit der char-Typ kompatibel zum Typ int wird. Damit erhält man für Zeichen den Wertebereich -128 bis 127.

Der in C verwendete Zeichensatz und seine Numerierung im Bereich 0 bis 127 ist durch den sog. ASCII-Code (*American Standard Code for Information Interchange*) gegeben. Der ASCII-Zeichensatz ist wie folgt gegliedert (vgl. ASCII- Tabelle).

Zeichen 0..31	Steuerzeichen (nichtdruckbar)
Zeichen 32..47	Sonderzeichen !,",#,$,%,&,#,(,),*,+,-,/
Zeichen 48..57	Ziffern 0..9
Zeichen 58..64	Sonderzeichen :,;,<,=,>,?,@
Zeichen 65..90	Großbuchstaben A,B,C,...,Z
Zeichen 91..96	Sonderzeichen [,\,],^,_,`
Zeichen 97..122	Kleinbuchstaben a,b,c,...,z
Zeichen 123..127	Sonderzeichen {,|,},~

3.3 Der Typ char

Bezüglich dieser Numerierung sind alle Zeichen geordnet; d. h. sie können mittels Vergleichsoperatoren verglichen werden. Es gilt z. B.:

'A' < 'B'   da 65 < 66
'a' >= 'A'   da 97 >= 65
'0' < 'A'   da 48 < 65

Wegen ASCII(' a')-ASCII(' A') = 32 kann ein Kleinbuchstabe, der kein Umlaut ist, durch Erhöhung seiner ASCII-Nummer um 32 in einen Großbuchstaben verwandelt werden.

Hex	X0	X1	X2	X3	X4	X5	X6	X7	X8	X9	XA	XB	XC	XD	XE	XF
0X	NUL 0 00	SOH 1 01	STX 2 02	EXT 3 03	EOT 4 04	ENQ 5 05	ACK 6 06	BEL 7 07	BS 8 08	HT 9 09	LF 10 0A	VT 11 0B	FF 12 0C	CR 13 0D	SO 14 0E	SI 15 0F
1X	DLE 16 10	DC1 17 11	DC2 18 12	DC3 19 13	DC4 20 14	NAK 21 15	SYN 22 16	ETB 23 17	CAN 24 18	EM 25 19	SUB 26 1A	ESC 27 1B	FS 28 1C	GS 29 1D	RS 30 1E	US 31 1F
2X	 32 20	! 33 21	" 34 22	# 35 23	$ 36 24	% 37 25	& 38 26	' 39 27	(40 28	) 41 29	* 42 2A	+ 43 2B	, 44 2C	- 45 2D	. 46 2E	/ 47 2F
3X	0 48 30	1 49 31	2 50 32	3 51 33	4 52 34	5 53 35	6 54 36	7 55 37	8 56 38	9 57 39	: 58 3A	; 59 3B	< 60 3C	= 61 3D	> 62 3E	? 63 3F
4X	@ 64 40	A 65 41	B 66 42	C 67 43	D 68 44	E 69 45	F 70 46	G 71 47	H 72 48	I 73 49	J 74 4A	K 75 4B	L 76 4C	M 77 4D	N 78 4E	O 79 4F
5X	P 80 50	Q 81 51	R 82 52	S 83 53	T 84 54	U 85 55	V 86 56	W 87 57	X 88 58	Y 89 59	Z 90 5A	[91 5B	\ 92 5C	] 93 5D	^ 94 5E	_ 95 5F
6X	` 96 60	a 97 61	b 98 62	c 99 63	d 100 64	e 101 65	f 102 66	g 103 67	h 104 68	i 105 69	j 106 6A	k 107 6B	l 108 6C	m 109 6D	n 110 6E	o 111 6F
7X	p 112 70	q 113 71	r 114 72	s 115 73	t 116 74	u 117 75	v 118 76	w 119 77	x 120 78	y 121 79	z 122 7A	{ 123 7B	| 124 7C	} 125 7D	~ 126 7E	DEL 127 7F

Abb.3.1: ASCII-Code. In der ersten Zeile steht das Zeichen lt. ASCII-Code, in der zweiten der jeweilige Wert in dezimaler Schreibweise, in der dritten Zeile in hexadezimaler Schreibweise.

3 Einfache Datentypen

3.4 Der Typ unsigned char

Da unter den ersten 128 ASCII-Zeichen kein Platz mehr für nationale Zeichensätze wie auch für Grafikzeichen war, wurde der ASCII-Code durch sog. Länderseiten auf insgesamt 256 Zeichen erweitert, nämlich

0 bis 255

Damit man diesen Wertebereich (ohne Vorzeichen) erhält, wurde in der ANSI C-Norm aus Kompatibilitätsgründen der Typ unsigned char eingeführt. Alle druckbaren Zeichen des erweiterten ASCII-Zeichensatzes erhält man mit folgendem Programm:

```c
/* ascii.c */
/* Erweiterter ASCII-Code unter MS-DOS */

#include <stdio.h>

void main()
{
  int ch;

  printf("\t\t Extended ASCII Character Set\n");
  for (ch=30; ch <= 255; ch++)
    printf("%3d %-4c",ch,ch);
  return;
}
```

Prog. 3.3: ascii.c

In einer Schleife durchläuft die int-Variable ch die Wertemenge 30 bis 255. In der Ausgabeanweisung wird durch die Formatanweisung %d als int-Wert bzw. durch %c mit dem entsprechenden ASCII-Wert ausgegeben.

3.5 Der Typ short int

Derselbe Wertebereich, den eine char-Variable annehmen kann, nämlich

-128 bis 127

ist nach der ANSI C-Norm auch für den Datentyp short int gedacht. Entsprechend soll der Typ unsigned short int die Wertemenge vom Typ unsigned char tragen:

0 bis 255

Ältere Compilerversionen unterstützen hierin die ANSI C-Norm noch nicht. Bei 16 Bit-Maschinen wird der Typ short int als int behandelt und somit mit 2 Bytes codiert. Dagegen wird bei 32 Bit-Rechnern der Datentyp short int im allgemeinen mit 16 Bits codiert.

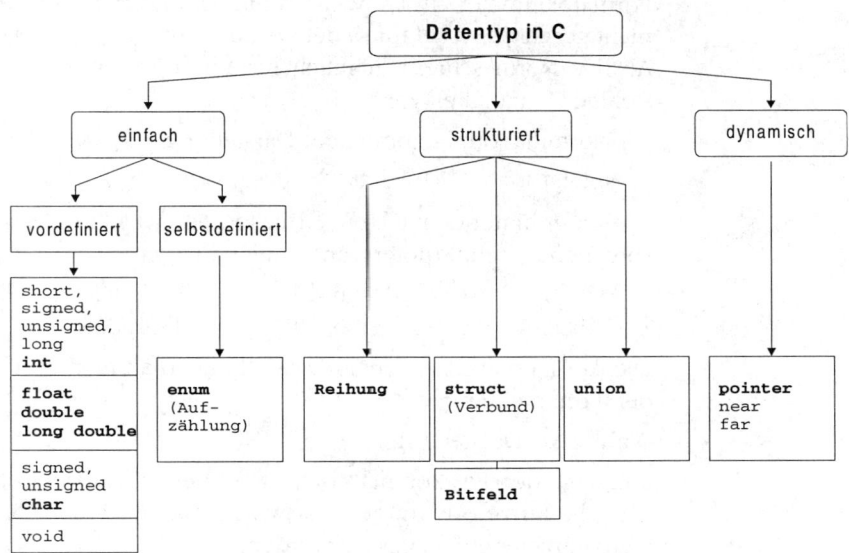

Abb. 3.2: *Datentypen in C*

3 Einfache Datentypen

3.6 Der Typ float

Den dritten grundlegenden Datentyp stellt die reelle bzw. die Gleitpunkt-Zahl (englisch *float*) dar. Eine Deklaration für float-Variablen wäre z. B.

```
float x,y,pi = 3.141593;
```

Für Gleitpunktzahlen gibt es zwei Darstellungsmöglichkeiten, die durch den Formatparameter der Funktion printf() gewählt werden.

- Festkomma-Darstellung

    Beispiel: pi = 3.141593

    Hier sind eine Vorkomma- und 6 Nachkommastellen gegeben. Die Festkomma-Darstellung auf n Stellen insgesamt, davon m Nachkommastellen, erfolgt durch den Formatparameter %n.mf. Werden die Parameter n bzw. m nicht gesetzt, so wird für m der Defaultwert 6 gewählt. Die ANSI C-Norm schreibt nämlich für float-Typen eine 6-stellige Genauigkeit vor.

- Gleitkomma- oder Exponential-Darstellung

    Beispiel: pi = 3.141593e0

    Die Ziffer hinter dem e bzw. E (für Exponent) gibt die entsprechende Zehnerpotenz an. Somit bedeutet

1.23456e7	$1.23456 \cdot 10^7$	12345600
1.23456e-4	$1.23456 \cdot 10^{-4}$	.000123456

    Die Ausgabe in Exponential-Darstellung erhält man durch den Formatparameter %e.

- Wahlweise Darstellung

    Soll von der Festkomma- bzw. Exponential-Darstellung stets die kürzere Form gewählt werden, so muß der Formatparameter auf %g gesetzt werden.

    Bei 16-Bit-Maschinen werden zur Darstellung von float-Typen in der Regel 2 Maschinenworte, d. h. 32 Bits oder 4 Bytes verwendet. Davon dienen meist 24 Bits zur Speicherung der Gleitzahlen (*Mantisse* genannt), 7 Bits für den

3.6 Der Typ float

Zehnerexponenten und 1 Bit für das Vorzeichen. Dies ergibt für float-Typ den Wertebereich

$3.4 \cdot 10^{-38}$ bis $3.4 \cdot 10^{38}$

und bei gesetztem Vorzeichenbit

$-3.4 \cdot 10^{38}$ bis $-3.4 \cdot 10^{-38}$

Wird dieser Bereich überschritten, so kommt es zum Overflow, der aber im Gegensatz zum Integer-Overflow einen Laufzeit- (engl. *Runtime*)-Fehler hervorruft. Dies läßt sich mit folgendem Programm testen:

```
/* ovrflow3.c */

#include <stdio.h>

void main()
{
  float x = 1.235678e0;
  int i;

  for (i=1; i<=40; i++)
  {
    printf("%e\n",x);
    x *= 10.0;
  }
  return;
}
```

Prog. 3.4: *ovrflow3.c*

Das Programm wird durch einen Laufzeit-Fehler beendet, nachdem *x* den Wert

```
x = 1.235678e38;
```

überschritten hat. Entsprechend kommt es beim Unterschreiten des Wertebereichs zum Underflow. Hier erfolgt kein Runtime-Error, sondern die Variable wird Null. Dies läßt sich wiederum testen mit:

3 Einfache Datentypen

```c
/* undflow.c */

#include <stdio.h>

void main()
{
  float x = 1.2345678e0;
  int i;

  for (i=1; i<=46; i++)
  {
    printf("%e\n",x);
    x /= 10.0;
  }
  return;
}
```

Prog.3.5: *undflow.c*

Zu beachten ist, daß die Rechengenauigkeit wegen der endlichen Mantissenzahl prinzipiell beschränkt ist. Brüche (außer ½ oder ¼ usw.) oder reelle Zahlen können niemals genau dargestellt werden. Deswegen ist es also im allgemeinen nicht sinnvoll, zwei Gleitkommazahlen auf Gleichheit zu prüfen:

```c
if (x==y)         /* i.a. falsch */
```

Besser wäre es, den Betrag der Differenz auf eine kleine Schranke, z. B. 1.0^{e-7} zu prüfen

```c
if (fabs(x-y)<1.0e-7)
```

Für `float`-Variablen wird der Betrag von der Funktion `fabs()` geliefert. Das Programm

```
/* float.c */
/* Reinfälle mit float-Arithmetik */

#include <stdio.h>

void main()
{
  float x=0.0;

  while (x != 1.0)   /* richtig while (x<= 1.0) */
  {
    printf("%f\n",x);
    x += 0.1;
  }
  return;
}
```

Prog. 3.6:   *float.c*

liefert eine Endlos-Schleife, da die Abbruchbedingung x==1 wegen der beschränkten Genauigkeit niemals erfüllt ist.

Insbesondere bei numerischen Prozeduren muß die begrenzte Rechengenauigkeit stets berücksichtigt werden.

3.7 Der Typ long int

Da der Wertebereich des Typs int sehr begrenzt ist, enthält C den Datentyp der long integer-Zahlen mit 32 Bits (bei 16 Bit-Maschinen). Da ein Bit wieder das Vorzeichen aufnimmt, gibt es somit

$$2^{31} = 2.147.483.648$$

Möglichkeiten (vgl. Abb. 3.3). Der Wertebereich des Typs long int ist somit

-2.147.483.648 bis 2.147.482.647

Dieser Ganzzahlbereich dürfte für die meisten Anwendungen ausreichen. Eine mögliche Deklaration ist

3 Einfache Datentypen

```
long int i,j; /* oder */
long i,j;
```

Auftretende Konstanten können durch das Anhängen des Zeichens L als long-Typ gekennzeichnet werden:

```
#define ZEHN_HOCH_5 100000L
i *= 10L
```

Die Standardausgabe von long-Variablen erfolgt wieder mit der Funktion printf(); der entsprechende Formatparameter ist %ld

```
printf("%ld",i);
```

Als Beispiel sollen einige Werte der Fakultätsfunktion *n!* berechnet werden. Sie ist als das Produkt aller Zahlen von 1 bis n: $n! = 1 \cdot 2 \cdot 3 \cdot 4 \cdots n$ definiert

```
/* fak.c */

#include <stdio.h>

void main()
{
  long int fak=1;
  int i;
  printf(" Fakultaetsfunktion\n");
  printf("-------------------\n");
  for (i = 1; i<=12; i++)
  {
    fak *= i;
    printf("%2d! = %ld\n",i,fak);
  }
  return;
}
```

Prog.3.7: *fak.c*

Die Ausgabe des Programms ist

```
Fakultätsfunktion
------------------
 1! = 1
 2! = 2
 3! = 6
 4! = 24
 5! = 120
 6! = 720
 7! = 5040
 8! = 40320
 9! = 362880
10! = 3628800
11! = 39916800
12! = 479001600
```

zeigt, daß bei dieser schnell wachsenden Funktion bereits bei 13! der `long int`-Overflow erreicht wird. Ein Abbruch oder eine Meldung beim Overflow erfolgt wie beim `int`-Typ nicht.

3.8 Der Typ double

Ebenso wie bei den `int`-Zahlen gibt es bei Gleitpunktzahlen den doppelt genauen Datentyp (englisch *double*). Die früher mögliche Bezeichnung `long float` wird durch die ANSI C-Norm abgeschafft. Der Typ `double` wurde auf 4 Maschinenworten, d. h. auf 8 Bytes (= 64 Bits), gespeichert. Davon nehmen 52 Bits die Mantisse, 11 Bits den Zehnerexponenten und 1 Bit wieder das Vorzeichen auf (vgl. Abbildung 3.1). Damit wird die von der ANSI C-Norm geforderten 12-stellige Genauigkeit erreicht. Der Wertebereich ergibt sich zu

$$\pm 1.7 \cdot 10^{-308} \ldots \pm 1.7 \cdot 10^{308}$$

Folgende Tabelle zeigt eine Übersicht über die Speicherformate der C-Datentypen.

3 Einfache Datentypen

Typ	Bits	Wertebereich
char	8	-128...127
unsigned char	8	0...255
short int	16	-32.768...32.767
int	16	-32.768...32.767
int	32	-2.147.483.648 ... 2.147.483.647
unsigned int	16	0...65.535
unsigned long	32	0... 4.294.967.295
long	32	-2.147.483.648... 2.147.483.647
unsigned long	32	0... 4.294.967.295
enum	16	-32.768...32.767
float	32	$3{,}4 \cdot 10^{-38}...3{,}4 \cdot 10^{38}$
double	64	$1{,}7 \cdot 10^{-308}...1{,}7 \cdot 10^{308}$
long double	80	$3{,}4 \cdot 10^{-4932}...1{,}1 \cdot 10^{4932}$
near (Zeiger)	16	--
far (Zeiger)	32	--

Abb. 3.3: *Speicherformate*

Eine mögliche Deklaration von double-Variablen ist

```
double x,y = 3.1415926535;
```

Die Standardausgabe erfolgt wie bei den anderen einfachen Datentypen mittels der Funktion printf(). Der Formatparameter ist %lf. Sollen, bei *m* Stellen insgesamt, *n* Nachkommastellen ausgegeben werden, so setzt man

```
printf("%m.nlf",y);
```

Ebenso wie beim Typ float ergibt der Formatparameter %e bzw. %g die Gleitkomma- bzw. Exponential-Darstellung. Die Zahl

```
y = 0.00123456789;
```

wird durch

```
printf("%.7f\n",y);
printf("%.7e\n",y);
printf("%.7g\n",y);
```

wie folgt ausgegeben

```
0.0012346
1.2345679e-003
0.0012345679
```

Man beachte die Rundung auf der letzten Nachkommastelle. Beim Verlassen des Wertebereichs gilt das für float-Variablen Gesagte: Beim Overflow kommt es zu einem Runtime-Fehler, beim Underflow wird die Variable zu Null.

Die Verwendung eines double-Typs liefert nicht immer ein genaueres Ergebnis als ein Typ float, wie man eigentlich annehmen sollte. Dies zeigt der bekannte Benchmark-Test:

```
/* savage.c */
/* Benchmark für C-Compiler */

#include <stdio.h>
#include <math.h>

void main()
{
  float a=1.0;
  int i;

  for (i=1; i<25000; i++)
    a = tan(atan(exp(log(sqrt(a* a)))))+1.0;
  printf("%16.10f\n",a);
  return;
}
```

Prog. 3.8:   savage.c

Das Ergebnis ist hier 25000.0000000000. Ändert man jedoch die Variable *a* in den Typ double, so erhält man bei den meisten Compilern das offensichtlich ungenauere Ergebnis:

3 Einfache Datentypen

```
24999.9999973775
```

Obwohl der Wertebereich des Typs double gegenüber dem Typ float wesentlich erweitert ist, ist dennoch zu beachten, daß reelle Zahlen prinzipiell nur näherungsweise dargestellt werden und daß es bei einer großen Anzahl von Rechenoperationen zu Rundungsfehlern kommen kann.

An zwei Beispielen (aus [16]) soll die begrenzte Genauigkeit der float- bzw. double-Arithmetik demonstriert werden. Der Ausdruck

$$(1682xy^4 + 3x^3 + 29xy^2 - 2x^5 + 832) / 107751$$

hat für x=192119201 und y=35675640 den exakten Wert 1783. Mit dem folgenden Programm:

```
/* float2.c */

#include <stdio.h>

void main()
{
  float x = 1.92119201e8, y = 3.567564e7, z;

  z = (1682*x*y*y*y*y+3*x*x*x*x+29*x*y*y-
       2*x*x*x*x*x+832)/107751;
  printf("%lf\n",z);
  return;
}
```

Prog. 3.9:   *float2.c*

liefert der Turbo C-Compiler 2.0 dafür den Wert

1011467054235829610000000000000.000000

der Quick C-Compiler den Wert

1011467054235830000000000000000.000000

Der Übergang auf double-Typen ergibt den immer noch sehr ungenauen Wert

-0.000000

für den Turbo C- und

0.007722

für Quick-C-Compiler. Ähnlichen Mißerfolg zeigt die Auswertung des lineareren Gleichungssystems

$64919121x - 159018721y = 1$
$41869520.5x - 102558961y = 0$

mit der exakten Lösung

$x = 205117922; \quad y = 83739041$

Das folgende Programm

```
/* float3.c */

#include <stdio.h>

void main()
{
  float a = 64919121,
        b = -159018721,
        c = 41869520.5,
        d = -102558961,
        x,y;

  y = c/(b*c-a*d);
  x = -d/c*y;
  printf("%f %f\n",x,y);
  return;
}
```

Prog. 3.10: *float3.c*

liefert das Ergebnis:

$x = -2.224745 \quad y = -0.908248$

Bei Verwendung von double-Typen ergibt sich:

3 Einfache Datentypen

```
x = 205117922.000000
y = 83739041.000000
```

Wie man erkennt, ist keines der angegebenen Ergebnisse – mit Ausnahme der letzten – annähernd genau.

Diese prinzipielle Ungenauigkeit hat nichts mit dem im Dezember 1994 entdeckten Arithmetikfehler des Pentium-Prozessors bei den Assemblerbefehlen FDIV, FIDIV bzw. FPREM zu tun. Die beiden Zahlenpaare mit größten relativen Fehler von $\delta = 6.1013 \cdot 10^{-5}$ wurden ermittelt zu

```
x = 4195835, y = 3145727
```

bzw.

```
x = 8391667, y = 1572863
```

damit läßt sich folgendes Pentium-Testprogramm angeben:

```c
/* pentium.c */
/* Erkennen des Pentium-Fehlers vom Dez.94 */
#include <stdio.h>
#include <math.h>

int main()
{
  double x = 4195835.,y = 3145727.;
  double a,b,z;
  z = x-(x/y)*y;
  printf("Ergebnis x-(x/y)*y = %.01f\n",z);
  if (fabs(z)>1.)
  {
    a = x/y;
    b = x*pow(y,-1.);
    printf("Pentiumfehler!! \n");
    printf("falscher Wert x/y = %12.10lf\n",a);
    printf("richtiger Wert x/y = %12.10lf\n",b);
    printf("rel.Fehler = %10.8le\n",fabs(a-b)/b);
  }
```

Prog. 3.11: *pentium.c (Fortsetzung auf der nächsten Seite)*

```
x = 8391667.; y = 1572863.;
z = x-(x/y)*y;
printf("\nErgebnis x-(x/y)*y = %.01f\n",z);
if (fabs(z)>_.)
{
  a = x/y;
  b = x*pow(y,-1.);
  printf("Pentiumfehler!! \n");
  printf("falscher Wert x/y = %12.10lf\n",a);
  printf("richtiger Wert x/y = %12.10lf\n",b);
  printf("rel.Fehler = %10.8le\n",fabs(a-b)/b);
}
return 0;
}
```

Prog.3.11: *pentium.c*

Bei diesen Zahlenpaaren erhält man bei einem fehlerhaften Pentium für

x-(x/y)*y

statt Null 256 bzw. 512!

3.9 Der Typ long double

Ebenfalls neu nach der ANSI C-Norm ist der Typ long double, der momentan jedoch nur von neueren C-Compilern unterstützt wird. Damit erhält man eine Fließkomma-Arithmetik mit 80 Bits; dies entspricht ca. 18 geltenden Stellen. Der Wertebereich

$$\pm 3.4 \cdot 10^{-4932} \cdots 1.1 \cdot 10^{4932}$$

dürfte für die meisten wissenschaftlichen Anwendungen ausreichen. Als Beispiel einer long double-Arithmetik soll die Zahl $\varphi = (\sqrt{5}-1)/2$ des goldenen Schnitts berechnet werden.

3 Einfache Datentypen

```c
/* golden.c */
/* Goldener Schnitt als Quotient
   der Fibonacci-Zahlen */

#include <stdio.h>

void main()
{
  int i;
  long double fib1,fib2,q;
  fib1 = fib2 = 1.0L;
  for (i=1; i<=45; i++)
  {
    q = (long double)fib2/fib1;
    fib2 += fib1;
    printf("%22.17Lf\n",q);
    fib1 = fib2 - fib1;
  }
  return;
}
```

Prog. 3.12: *golden.c*

Um einen `long int`-Overflow zu vermeiden, sind hier die FIBONACCI-Zahlen als `long double` deklariert. Die letzten sechs Ausgaben des Programm sind:

```
1.61803396674989489
1.61803396674989483
1.61803396674989485
1.61803396674989485
1.61803396674989485
1.61803396674989485
```

Bei Verwendung von `long double`-Zahlen reicht die Präzision der mathematischen Standardfunktionen (vgl. Kapitel 7 Funktionen) nicht mehr aus. Es müssen speziell die `long double`-Versionen der Standardfunktionen benutzt werden, die in der BORLAND-Version durch den letzten Buchstaben L gekennzeichnet sind; z.B.

3.9 Der Typ long double

```
sinl(x)  long-double    Sinus-Funktion
expl(x)  long-double    Exponential-Funktion
powl(x)  long-double    Potenz-Funktion
```

Ein Beispiel dazu liefert die folgende Wertetabelle der Exponentialfunktion des Programms:

```c
/* long.c */
/* Long double-Genauigkeit bei Funktionen */

#include <stdio.h>
#include <math.h>

void main()
{
  long double x;
  for (x=0.L;x <=1.05L; x+=0.1L)
    printf("%4.1Lf %22.17Lf\n",x,expl(x));
  return;
}
```

Prog. 3.13: *long.c*

Die Ausgabe des Programms lautet:

```
0.0   1.00000000000000000
0.1   1.10517091807564762
0.2   1.22140275816016983
0.3   1.34985880757600310
0.4   1.49182469764127032
0.5   1.64872127070012815
0.6   1.82211880039050898
0.7   2.01375270747047652
0.8   2.22554092849246760
0.9   2.45960311115694966
1.0   2.71828182845904523
```

3.10 Arithmetik

Die arithmetischen Operatoren sind für int- und float-Typen gleich; d. h. es gibt nicht wie in PASCAL einen gesonderten Operator für die ganzzahlige Division. Nur der Modulo-Operator % ist dem int-Typ vorbehalten; für float-Zahlen gibt es eine eigene Funktion fmod(). Die Rechenoperationen Addition, Subtraktion, Multiplikation, Division und Modulo zeigt der Ausschnitt:

```
int i=17,j=5;
printf("%d %d %d %d %d\n",i+j,i-j,i*j,i/j,i%j);
```

Die Ausgabe 22 12 85 3 2 zeigt, daß die Division tatsächlich ganzzahlig durchgeführt wird.

Für viele arithmetische Anweisungen gibt es in C verkürzte Schreibweisen. So gilt:

Ausdruck	verkürzt
x = x + 2;	x += 2;
y = y - 3;	y -= 3;
z = z * 4;	z *= 4;
a = a % 5;	a %= 5;
b = b + 1;	b++; /* Inkrement */
b = b - 1;	b--; /* Dekrement */

In Ausdrücken mit mehreren Operatoren gelten die üblichen mathematischen Regeln, z. B. der Vorrang der Multiplikation:

```
3 + 4 * 5 = 23
```

Diese Regeln sind in C nur ein Spezialfall der allgemeinen Priorität von Operatoren (vgl. Kapitel 9 Operatoren und Ausdrücke). Soll die Addition zuerst ausgeführt werden, so müssen entsprechende Klammern gesetzt werden:

```
(3 + 4) * 5 = 35
```

Analog gilt für float-Variablen:

3.10 Arithmetik

```
float i=17.0,j=5.0;
printf("%.1f %.1f %.1f %.1f\n",i+j,i-j,i*j,i/j);
```

Hier ist die Ausgabe erwartungsgemäß 22.0 12.0 85.0 3.2.
Was geschieht, wenn ein arithmetischer Ausdruck unterschiedliche Datentypen enthält? In C kommt es hier zu einer automatischen Datentyp-Konversion, die in anderen Sprachen wie PASCAL oder MODULA-2 völlig ausgeschlossen ist. Bei der Datentyp-Umwandlung wird jeder Datentyp in den jeweils nächst höheren konvertiert, und zwar im Sinn der Rangordnung

```
char < int < long < float < double
```

Dies bedeutet, daß die Verknüpfung eines char- und eines int-Typ zu einem int-Typ führt. Entsprechend ist das Resultat eines int- und long-Typs ein long-Ergebnis usw. Das Ergebnis eines gemischten arithmetischen Terms ist also durch den höchsten Rang aller vorkommenden Datentypen und nicht etwa durch den gewählten Typ der Resultatsvariable gegeben. Ein (etwas übertriebenes) Beispiel dazu ist

```
/* mixed.c */
#include <stdio.h>

void main()
{
    char ch = 'A';
    int i = 7;
    long j = 1000L;
    float x = 3.0;
    double y = 50.0L;

    printf("%lf\n",ch*i + j%i + y/x);
    return;
}
```

Prog. 3.14: *mixed.c*

Die char-Variable ch wird zu int; d. h. zu 65 (ASCII-Nr. von
'A'). Die int-Variable i wird zu long 7.0, entsprechend
float x zu double 3.0. Damit werden alle Verknüpfungen
letztlich in double umgewandelt. Das Resultat ist somit

65.0 * 7.0 + (1000 % 7)*1.0 + 50.0/3.0 = 477.66667

3.11 Der Cast-Operator

Soll eine Variable oder das Resultat einer Verknüpfung einem
anderen Datentyp angehören, als es sich durch die automatische Typumwandlung ergibt, so kann diese Umwandlung
mittels des sog. Cast-Operators (...) in den gewünschten Datentyp erfolgen.

```
x = (float) (3/4);
y = (int) (4.0/3.0);
```

Diese Umwandlung wird immer benötigt, wenn entweder eine mathematische Standardfunktion wie die Sinusfunktion
sin() oder die Wurzelfunktion sqrt() ein Argument vom
Typ double erwartet oder wenn eine typenlose Variable
(d. h. vom Typ void) einen bestimmten Typ annehmen soll.

Zu bedenken ist jedoch, daß durch die Wahl eines niederen
Datentyp-Rangs die Anzahl der signifikanten Bytes reduziert
wird. Dies kann zu einem erheblichen Genauigkeitsverlust
führen oder sogar dazu, daß u. U. die Variable gar nicht mehr
definiert ist (!).

```
void main()
{
  long int z=100000;
  printf("%u\n",(unsigned int) z);
}
```

Die Zahl z=100000 wird durch die Umwandlung in eine vorzeichenlose ganze Zahl zu 34464. An der Hex-Darstellung der
Zahlen sieht man, daß das höherwertige Byte nunmehr fehlt:

```
100000L=0x186A0;
34464  =   0x86A0
```

Die Umwandlung in den nächst niederen Typ geht wie folgt vor sich:

int ⇒ char:

Es wird nur das niederwertige Byte benutzt.

long ⇒ int:

Es werden nur die unteren beiden Bytes genutzt.

float ⇒ long

Es werden die Nachkommastellen abgeschnitten und die Vorkommastellen in eine ganze Zahl verwandelt. Überschreitet diese den long-int-Bereich, so ist das Ergebnis undefiniert (!).

double ⇒ long

Die Umwandlung erfolgt analog zur Umwandlung float in long.

3.12 Die Eingabe mit scanf()

Die Standardfunktion zur Eingabe über die Tastatur (in C stdin genannt) heißt scanf(). Die Syntax ist

```
scanf(formatparameter,variable);
```

wobei der Formatparameter dem der Funktion printf() weitgehend gleicht. Es gilt die auf der nächsten Seite aufgeführte Tabelle.

Wichtig zu beachten ist bei der Funktion scanf(), daß bei allen Datentypen stets das Zeichen & (Adreßoperator genannt) vor den Bezeichner zu setzen ist (außer bei Variablen vom Typ Pointer). Dies bedeutet nichts anderes, als daß statt des Wertes seine Adresse übergeben wird. Mit solchen Pointervariablen werden wir uns im Kapitel 6 noch ausführlich beschäftigen.

3 Einfache Datentypen

Parameter	einzulesender Typ
%c	char
%d	int
%D	long int
%ld	long int
%u	unsigned int
%U	long unsigned int
%x	hexadezimal int
%X	long hexadezimal int
%o	oktal int
%O	long oktal int
%f,%e	float
%F,%E	float
%lf	double
%p	pointer im Hex-Format

scanf() hat nicht die C-übliche Flexibilität. Das angegebene Format muß bei der Eingabe strikt eingehalten werden, da sonst die Eingabe nicht gelingt. Beispiel:

```
scanf("%d %d %d",&tag,&monat,&jahr);
```

gelingt nur, wenn die Werte tag, monat und jahr genau durch eine Leerstelle getrennt sind.

```
scanf("%d.%d.%d",&tag,&monat,&jahr);
```

gelingt nur z. B. für das Eingabeformat 12.8.1995 oder 12.8.95.

Leerstellen und Trennungszeichen müssen bei der Eingabe genau eingehalten werden. Dagegen akzeptiert

```
scanf("%f",&x)
```

die Eingabe 3 für die float-Variable x = 3.0.

3.13 Übungen

3.1 Schreiben Sie ein Programm, das für einen beliebigen Kreis Fläche und Umfang berechnet.

Hinweis:
Fläche = Pi*radius*radius; Umfang= 2*Pi*radius

3.2 Schreiben Sie ein Programm, das bei gegebenem *Kapital, Zinsfuß in %* und *Anzahl der Tage* den einfachen Zins berechnet.

Hinweis: Zins = Kapital *Zinsfuß *Tage /36000

3.3 Schreiben Sie ein Programm, das zu einer ganzen Zahl alle Teiler bestimmt.

Hinweis: Es gilt Zahl % Teiler = 0

3.4 Schreiben Sie ein Programm, das alle Produkte der Hexzahlen 1 bis F in Form einer Tabelle ausdruckt.

3.5 Schreiben Sie ein Programm, das alle Produkte der Oktalzahlen 1 bis 7 in Form einer Tabelle ausdruckt.

3.6 Die Summe von aufeinander folgenden ungeraden Zahlen, bei 1 beginnend, liefert stets eine Quadratzahl; z. B.

$1+3+5+7+9 = 25 = 5^2$

Schreiben Sie ein Programm dazu, das alle Quadrate der Zahlen von 1 bis 100 erzeugt.

4 Kontrollstrukturen

4.1 Die FOR-Schleife

Die FOR-Schleife, auch als Zählwiederholung bezeichnet, hat folgende Syntax

```
for(ausdruck1; ausdruck2; ausdruck3) { }
```

Dabei stellt dar:
- ausdruck1   den Schleifenanfangswert,
- ausdruck2   den Schleifenendwert,
- ausdruck3   die Schrittweite.

So ist

```
for (i=0; i<100; i++)
```

eine aufwärtszählende Schleife, dagegen zählt

```
for (i=100; i>0; i--)
```

rückwärts. Die FOR-Schleife endet erst, wenn Ausdruck2 falsch; d. h. explizit gleich Null wird. Andernfalls erhält man eine Endlosschleife, z. B. durch

```
for ( ; ; );
```

Die Schrittweite muß im Gegensatz zu PASCAL nicht immer 1 oder -1 sein. Ungerade Zahlen werden z. B. durchlaufen mittels

```
for (i=1; i<N; i+=2)
```

Im Gegensatz zu anderen Programmiersprachen kann in einer FOR-Schleife auch eine geometrische Folge durchlaufen werden:

4 Kontrollstrukturen

```
for (p=1; p<=1024; p*=2)
```

Mit Hilfe des Komma-Operators kann der Schleifenkörper in die FOR-Anweisung einbezogen werden:

```
for (sum=0,i=1; i<=100; sum+=i,i++)
```

Die Initialisierung einer Schleife muß nicht die der Schleifenvariable sein. Die folgende Schleife zählt z. B. die Binärbits einer Zahl *n*.

```
/* bitcount.c */

#include <stdio.h>

void main()
{
  int n,b;
  printf("Geben Sie eine int-Zahl ein! ");
  scanf("%d",&n);

  for (b=0; n!=0; n>>=1)
    if (n & 1) b++;

  printf("Es sind %d Bits gesetzt\n",b);
  return;
}
```

Prog. 4.1: *bitcount.c*

Hierbei werden die Bits der Zahl *n* fortgesetzt mittels des Operators >>= verschoben und auf Eins geprüft. Ist dies der Fall, so wird der Bitzähler weitergezählt.

Vermehrt man ein Kapital jeweils durch die angefallenen Zinsen, so spricht man vom Zinseszins. Das Anwachsen eines Kapitals mittels Zinseszins zeigt das folgende Programm:

4.1 Die FOR-Schleife

```
/* zinsesz.c */

#include <stdio.h>

void main()
{
  float kapital,p;
  int j,jahre;

  printf("Welches Kapital? ");
  scanf("%f",&kapital);
  printf("Welcher Zinssatz in %%? ");
  scanf("%f",&p);
  printf("Wieviele Jahre? ");
  scanf("%d",&jahre);

  printf(" Jahr      Kapital in DM\n");
  printf("------------------------\n");
  for (j=0; j<=jahre; j++)
  {
    printf("%5d %16.2f\n",j,kapital);
    kapital *= (1.0+p/100);
  }
}
```

Prog. 4.2:   zinsesz.c

Die Umrechnung der CELSIUS-Temperaturskala in FAHRENHEIT liefert:

```
/* fahrenh.c */

#include <stdio.h>
#define GEFRIERPUNKT 0
#define SIEDEPUNKT 100
#define DIFFERENZ 32
#define FAKTOR 9.0/5.0
```

Prog. 4.3:   *fahrenh.c (Fortsetzung auf der nächsten Seite)*

53

4 Kontrollstrukturen

```
main()
{
  int celsius;
  float fahrenheit;

  printf(" Celsius      Fahrenheit\n");
  printf("-------------------------\n");
  for (celsius=GEFRIERPUNKT; celsius<=SIEDEPUNKT;
       celsius += 10)
  {
    fahrenheit = FAKTOR*celsius + DIFFERENZ;
    printf("%6d %12.1f\n",celsius,fahrenheit);
  }
  return;
}
```

Prog. 4.3: *fahrenh.c*

4.2 Die WHILE-Schleife

Die WHILE-Schleife, die auch als abweisende Schleife bezeichnet wird, hat die Syntax

```
while (ausdruck) { }
```

Wird der Ausdruck mit *falsch* bewertet, so wird die WHILE-Schleife entweder gar nicht gestartet oder sie wird beendet. So stellt

```
while (1);
```

eine Endlosschleife dar, da der Ausdruck 1 stets mit wahr ist. Typische WHILE-Schleifen sind

```
i=1;
sum=0;
while (i<=100)
{ sum += i;
  i++; }
```

4.2 Die WHILE-Schleife

oder die Bestimmung der Zeichenkettenlänge eines Strings s

```
/* strlen */
while(i=0,s[i]!='\0') ++i;
```

Häufig wird auch die WHILE-Anweisung zur Eingabe-Kontrolle benutzt:

```
while ((c=*getchar())!=EOF)
      /* solange nicht Dateiende */
while ((c=*getchar())==' '||c=='\n'||c=='\t')
      /* Filter auf Leerstelle,Newline,Tabulator */
```

Ebenso wird die WHILE-Anweisung verwendet, wenn eine Iteration nur für bestimmte Werte gestartet werden soll. Die folgende Iteration berechnet den natürlichen Logarithmus einer positiven Zahl:

```
/* ln.c */
/* Berechnung des ln(x) mittels der Methode
   des arithmetischen und geometrischen Mittels */
#include <stdio.h>
#include <math.h>
#include <assert.h>

void main()
{
   double a,b,c,x;

   printf("Welcher x-Wert(x>0)? ");
   scanf("%lf",&x);
   assert(x>0.);

   a = (x+1.)*0.5; /* Startwerte */
   b = sqrt(x);
   c = x-1.0;
```

Prog. 4.4:   ln.c (Fortsetzung auf der nächsten Seite)

4 Kontrollstrukturen

```
while (fabs(a-b)>1.0e-12)
{
  a = (a+b)/2.L;
  b = sqrt(a*b);
}
printf("ln(%lf) = %14.10lf\n",x,3.*c/(2.*b+a));
return;
}
```

Prog. 4.4: *ln.c*

Bei der Berechnung des Logarithmus von 1 ergeben sich die Startwerte

```
a = 1; b = 1; c = 0;
```

und damit hat der Ausdruck

```
3c/(2b+a)
```

bereits den gesuchten Wert $\ln(1)=0$. Da a=b gilt, wird wegen

```
while(fabs(a-b)>1.0e-12)
```

die Iteration gar nicht erst gestartet. Das Macro `assert()` sichert die Bedingung x>0. Da diese Bedingung nicht erfüllt ist, wird das Programm mit einer entsprechenden Meldung angebrochen. Die `assert`-Anweisung benötigt die Header-Datei `assert.h` und wird im Abschnitt 13.2 besprochen.

4.3 Die DO-Schleife

Die DO-Schleife, auch nichtabweisende Schleife genannt, ist das Gegenstück zur REPEAT-UNTIL-Schleife von PASCAL. Sie hat die Syntax

```
do {     }
while(ausdruck);
```

Die DO-Schleife endet, wenn der in der runden Klammer stehende Ausdruck falsch wird. Da dieser Ausdruck erst am

4.3 Die DO-Schleife

Schleifenende bewertet wird, wird die Schleife in jedem Fall mindestens einmal durchlaufen.

```
do while(1);
```

stellt somit eine Endlosschleife dar. Entsprechend ist

```
do while(!kbhit()); /* nur TURBO C */
```

eine Warteschleife, bei der auf einen beliebigen Tastendruck gewartet wird. Typische DO-Schleifen finden sich bei:

```
/* ggt.c */

#include <stdio.h>
#include <stdlib.h>

void main()
{
  int a,b,rest;
  printf("Geben Sie zwei int-Zahlen ein! ");
  scanf("%d %d",&a,&b);
  a = abs(a);
  b = abs(b);

  if (b>0)
    do
    { /* ggT nach Euklid */
      rest = a % b;
      a = b;
      b = rest;
    } while(rest);

  printf("ggt = %d\n",a);
  return;
}
```

Prog. 4.5:   ggt.c

4 Kontrollstrukturen

Das nachstehende Programm führt die Umwandlung einer int-Zahl in eine Zeichenkette aus.

```c
/* itoa.c */

#include <stdio.h>

void main()
{
    char *s = "";
    long int n;
    int i=0;

    printf("Eingabe der positiven int-Zahl ");
    scanf("%ld",&n);
    printf("Eingegeben = %ld\n",n);
    if (n<0)
        n = -n;

    do
    {
        s[i] = n % 10 + '0';
        i++;
    } while((n/=10)>0);
    s[i] = '\0'; /* String-Ende */

    printf("Zeichenkette = ");
    printf("%s\n",s);
    return;
}
```

Prog. 4.6: itoa.c

Weitere typische Anwendungen findet die DO-WHILE-Schleife bei Iterationen. Ein bekanntes Verfahren ist die NEWTON-Iteration, die, im speziellen Fall der Wurzelberechnung, auch nach HERON benannt wird.

4.4 Die IF-Anweisung

```
/* wurzel.c */

#include <stdio.h>
#include <math.h>

void main()
{
  double a,x,y;

  printf("Gib positive Zahl ein! ");
  scanf("%lf",&a);
  if (a<0) a = -a;
  y = a;
  if (a!=0)
    do
    {
       x = y;   /* Iteration */
       y = (x+a/x)*0.5;
    } while (fabs(x-y)>1.0e-6);
  printf("Wurzel aus %f = %f\n",a,y);
  return;
}
```

Prog. 4.7: *wurzel.c*

4.4 Die IF-Anweisung

Die IF-Anweisung oder (zweiseitige) Alternativ-Anweisung hat die Syntax

```
if (ausdruck) { anweisungsteil1 };
        else { anweisungsteil2 };
```

Man beachte dabei den Strichpunkt nach dem Anweisungsteil 1. Gegebenfalls kann der ELSE-Teil wegfallen, falls keine Alternative existiert. Ein typisches Beispiel einer zweiseitigen Fallunterscheidung ist:

4 Kontrollstrukturen

```
/* Maximum */
if (a >= b)  max = a;
       else max = b;
```

IF-Anweisungen können auch geschachtelt werden. Sind keine Klammern gesetzt, so gehört das ELSE stets zum vorhergehenden IF.

```
/* Vorzeichen */
if (x>0) sgn = 1;
    else if (x<0) sgn = -1;
             else sgn = 0;
```

Ein häufig gemachter Fehler ist, nach einem IF den Vergleichsoperator == zu vergessen. Schreibt man statt x==2 nur x=2, so hat diese Anweisung den Wert 2 und wird damit als *wahr* immer ausgeführt. Die gewünschte Fallunterscheidung findet daher nicht mehr statt.

Nach der ANSI C-Norm muß ein Compiler mindestens sechsfach verschachtelte IF-Anweisungen unterstützen.

4.5 Die SWITCH-Anweisung

Während die IF-Anweisung nur zwei Alternativen zuläßt, kann die SWITCH-Anweisung eine mehrfache Fallunterscheidung ausführen. Die SWITCH-Anweisung hat die Syntax:

```
switch (ausdruck)
{
  case a   :  anweisung;
  case b   :  anweisung;
  .................
  case x   :  anweisung;
  default  :  anweisung;  /* kann entfallen */
}
```

Dabei muß der Ausdruck ganzzahlig sein oder ganzzahlig bewertet werden (wie bei char- und enum-Typen). Nimmt der Ausdruck keinen der Werte a,b,..,x an, so wird die Anwei-

4.5 Die SWITCH-Anweisung

sung nach der default-Marke ausgeführt. Dieser Default-Teil der SWITCH-Anweisung kann gegebenfalls entfallen. Die folgende SWITCH-Anweisung weist jeder Ziffer ch einer Hexadezimalzahl den zugehörigen Wert s zu:

```
switch(ch)
{
  case '0':
  case '1':
  case '2':
  case '3':
  .........
  case '9': s = ch-'0';break;
  case 'A':
  case 'B':
  case 'C':
  .........
  case 'F': s= ch-'A'+10;
}
```

Der Programmausschnitt benutzt die ASCII-Numerierung der Ziffern

ASCII('0') = 48; ASCII('1') = 49 usw.

und der Großbuchstaben

ASCII('A') = 65; ASCII('B') = 66 usw.

Für Ziffern erhält man also ihren Wert, wenn man von der zugehörigen ASCII-Nummer den Wert ASCII('0')=48 subtrahiert. Entsprechend erhält man den Wert einer Hexziffer; z. B. A=10, wenn man den ASCII-Wert ASCII('A') = 65 um 55 verringert. Dabei wird automatisch eine Datentypänderung vorgenommen.

Ein grundlegender Unterschied zur CASE-Anweisung in PASCAL besteht darin, daß die CASE-Marken nicht abweisend sind. Dies bedeutet, daß auch die Anweisungen nach der angesprungenen Marke sukzessive ausgeführt werden. Um zu verhindern, daß nach dem Fall (*a*) auch noch die Anweisun-

4 Kontrollstrukturen

gen (b) ausgeführt werden, muß eine BREAK-Anweisung gesetzt werden.

Soll z. B. jeder Monatsnummer m der gehörige Monatsname zugeordnet werden, so könnte man dies wie folgt realisieren:

```
switch(m)
{
  case 1 : strcpy(monat,"Januar"); break;
  case 2 : strcpy(monat,"Februar"); break;
  case 3 : strcpy(monat,"März"); break;
  case 4 : strcpy(monat,"April"); break;
  ............................................
  case 12 : strcpy(monat,"Dezember");break;
  default : printf("Falscher Monat!");
}
```

Nach der ANSI C-Norm dürfen SWITCH-Anweisungen auch verschachtelt werden. Der Compiler muß 257 CASE-Marken (einschließlich der verschachtelten) unterstützen.

Ein bekannter Kalender-Algorithmus zur Wochentagsbestimmung stammt von den Geistlichen Chr. ZELLER. Mit der CASE-Anweisung werden hier die verschiedenen Wochentage ausgegeben:

```
/* zeller.c */
#include <stdio.h>
#include <stdlib.h>

void main()
{
  int tag,monat,jahr,wochtag,jhd;
  printf("Gültiges Datum ab 1583 in der "
         "Form TT.MM.JJJJ eingeben! ");
  if (scanf("%d.%d.%d",&tag,&monat,&jahr) != 3
      || jahr <1583)
  {
```

Prog. 4.8: zeller.c (Fortsetzung auf der nächsten Seite)

4.5 Die SWITCH-Anweisung

```
    printf("Falsche Eingabe !\n");
    exit(-1);
}
printf("\nDer %d.%d.%d ist ein ",tag,monat,jahr);

if (monat > 2) monat -= 2;
else
{
   monat += 10;
   jahr--;
}
jhd = jahr/100;
jahr %= 100;
wochtag = (jahr/4+jhd/4+(13*monat-1)/5
          +tag+jahr-2*jhd) % 7;
if (wochtag < 0) wochtag += 7;

switch(wochtag)
{
   case 0: printf("Sonntag\n");break;
   case 1: printf("Montag\n");break;
   case 2: printf("Dienstag\n");break;
   case 3: printf("Mittwoch\n");break;
   case 4: printf("Donnerstag\n");break;
   case 5: printf("Freitag\n");break;
   case 6: printf("Samstag\n");
}
return;
}
```

Prog. 4.8:   zeller.c

Beim folgenden Oster-Algorithmus von C. F. GAUß wird die SWITCH-Anweisung dazu benutzt, für die verschiedenen Jahrhunderte notwendige Parameter auszuwählen.

```c
/* gauss.c */
/* Berechnung des Ostersonntag nach Gauss für
   1583 bis 2199 */

#include <stdio.h>

void main()
{
  int jahr,mon,tag;
  char *monat;

  printf("\t-------------------------\n");;
  printf("\t   Osterdatum nach Gauss\n");
  printf("\t-------------------------\n");;
  printf("Jahr zwischen 1583 und 2199 eingeben! ");
  scanf("%d",&jahr);
  {
    int m,n,a,b,c,d,e,f,g;
    switch(jahr/100)
    {
      case 15 :
      case 16 : m=22, n=2; break;
      case 17 : m=23, n=3; break;
      case 18 : m=23, n=4; break;
      case 19 :
      case 20 : m=24, n=5; break;
      case 21 : m=24, n=6;
    }

    a=jahr % 19;
    b=jahr % 4;
    c=jahr % 7;
    d=(19*a+m) % 30;
    e=(2*b+4*c+6*d+n) % 7;
    f=22+d+e; g=d+e-9;
```

Prog. 4.9: gauss.c (Fortsetzung auf der nächsten Seite)

```
  if (f<=31)
  {
    mon = 3;
    tag = f;
  }
  else
  {
    if (g==26) g= 19;
    if (g==25 && d==28 && a>10) g=18;
    mon = 4;
    tag = g;
  }
}
monat = (mon == 3 ? "Maerz": "April");
printf("Ostersonntag %d ist der %d. %s\n",
       jahr,tag,monat);
return;
}
```

Prog. 4.9:   *gauss.c*

Zur Kontrolle kann man den Ostersonntag im Jahr 2000 berechnen. Es ergibt sich der 23. April.

4.6   Die BREAK-Anweisung

Der Befehl BREAK stellt eine Sprunganweisung aus der jeweiligen Schleife bzw. SWITCH-Anweisung dar. Ist die Schleife bzw. Alternative einer weiteren Schleife eingebettet, so wird zur übergeordneten Kontrollstruktur gesprungen; der Wert der Schleifenvariable bleibt erhalten. Der folgende Programmausschnitt durchsucht die Elemente der Reihung a nach dem Wert x; ist dieser gefunden, so wird die Schleife verlassen.

```
for (i=0; i<N; i++)   /* Suchschleife nach x */
   if (a[i]==x) break;
```

4 Kontrollstrukturen

4.7 Die CONTINUE-Anweisung

Der Befehl CONTINUE ist eine Sprunganweisung innerhalb einer Schleife, die die restlichen Schleifen-Anweisungen ignoriert und, falls die Schleife noch nicht beendet ist, einen weiteren Schleifendurchgang startet. Der folgende Programmausschnitt zählt nur die Anzahl der positiven Elemente einer Reihung a, negative Werte oder Null werden übergangen.

```
positiv=0;
for (i=0; i<N; i++)
{
  if (a[i]<=0)
    continue;
  positiv++;
}
```

4.8 Die GOTO-Anweisung

> *The absence of goto's does not*
> *always make a program better*
> Geschke u.a.

Der Befehl GOTO ist einer der meist umstrittenen Bestandteile einer Programmiersprache. Die Streitschrift von E. DIJKSTRA *Goto considered harmful* war der Ausgangspunkt der sogenannten strukturierten Programmierung. Dieser GOTO-Befehl führt einen unbedingten Sprung zu einer Sprungmarke (label) irgendwo innerhalb desselben Programmblocks aus. Sprungmarken haben Bezeichner wie Variablen und müssen daher im Programm durch einen Doppelpunkt gekennzeichnet werden. Sie müssen nicht wie etwa in PASCAL als Sprungmarke (in Form einer label-Anweisung) deklariert werden. Da die GOTO-Anweisung die Logik und Kontrollstruktur eines Programms unterbricht, sollte sie nur in Ausnahmefällen benutzt werden. In der Regel kommt man mit der BREAK- bzw. CONTINUE-Anweisung vollständig aus.

4.9 Übungen

4.1 Erklären Sie, warum folgender Ausdruck zu einer Endlosschleife führt:

```
for (printf("%c",'A');
    printf("%c",'B');
    printf("%c",'C'));
```

Was wird ausgegeben?

4.2 Überlegen Sie, welche Ausgabe die folgende FOR-Schleife für zwei natürliche Zahlen $a,b>0$ bewirkt:

```
int r;
for( ;r = a%b; a=b,b=r);
printf(b);
```

4.3 Die alten Ägypter haben zwei ganze Zahlen a und b folgendermaßen multipliziert: a wurde solange ganzzahlig halbiert und b gleichzeitig verdoppelt, bis a gleich Null wurde. Das Produkt ist dann die Summe aller Werte von b, für die a jeweils ungerade war. Schreiben Sie ein Programm dafür!

4.4 Schreiben Sie ein Programm, das alle Zahlen von 1 bis 250 ausdruckt, die weder durch 7 teilbar sind noch die Ziffer 7 enthalten.

4.5 Die Zahl, die angibt, auf wieviele Möglichkeiten sich k aus n Dingen auswählen lassen, heißt Binomialkoeffizient k aus n. Es gilt: 6 aus 49 ist $13.983.816$; dies ist die Anzahl aller möglichen Lottotips. Berechnen Sie den Binomialkoeffizienten k aus n aus dem iterativen Schema:

```
binom = 1
wenn n>0, dann
    für i=1 bis n
        binom = binom*(k-i+1)/i
```

(Hinweis: Ganzzahlige Division!)

4.6 ULAMsches Problem: Ausgehend von einer beliebigen ganzen Startzahl wird eine Folge von ganzen Zahlen nach folgenden Regeln erzeugt:
- ❶ Ist die Zahl 1, stop.
- ❷ Ist die Zahl gerade, so wird sie halbiert. Gehe nach ❶.
- ❸ Ist die Zahl ungerade, so wird sie verdreifacht und um eins vermehrt. Gehe nach ❶.

Z. B. erhält man so für die Zahl 7 die Folge: 7, 22, 11, 34, 17, 52, 26, 13, 40, 20, 10, 5, 16, 8, 4, 2, 1. Es konnte bisher nicht bewiesen werden, ob diese Folge für jede Zahl mit 1 endet. Man weiß nur aus Computer-Rechnungen, daß dies für alle Zahlen bis 2^{29} zutrifft.

5 Reihungen und Zeichenketten

5.1 Reihungen

Gleichartige Elemente wie Folgenglieder, Polynom-Koeffizienten, Vektorkomponenten usw. können zu Reihungen zusammengefaßt werden. Reihungen werden wie folgt vereinbart:

```
#define MAX 25
int a[MAX];
double b[MAX];
char name[25];
```

Die obere Indexgrenze der Reihung muß jeweils eine Konstante sein, die untere ist automatisch null, da C stets bei Null zu zählen beginnt. Dies bedeutet, daß eine Reihung a mit 25 Elementen die Komponenten a[0] bis a[24] besitzt. Reihungen können nur statisch initialisiert werden:

```
static float a[MAX] = {0};
static int tage_im_monat[12] =
    {31,28,31,30,31,30,31,31,30,31,30,31};
static char monat[12] =
    { "Januar",    "Februar",
      "März",      "April",
      "Mai",       "Juni",
      "Juli",      "August",
      "September", "Oktober",
      "November",  "Dezember" };
```

Dies bedeutet, daß Reihungen nicht in dem zugehörigen Block – z. B. innerhalb einer Funktion – als automatische Variable initialisiert werden können (vgl. Kapitel 8). Möglich ist es auch, Reihungen als globale Variablen zu initialisieren.

Mittels der TYPEDEF-Anweisung können für Reihungen von elementaren Datentypen auch neue Namen definiert werden:

```
typedef double POLYNOM[MAX];
typedef int VEKTOR[25];
typedef char STRING[25];
```

Damit wird POLYNOM als Reihung vom Typ double, VEKTOR als int-Reihung und STRING als Zeichenkette deklariert. Dies ermöglicht folgende (selbsterklärende) Variablendefinitionen:

```
main()
{
    POLYNOM f,g;
    VEKTOR a,b;
    STRING s;
}
```

Die Elemente einer Reihung können über ihren Index angesprochen werden, z. B.

```
a[3] = 12;
printf("%d",a[5]);
```

Ebenso die ganze Reihung mittels einer FOR-Schleife:

```
for (i=0; i<100; i++)
    a[i]=i;      /* Initialisierung der Reihung a */
```

Das Skalarprodukt zweier (dreidimensionaler) Vektoren a, b kann realisiert werden durch:

```
/* Skalarprodukt */
for (s=0,i=0; i<4; i++)
    s += a[i]*b[i];
if (s==0) printf("Vektoren stehen senkrecht!")
```

Reihungen stehen in C in einem engen Zusammenhang mit Pointern (siehe Kapitel 6). Ein Reihungsname a stellt nämlich einen Zeiger auf das nullte Element a[0] dar. Damit ist es möglich, alle Reihungselemente über einen Pointer ptr zu erreichen:

```
ptr = &a[0];
```

Das Element a[7] z. B. läßt sich dann als

```
*(ptr+7)
```

ansprechen. Dieser Reihungszugriff über Zeiger setzt jedoch Kenntnis der Pointer-Arithmetik voraus (vgl. 6.3).

Beim Compilieren wird für jede Reihung ein fester zusammenhängender Speicherbereich reserviert. Um den dazu benötigten Platz bestimmen zu können, muß die obere Indexgrenze der Reihung als Konstante festgelegt sein. Damit stellt der Reihungname einen konstanten Zeiger dar. Eine spätere Zuweisung an einen konstanten Pointer ist nicht möglich! Dies ist ein grundlegender Unterschied zwischen Reihungen und Pointern.

Soll ein Reihung an eine Prozedur (durch Call by Reference) übergeben werden, ist kein Adreß-Operator notwendig (vgl. dazu Abschnitt 7.5).

5.2 Zeichenketten

Zeichenketten (engl. *Strings*) sind Reihungen vom Typ char mit der Bedingung, daß das Ende einer Zeichenkette durch das Zeichen \0 (ASCII-0) gebildet wird. Die Zeichenkette "hello" wird also folgendermaßen gespeichert:

Byte	0	1	2	3	4	5
Inhalt	'h'	'e'	'l'	'l'	'o'	'\0'

Die Länge der Reihung ist hier also 6. Eine Funktion zur Ermittlung der Stringlänge (ohne ASCII-Null) kann damit wie folgt realisiert werden:

```
int strlen(char s[])
{
  int i=0;
  while (s[i] != '\0') i++;
  return i;
}
```

Die ASCII-Null braucht bei Zeichenketten-Konstanten nicht eingegeben zu werden, dies wird vom Compiler ausgeführt.

```
char meldung[17] = "Falsche Eingabe!";
```

Obige Fehlermeldung hätte auch als meldung[50] definiert werden können, da das Ende des Strings durch die ASCII-Null signalisiert wird. Kann die Länge einer Zeichenkette nicht fixiert werden, so muß sie als Zeiger realisiert werden:

```
char string1[25]; *string2;
..............
string1 = "Dies ist ein Test!";   /* falsch  */
string2 = "Dies ein weiterer!";   /* richtig */
```

Die erste Wertzuweisung ist nicht möglich, da die Reihung ein konstanter Pointer ist. Im zweiten Fall wurde wegen des Zeigers noch kein Speicherplatz belegt. Diese Belegung erfolgt nun an geeigneter Stelle; der Zeiger string2 lokalisiert dies. Im ersten Fall wird man die Wertzuweisung mit der Zeichenkettenfunktion strcpy() ausführen:

```
strcpy(string1,"Dies ist ein Test!");
```

5.3 Mehrdimensionale Reihungen

Zweidimensionale Reihungen kommen in der Programmierpraxis häufig vor. In der Mathematik treten sie als Matrizen oder Determinanten auf und in der Wirtschaft als Umsatztabellen, Tilgungspläne und dergleichen. Auch das Schachbrett und magische Quadrate sind solche zweidimensionalen Tabellen, wobei beim Schachbrett auch Buchstaben als Koordinaten verwendet werden.

Bei mehrdimensionalen Reihungen ist zu beachten, daß für jede Dimension eine eigene Klammer zu setzen ist.

```
int a[5][5];
float tabelle[10][10];
```

Auch bei mehrdimensionalen Reihungen findet die TYPEDEF-Anweisung Anwendung:

```
#define N=4;
typedef double MATRIX[N][N];
```

Diese mehrfache Setzung der Klammer [ ] ist notwendig, da die Schreibweise a[2,3] nämlich wegen des sog. Kommaoperators als eindimensionale Reihung a[] interpretiert wird.

Neben zweidimensionalen Reihungen treten auch dreidimensionale auf. So könnte z. B.

```
umsatz[jahr][vertr][plz]
```

der Umsatz einer Firma sein, den sie im Jahr jahr durch den Vertreter vertr im Postleitzahlbereich plz erzielt hat.

5.4 Sortieren und Suchen in Listen

Die häufigste Tätigkeit mit Listen ist das Sortieren. Man sagt, daß 80% aller Rechner mit Sortieren und Suchen von Daten beschäftigt sind. Als Beispiel soll das Sortieren von Listen mit dem Verfahren von D. L. SHELL gezeigt werden.

Betrachtet wird die Liste:

1 88 75 62 49 36 23 10 97 84 71 58

mit 12 Elementen. Zunächst werden jeweils die Elemente im Abstand 6 paarweise miteinander verglichen und vertauscht, wenn die kleinere rechts von der größeren steht. Zunächst wird das Paar (1,23), dann (88,10) verglichen. Das Vertauschen der letzten beiden liefert:

1 10 75 62 49 36 23 88 97 84 71 58

Entsprechend werden noch alle weitere Paare mit dem Abstand 6 geprüft, jedoch ist keine Vertauschung mehr nötig. Nun wird der Abstand auf 3 halbiert. Es werden somit die Paare (1,62), (10,49), (75,36) verglichen. Austauschen des letzten Paares ergibt:

1   10   36   62   49   75   23   88   97   84   71   58

Nunmehr werden sukzessive vertauscht (62,23), (88,71) und (97,58). Dies führt zur Liste:

1   10   36   23   49   58   62   71   75   84   88   97

Ganzzahlige Halbierung der Schrittweite ergibt den Wert 1. Durchläuft man die Liste und vertauscht – wenn notwendig – die Elemente im Abstand 1; d. h. benachbarte Elemente, so erhält man die fertig sortierte Reihung:

1   10   23   36   49   58   62   71   75   84   88   97

Der Algorithmus von SHELL kann in C sehr elegant mit Hilfe dreier Schleifen realisiert werden. Die äußerste Schleife steuert den Abstand gap, die nächste durchläuft alle Listenelemente und die innerste steuert das Austauschen der Listenelemente.

```
/* shell.c */
#include <stdio.h>
#define ANZAHL 100

void shell(int [],int);
void listenausgabe(int []);
void main()
{
int i,list[ANZAHL];

  for (i=0; i< ANZAHL; i++)
    list[i] = (87*i+1) % ANZAHL;
```

Prog. 5.1:   shell.c (Fortsetzung auf der nächsten Seite)

5.4 Sortieren und Suchen in Listen

```c
  printf("unsortiert:\n");
  listenausgabe(list);
  shell(list,ANZAHL);
  printf("\nsortiert:\n");
  listenausgabe(list);
}

void shell(int a[],int n)
{
  register int gap,i,j,h;

  for (gap=n/2; gap>0 ; gap /=2)
    for (i=gap; i<n ; i++)
      for (j=i-gap;
           j>=0 && a[j]>a[j+gap];
           j -= gap)
      {
        h=a[j];
        a[j]=a[j+gap];
        a[j+gap]=h;
      }
  return;
}

void listenausgabe(int x[])
{
  register int i;
  for (i=0; i< ANZAHL; i++)
    printf("%4d",x[i]);
  printf("\n");
  return;
}
```

Prog. 5.1: *shell.c*

5 Reihungen und Zeichenketten

Eine der schnellsten Suchmethoden in bereits sortierten Daten stellt die sog. Binärsuche dar. Hier wird durch Vergleich mit dem mittleren Wert (*Median* genannt) geprüft, ob der gesuchte Wert in der ersten oder zweiten Hälfte der Liste liegt. Sodann wird in der entsprechende Hälfte wiederum durch Vergleich mit dem Median die zu durchsuchende Liste auf ein Viertel beschränkt. Setzt man dieses Halbierungsverfahren fort, bis der Suchbereich nur noch ein Element umfaßt, so läßt sich der Erfolg der Suche durch einen letzten Vergleich bestimmen: Ist das letzte Element gleich dem gesuchten, so war die Suche erfolgreich, andernfalls vergeblich.

Da bei jedem Schritt die Hälfte der zu durchsuchenden Elemente ausgeschieden wird, können in n Schritten Listen mit

2^n Elementen

durchsucht werden. Wegen

$2^{20} > 1000000$

können also in nur 20 Schritten sortierte Listen mit einer Million(!) Einträgen durchsucht werden.

Die Binärsuche wird man später als separate Prozedur programmieren:

```
/* bsearch.c */

#define ANZAHL 50
#include <stdio.h>

void main()
{
    int i,j,n,key,pos,lo,hi;
    int x[ANZAHL];

    printf("Wieviele Elemente (max.%d)? ",ANZAHL);
    scanf("%d",&n);
    printf("Eingabe der sortierten Liste: \n");
```

Prog. 5.2: bsearch.c *(Fortsetzung auf der nächsten Seite)*

5.4 Sortieren und Suchen in Listen

```
for (i=0; i<n; i++)
{
  printf("Eingabe des %d.Elements ",i+1);
  scanf("%d",&x[i]);
}
printf ("Nach welchem Element soll "
        "gesucht werden? ");
scanf("%d",&key);
lo=0,hi=n;
while (hi-lo > 1)   /* Binärsuche */
{
  j = (lo+hi)/2;
  if (key<x[j]) hi = j;
  else lo=j;
}
pos = (key==x[lo]) ? lo : -1;
if (pos>=0)
  printf("Gesuchtes Element an %d.ter Stelle\n",
         ++pos);
else
  printf("Gesuchtes Element nicht gefunden!");
return;
}
```

Prog. 5.2: *bsearch.c*

Die Binärsuche ist ein so wichtiges Verfahren, daß es auch in die Bibliothek von C bzw. UNIX aufgenommen wurde. Der Prototyp lautet (vgl. Abb. 17.10):

```
void *bsearch (const void *key,const void *base,
               size_t num, size_t width,
               int (*compare)())
```

Mit Hilfe dieser Funktion kann in beliebig geordneten Liste gesucht werden. Zum Vergleich der Elemente muß die Funktion compare angegeben werden. Das Suchen eines Buchstabens im Alphabet zeigt das Programm:

5 Reihungen und Zeichenketten

```c
/* bsearch2.c */
#include <stdio.h>
#include <stdlib.h>
#include <ctype.h>

#define NELEMS(arr) (sizeof(arr)/sizeof(arr[0]))
typedef int (*fcmp) (const void *, const void *);

int comp(char *,char *);
char alphabet[26]="ABCDEFGHIJKLMNOPQRSTUVWXYZ";

void main()
{
  char ch,*p;

  printf("Geben Sie ein Zeichen ein! ");
  scanf("%s",&ch);
  ch = toupper(ch);
  p = (char *) bsearch(&ch,alphabet,
                 NELEMS(alphabet),
                 sizeof(char),(fcmp) comp );
  if (p)
    printf("%c ist im Alphabet enthalten\n",ch);
  else
    printf("%c ist nicht im Alphabet enthalten\n",
           ch);
}

int comp(char *ch,char *s)
{
  return (*ch)-(*s);
}
```

Prog. 5.3: bsearch2.c

Für ältere Versionen des Microsoft-Compilers muß hier die Headerdatei <search.h> eingebunden werden.

5.5 Tabellen

Auch zweidimensionale Tabellen können als Reihungen geführt werden. Als anschauliches Beispiel einer solchen Tabelle werden die magischen Quadrate gewählt (vgl. Abb. 5.1). Eine quadratische Anordnung von n Zahlen heißt magisches Quadrat der Ordnung n, wenn das Quadrat die Zahlen

1 bis $n^{(}$

so enthält, daß die Summe aller Zeilen, aller Spalten und der beiden Diagonalen denselben Wert – *magische Zahl* genannt – hat. Die Ordnung des untenstehenden Quadrats ist 9, die magische Zahl ist 369.

Ein Verfahren zur Bestimmung magischer Quadrate ungerader Ordnung stammt von DE LA LOUBERE, der es 1687 aus China mitbrachte. Ausgehend von der Mitte der ersten Zeile geht man im Normalschritt jeweils ein Kästchen schräg nach rechts oben. Gelangt man an den oberen Rand, geht man in die unterste Zeile. Entsprechend springt man in die erste Spalte, wenn man den rechten Rand des Quadrats erreicht. In dem Fall, daß der Normalschritt auf ein schon besetztes Reihungselement führt oder außerhalb rechts oben und außen führt, so liegt das nächste Element unmittelbar senkrecht unter dem vorhergehenden.

47	58	69	80	1	12	23	34	45
57	68	79	9	11	22	33	44	46
67	78	8	10	21	32	43	54	56
77	7	18	20	31	42	53	55	66
6	17	19	30	41	52	63	65	76
16	27	29	40	51	62	64	75	5
26	28	39	50	61	72	74	4	15
36	38	49	60	71	73	3	14	25
37	48	59	70	81	2	13	24	35

Abb. 5.1: *Magisches Quadrat der Ordnung 9*

Eine mögliche Programmierung ist (mit einem Vorgriff auf Prozeduren):

```
/* magic.c */
#include <stdio.h>
#define MAX 25
#define MAGISCH_ZAHL(x) (int)((x*x*x+x)/2)
int a[MAX][MAX];

void magquad(int n);

void main()
{
  int n;

  printf("Welche Ordnung (ungerade max.%d)? ",
         MAX-2);
  scanf("%d",&n);
  if (n % 2 ==0) n++;
  magquad(n);    /* Prozeduren Siehe Kap.7 */
  printf("\nMagische Zahl = %d\n",MAGISCH_ZAHL(n));
}

void magquad(int n)
{
  int c,i=1,j=(n+1)/2;
  for (c=1; c<=n*n; c++)
  {
    a[i][j] = c;
    if (c % n ==0) i++;
    else
    {
      i = (i==1)? n:i-1;
      j = (j==n)? 1:j+1;
    }
  }
}
```

Prog. 5.4: *magic.c (Fortsetzung auf der nächsten Seite)*

```
for (i=1; i<=n; i++)
{ /* Ausgabe */
  for (j=1; j<=n; j++)
    printf("%4d",a[i][j]);
  printf("\r");
}
return;
}
```

Prog. 5.4:   magic.c

5.6 Mengen

Da C im Gegensatz zu PASCAL nicht den Mengentyp kennt, werden Mengen ebenfalls durch Reihungen realisiert. Gehört das positive Element i zur Menge A, so setzt man a[i]=1, anderenfalls a[i]=0. Die Werte 0 und 1 lassen sich hier auch als Wahrheitswerte auffassen. Diese Mengen-Realisierung setzt man z. B. beim Primzahlsieb des ERATOSTHENES ein.

```
/* sieb.c */
/* Sieb des Eratosthenes */

#include <stdio.h>
#define TRUE 1
#define FALSE 0
#define SIZE 8190

char prim[SIZE+1];    /* Primzahlen bis 2*SIZE+3 */

void main()
{
  register int i,k,p,z=1;

  for (i=0; i<= SIZE; i++)
    prim[i] = TRUE;    /* Sieb füllen */
```

Prog. 5.5:   sieb.c (Fortsetzung auf der nächsten Seite)

5 Reihungen und Zeichenketten

```
      printf("%8c",'2');
      for (i=0; i<= SIZE; i++)
        if (prim[i])        /* aussieben */
        {
          p = i+i+3;
          k = p+i;
          while (k<=SIZE)
          {
            prim[k] = FALSE;
            k += p;
          }
          z++;
          /* keine Ausgabe bei Benchmark */
          printf("%8d",p);
        }
      printf("\n%d Primzahlen\n",z);
      return;
    }
```

Prog. 5.5:   *sieb.c*

Die obere Grenze ist dem bekannten Benchmark-Programm der Zeitschrift BYTE entnommen. Das dort gegebene Benchmark-Programm ist jedoch mathematisch nicht korrekt und liefert über 800 „Primzahlen" zuviel. Wie man mit dieser Mengen-Realisierung auch Mengenoperationen durchführen kann, zeigt das Beispiel:

```
/* menge.c */
/* Simulation von Mengen mit Hilfe von Feldern */

#include <stdio.h>
#define MAX 50
typedef char MENGE[MAX];

MENGE t36,t48 = {0};
```

Prog. 5.6:   *menge.c (Fortsetzung auf der nächsten Seite)*

5.6 Mengen

```
void teilermenge(int,MENGE);
void schnittmenge(MENGE,MENGE,MENGE);
void vereinigungsmenge(MENGE,MENGE,MENGE);
void restmenge(MENGE,MENGE,MENGE);
void mengenausgabe(MENGE);
void main()
{
  MENGE schnitt,verein,rest;
  teilermenge(36,t36);
  printf("Teilermenge T36:\n");
  mengenausgabe(t36);

  teilermenge(48,t48);
  printf("Teilermenge T48:\n");
  mengenausgabe(t48);

  schnittmenge(t36,t48,schnitt);
  printf("Schnittmenge T36 i T48:\n");
  mengenausgabe(schnitt);

  vereinigungsmenge(t36,t48,verein);
  printf("Vereinigungsmenge T36 U T48:\n");
  mengenausgabe(verein);

  restmenge(t48,t36,rest);
  printf("Restmenge T48 \\ T36:\n");
  mengenausgabe(rest);
  return;
}

void teilermenge(int zahl,MENGE a)
{
  register int i;
  for (i=1; i<MAX; i++)
     a[i] = (zahl % i ==0);
```

Prog. 5.6: menge.c (Fortsetzung auf der nächsten Seite)

```
      return;
}
void schnittmenge(MENGE a,MENGE b,MENGE c)
{
  register int i;
  for (i=1; i<MAX; i++)
    c[i] = a[i] && b[i];
  return;
}
void vereinigungsmenge(MENGE a,MENGE b,MENGE c)
{
  register int i;
  for (i=1; i<MAX; i++)
    c[i] = a[i] || b[i];
  return;
}
void restmenge(MENGE a,MENGE b,MENGE c)
/* A ohne B */
{
  register int i;
  for (i=1; i<MAX; i++)
    c[i] = a[i] && !b[i];
  return;
}
void mengenausgabe(MENGE a)
{
  register int i;
  printf("{");
  for (i=1; i<MAX; i++)
    if (a[i]) printf("%4d",i);
  printf("%3c\n\n",'}');
  return;
}
```

Prog. 5.6:   menge.c

Zur Bestimmung der Schnitt- und Vereinigungsmengen sind hier die Operatoren && (logisches Und), || (logisches Oder) und die logische Verneinung ! verwendet worden (vgl. Kapitel 9).

5.7 Umrechnung ins Binärsystem

Da die Umrechnung einer Dezimalzahl ins Oktal- bzw. Hexadezimal-System bereits in C integriert ist, soll hier die Verwendung von Reihungen bei der Umrechnung ins Binär-(Dual)-System behandelt werden. Der Algorithmus läuft gemäß Abb. 5.2 ab.

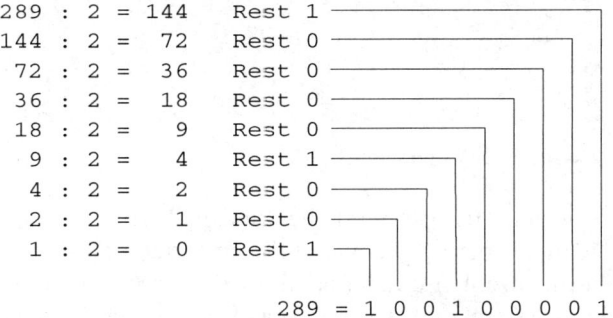

Abb. 5.2:   *Umrechnung ins Binärsystem*

Die anfallenden Divisionsreste werden in einer Liste x gespeichert und rückwärts ausgedruckt. Dies führt zum nachstehenden Programm:

```
/* binaer.c */
/* Umwandlung einer long-Zahl ins Binärsystem */
#include <stdio.h>

void main()
{
  unsigned long int dez;
```

Prog. 5.7:   *binaer c (Fortsetzung auf der nächsten Seite)*

```
int i,l=0,x[32];

printf("Gib Dezimalzahl ein! ");
scanf("%U",&dez);
printf("%lu = ",dez);

while (dez)
{
   x[l++] = dez % 2;
   dez /= 2L;
}
for (i=l-1; i>=0; i--)
    (i%4) ? printf("%d",x[i]) : printf("%d ",x[i]);
puts(" ");
return;
}
```

Prog. 5.7:   binaer.c

Bei der Ausgabe wird die Binärzahl in Viererblöcke geteilt. Wandelt man diese Viererblöcke (oder Halb-Bytes) in Hexadezimalzahlen um, so erhält man die Darstellung der Zahl im Zahlsystem zur Basis 16. Analog kann eine Binärzahl ins Oktalsystem umgewandelt werden, wenn die Binärstellen in Dreier-Blöcken jeweils in Oktalziffern umgewandelt werden.

5.8 Polynome

Ein Polynom

$$a_n x^n + a_{n-1} x^{n-1} + \ldots + a_1 x + a_0$$

kann als Reihung seiner Koeffizienten gespeichert werden:

a[n], a[n-1], a[n-2], ... , a[1], a[0]

n heißt der Polynomgrad von a für a[n] ungleich Null. Die Reihung

a[4]=1, a[3]=0, a[2]=-3, a[1]=4, a[0]=-1

stellt somit das Polynom

5.8 Polynome

$$x^4 - 3x^2 - 4x - 1$$

dar. Ein Verfahren zur Funktionswert-Berechnung eines Polynoms, das ohne Potenzierung auskommt, wird nach W. HORNER benannt.

```c
/* horner.c */
/* Hornerschema zur Auswertung eines Polynoms */

typedef double POLYNOM[25];
#include <stdio.h>

void main()
{
  POLYNOM a;
  int i,N;
  double f,x;

  printf("Polynomgrad? ");
  scanf("%d",&N);
  printf("\nEingabe der Polynomkoeffizienten\n");
  for (i=N; i>=0; i--)
  {
    printf("Koeffizient von x^%d ",i);
    scanf("%lf",&a[i]);
  }
  printf("\nx-Wert? ");
  scanf("%lf",&x);

  f = a[N]; /* Horner-Schema */
  for (i=N-1; i>=0; i--)
    f = f*x + a[i];
  printf("\nFunktionswert = %lf\n",f);
  return;
}
```

Prog. 5.8:   *horner.c*

Der Funktionswert $f(2)$ von

$$f(x) = x^4 - 3x^2 - 4x - 1$$

ist somit 11. Auch die Stellenwert-Schreibweise verwendet die Polynomdarstellung. Die Dezimalzahl 124.765 stellt nämlich nur eine verkürzte Schreibweise für

$$1 \cdot 10^6 + 2 \cdot 10^5 + 4 \cdot 10^4 + 7 \cdot 10^3 + 6 \cdot 10^2 + 5$$

dar. Entsprechend ist die Binärzahl 1011001 gleich

$$1 \cdot 2^6 + 0 \cdot 2^5 + 1 \cdot 2^4 + 1 \cdot 2^3 + 0 \cdot 2^2 + 1$$

Binärzahlen lassen sich somit mittels HORNER-Schema ins Dezimalsystem umwandeln.

5.9 Matrizen

Matrizen sind zweidimensionale Reihungen, für die eine Addition und Multiplikation definiert sind. Stimmt die Zeilenzahl einer Matrix mit ihrer Spaltenzahl überein, heißt sie quadratisch. Die Anzahl der Spalten bzw. Zeilen einer quadratischen Matrix nennt man auch die Ordnung der Matrix. Die Addition zweier Matrizen A, B gleicher Ordnung geschieht elementweise:

```
/* Matrizenaddition A+B=C */
for (i=0; i<N; i++)
    for (j=0; j<N; j++)
        c[i][j] = a[i][j]+b[i][j];
```

Die Multiplikation zweier quadratischer Matrizen A*B läuft nach dem Schema, daß jede Zeile von A mit jeder Spalte von B multipliziert wird. Die Matrizen A und B werden hier als statische Variablen initialisiert. Dies ist gleichzeitig ein Beispiel dafür, wie mehrdimensionale Reihungen vorbelegt werden können:

5.9 Matrizen

```c
/* matrix.c */

#define N 3
#include <stdio.h>
typedef int MATRIX[N][N];

void main()
{
  int i,j,k,sum;
  MATRIX c;
  static MATRIX a = {{ -2, 0, 5 },
                     { 1, -3, 4 },
                     { 0, 3, -1 }, };
  static MATRIX b = {{ 3, -1, 1 },
                     { 2, 2, 0 },
                     { -2, 1, 4 }, };

  /* Multiplikation quadratischer Matrizen */
  for (i=0; i<N; i++)
    for (j=0; j<N; j++)
    {
      sum = 0;
      for (k=0; k<N; k++)
        sum += a[i][k]*b[k][j];
      c[i][j] = sum;
    }

  /* Matrizenausgabe */
  for (i=0; i<N; i++)
  {
    for (j=0; j<N; j++) printf("%5d",c[i][j]);
    printf("\n");
  }
  return;
}
```

Prog. 5.9: *matrix.c*

Das Ergebnis ist

$$A * B = \begin{pmatrix} -16 & 7 & 18 \\ -11 & -3 & 17 \\ 8 & 5 & -4 \end{pmatrix}$$

Vertauscht man aber **A** und **B**, so erhält man

$$B * A = \begin{pmatrix} -7 & 6 & 10 \\ -2 & -6 & 18 \\ 5 & 9 & -10 \end{pmatrix}$$

Daran sieht man, daß das Matrizenprodukt nicht kommutativ ist.

5.10 Übungen

5.1 Schreiben Sie ein Programm, das die Quersumme (= Summe aller Ziffern) einer ganzen Zahl berechnet.
Hinweis: Lesen Sie die Zahl als String ein!

5.2 Ein Polygon (Vieleck) mit n Ecken hat in einem Koordinatensystem die Eckpunkte $(x_1, y_1)(x_2, y_2), \cdots (x_n, y_n)$

Der Flächeninhalt A des Polygons ergibt sich aus der Formel von Gauß

$$A = ((x_1 + x_2)(y_1 - y_2) + (x_2 + x_3)(y_2 - y_3) + \cdots (x_n + x_1)(y_n - y_1))/2$$

wenn die Eckpunkte im mathematischen Drehsinn durchlaufen werden. Schreiben Sie ein Programm dazu!

5.3 Ermitteln Sie durch vier verschachtelte FOR-Schleifen alle möglichen Augensummen von vier Würfeln. Speichern Sie diese Augensummen in einer Reihung, und stellen Sie dies grafisch dar.

6 Pointer

> *The introduction of references into a high-level language is a serious retrograde step.*
> Hoare

6.1 Was sind Pointer?

Von vielen Leuten werden Pointer als das am schwersten zu verstehende Kapitel der Programmiersprache C betrachtet. Wie das obenstehende Zitat von HOARE zeigt, lehnen einige Informatiker das Arbeiten mit Zeigern als Rückschritt in die Assemblerzeit generell ab. Dies kommt zum einen daher, daß viele Programmiersprachen wie BASIC oder FORTRAN überhaupt keine Pointer kennen und neuere Sprachen – wie PASCAL – den Gebrauch von Pointern wesentlich einschränken. Zum anderen gilt, daß durch die in C verwendete Syntax für Pointer das Verständnis des Lernenden nicht gerade erleichtert wird.

Was ist nun ein Pointer?

Ein Pointer oder Zeiger eröffnet die Möglichkeit, direkt auf die Adresse einer Variable zuzugreifen und gegebenenfalls auch den Wert einer Variable zu verändern. Um eine Variable eines beliebigen Typs zu verwalten, muß der Rechner nicht nur ihren Wert v, sondern auch noch ihren Speicherplatz &v (*Adresse* genannt) kennen. Der einstellige Operator & heißt daher Adreß-Operator (oder Referenz-Operator).

6 Pointer

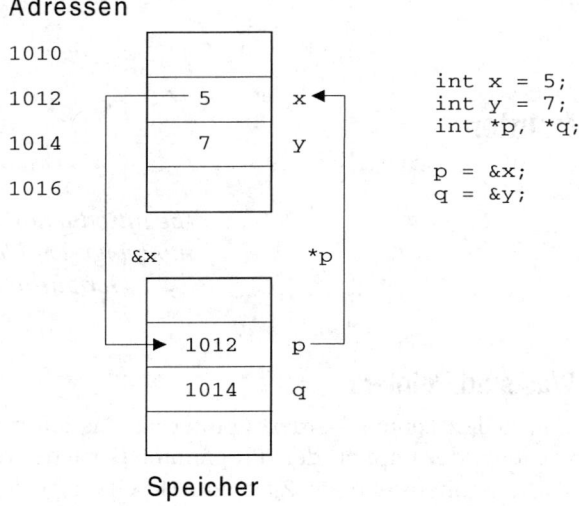

Abb. 6.1: Pointer und Adressen

Damit in C – im Gegensatz zu den meisten anderen Programmiersprachen – explizit mit Adressen gerechnet werden kann, führt man diese Pointer ein. Durch die folgende Deklaration:

```
int *ip;
float *fp;
char *cp;
```

werden drei Variablen `ip`, `fp`, `cp` erklärt. `ip` ist vom Typ Pointer auf int (d. h. `ip` zeigt auf eine ganze Zahl), `fp` ist ein Pointer auf float und entsprechend `cp` ein Pointer auf char. Der Wertebereich einer Pointervariable beginnt bei 0 und schließt alle positiven int-Werte ein, die im jeweiligen Rechner im jeweiligen Speichermodell als Maschinen-Adresse interpretiert werden können. Zu beachten ist, daß durch die Deklaration einer Pointervariable noch kein Speicherplatz reserviert worden ist. Dies geschieht erst durch die Zuweisungen:

```
ip = &i;
fp = &x;
cp = &c;
```

ip zeigt hier auf die ganze Zahl i, fp auf die Zahl x vom Typ float und cp auf das Zeichen c. Ein besonderer Pointer ist derjenige, der auf „Nichts" zeigt:

```
p = NULL;
```

Die Konstante NULL = '\0' ist bei den meisten Compilern in der Datei <stdio.h> vordefiniert. Die Zuweisung

```
p = &v
```

ist (fast) gleichbedeutend zu

```
*p = v
```

Der Stern vor der Variable dient als Dereferenzierungs- oder Verweisoperator und darf nicht mit dem Multiplikationszeichen verwechselt werden. Er ist in gewisser Weise der inverse Operator zu &. Aus

```
p = &x;
*p = x;
```

folgt nämlich durch Einsetzen

```
p = &(*p);
```

Dies bedeutet, daß sich die Operatoren & und * in ihrer Wirkung gegenseitig aufheben. Dies läßt sich leicht mit einem kleinen Programm nachvollziehen:

6 Pointer

```c
/* point.c */

#include <stdio.h>

void main()
{
  int i=7, *int_ptr;

  int_ptr = &i;
  printf("Zuordnung int_ptr=&i\n");
  printf("Der Pointer zeigt auf den Wert  %d\n",
         *int_ptr);
  printf("Die Adresse von i ist %d\n\n",int_ptr);

  *int_ptr = i;
  printf("Zuordnung *int_ptr=i\n");
  printf("Der Pointer zeigt auf den Wert %d\n",i);
  printf("Die Adresse von i ist %d\n",&i);
  return;
}
```

Prog. 6.1: point.c

Jedoch kann

```c
*int_ptr = i;
```

nicht als Initialisierung einer Pointers dienen. Dies zeigt folgendes Programm:

```c
main()
{
  int i=10, *p;
  *p = i; /* ungültige Initialisierung */
  printf("Wert= %d Adresse= %d",*p,p);
}
```

Ein Code dieser Art kann wegen der ungültigen Initialisierung des Pointers zum Programmabbruch oder u. U. sogar zum

6.1 Was sind Pointer?

Systemabsturz führen, falls der Pointer zufällig in den Speicherbereich des Betriebssystems weist.

Ebenso ist die Verwendung von Pointern auf Variablen vom Typ `char` oder `float` erlaubt:

```c
/* point2.c */
/* Pointer auf verschiedene Datentypen */

#include <stdio.h>

void main()
{
  int i=7, *int_p;
  float x=1.5, *float_p;
  char c='A', *char_p;

  int_p = &i;
  float_p = &x;
  char_p = &c;

  printf("Wert von i = %d",*int_p);
  printf("Adresse von i = %d\n",int_p);

  printf("Wert von x = %f",*float_p);
  printf("Adresse von x = %d\n",float_p);

  printf("Wert von c = %c",*char_p);
  printf("Adresse von c = %d\n",char_p);
  return;
}
```

Prog. 6.2: *point2.c*

Neben den Pointern auf einfache Datentypen gibt es in C auch Zeiger auf höhere Datentypen wie Verbunde und Strukturen sowie auf Funktionen. Dies wird in späteren Abschnitten gezeigt.

6.2 Pointer und Reihungen

Wie schon im Kapitel 5 Reihungen und Zeichenketten erwähnt wurde, stellt jede Reihungsvariable die Adresse des ersten Reihungselements dar, d. h. einen Zeiger auf das erste Reihungelement. Ist a eine int-Reihung und p ein entsprechender Pointer, so ist folgende Zuweisung möglich:

```
p = a;    /* oder */
p = &a[0];
```

Die umgekehrte Zuordnung ist nicht möglich

```
a = p;  /* falsch */
```

da a auf einen festen Speicherplatz weist und daher ein konstanter Pointer ist. Dagegen kann ein Zeiger p auf verschiedene Adressen zeigen. Gilt p = &a[0], so liefert z. B. p++ die Adresse von a[1]. Allgemein gilt:

```
p+i = &a[i];     /* bzw. */
*(p+i) = a[i];
```

Das folgende Programm zeigt auf zwei Arten, wie durch Weitersetzen eines Pointers alle Werte und Adressen einer Reihung durchlaufen werden können:

```
/* point3.c */
/* Zusammenhang von Feldern und Pointern */

#define ANZAHL 10
#include <stdio.h>
#include <conio.h>

void main()
{
   long int i,a[ANZAHL],*p;
   for (i=0; i < ANZAHL; i++) a[i]=i;
```

Prog. 6.3:   point3.c (Fortsetzung auf der nächsten Seite)

```
    clrscr();
    p = a;

    for (i = 0; i < ANZAHL; i++)
      printf("%ld %ld\n",*(p+i),p+i);

    for (p = a; p< (a+ANZAHL) ; p++)
      printf("%ld %ld\n",*p,p);

    return;
}
```

Prog. 6.3: point3.c

6.3 Pointer-Arithmetik

> Pointer arithmetic is a popular
> pastime for system programmers.
> GESCHKE u.a.(1977)

Wie soeben gezeigt, können Ausdrücke wie

```
p++;
p+i;
p += i;
```

einen Sinn haben, wenn p ein Pointer auf den Typ der Reihungselemente ist. Zu beachten ist, daß durch Rechnen mit Pointern auch der Wert von Variablen geändert werden kann, ohne daß es zu einer expliziten Wertzuweisung an diese Variablen kommt. Dies demonstriert das folgende Programm auf der nächsten Seite.

6 Pointer

```c
/* ptradd.c */

#include <stdio.h>

void main()
{
  int x=3,y=4,*p,*q;

  printf("x = %d y = %d\n",x,y);

  p = &x;
  q = &y;

  *p += 7;
  *q += 7;

  printf("x = %d y = %d\n",x,y);
  return;
}
```

Prog. 6.4: *ptradd.c*

Das Programm liefert für x und y zunächst die Werte 3 bzw. 4, dann die Werte 10 bzw. 11. Dies zeigt, daß ohne Wertzuweisung an x bzw. y tatsächlich deren Werte geändert wurden. Es ist klar, daß die Anwendung solcher Tricks zu schwer lesbaren Programmen führen kann.

Neben der Addition von Pointern läßt sich auch deren Subtraktion erklären. Sind p und q Pointer auf den Typ der Reihungselemente von a, so liefert die Differenz p-q mit

```c
p = &a[i]; q = &a[j];
```

die Anzahl der Reihungselemente zwischen a[i] und a[j] als int-Wert. Diese Anzahl stimmt jedoch nicht mit der numerischen Differenz aus den Adreßwerten &a[j]-&a[i] überein! Dieser Sachverhalt läßt sich analog an Variablen vom Typ float zeigen:

6.3 Pointer-Arithmetik

```
/* ptrsub.c */
/* Pointer-Arithmetik ist
   nicht Integer-Arithmetik */
#include <stdio.h>

void main()
{
    float x = 1.5, *p, *q;

    p = &x;
    q = p+1;

    printf("%d %d\n", (int) q-p, (int)q-(int)p);
    return;
}
```

Prog. 6.5: *ptrsub.c*

Der Programmausgabe 1 4 zeigt, daß gilt

(int)(q-p) = 1

jedoch

(int)p -(int)q = 4

Dies zeigt deutlich, daß es sich bei der Pointer-Arithmetik nicht um eine Integer-Arithmetik handelt. Der Unterschied erklärt sich leicht. q zeigt auf das nächste Element nach p, daher ist

q - p = 1

Dagegen werden zur Speicherung der float-Variable x vier Bytes benötigt, die Differenz der Adressen ist somit 4.

Nach der ANSI C-Norm sind ebenfalls Vergleichsoperatoren für Pointervariablen gleichen Typs definiert.

6 Pointer

p < q

ist genau dann wahr, wenn die Adresse, auf die p zeigt, kleiner ist als diejenige von q. Ein häufig benutzter Vergleich ist der Test, ob ein Pointer auf Null zeigt:

```
if (p == NULL)  /* oder */
if (!p)
```

6.4 Pointer und Zeichenketten

Der im Abschnitt 6.2 erklärte Zusammenhang von Pointern und Reihungen überträgt sich entsprechend auch auf Zeichenketten. Damit sind folgende zwei Deklarationen (fast) identisch

```
char str1[] = "Romeo & Julia";
char *str2 = "Romeo & Julia";
```

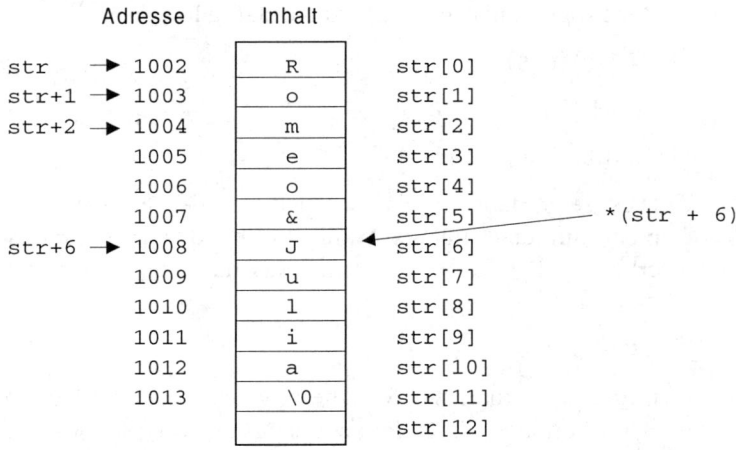

```
static str[11] = "Romeo&Julia";
```

Abb. 6.2: *Speicherung einer Stringkonstante*

6.4 Pointer und Zeichenketten

Der einzige Unterschied ist, daß str1 ein konstanter Pointer ist im Gegensatz zu str2. Dem String str1 kann also mittels

```
str1 = str2
```

keine neue Zeichenkette zugeordnet werden:

```
char str1[]  = „Romeo & Julia";
char *str2 = "Gaius Julius Caesar";
str1 = str2;         /* falsch */
strcpy(str1,str2); /* richtig */
```

Vielmehr muß hier die Stringfunktion strcpy() angewandt werden.

Dagegen ist diese Wertzuweisung mittels = bei Pointern zur Initialisierung notwendig:

1000	R	string[0]		1000	R	
1001	o	string[1]		1001	o	string
1002	m	string[2]		1002	m	
1003	e	string[3]		1003	e	
1004	o	string[4]		1004	o	
1005	&	string[5]		1005	&	
1006	J	string[6]		1006	J	
1007	u	string[7]		1007	u	
1008	l	string[8]		1008	l	
1009	i	string[9]		1009	i	
1010	a	string[10]		1010	a	
1011	\0	string[11]		1011	\0	

char string[11] = "Romeo&Julia";   char *string = "Romeo&Julia";

Abb. 6.3: *String und Pointer auf String*

```
char *str1;
char *str2 = "Romeo und Julia ";;
str1 = str2;         /* richtig */
strcpy(str1,str2); /* falsch */
```

Zeigt ein Pointer p auf einen String str, erhält man durch Weitersetzen des Zeigers alle Zeichen mittels *(p++). Dies läßt sich wie folgt darstellen:

```c
/* strptr.c */
#include <stdio.h>

void main()
{
  int i;
  char *str = "ROMEO & JULIA", *p;

  p = str;
  for (i=0; *p!= NULL; i++)
    printf("%c\n",*p++);
  return;
}
```

Prog. 6.6:   *strptr.c*

Man erhält in jeder Zeile je ein Zeichen des Strings `str`. Da in C ein String selbst ein Pointer ist, liefert das Weitersetzen von `str` sukzessive den Reststring. Mittels

```c
/* strptr2.c */
#include <stdio.h>
#include <string.h>

void main()
{
  int i;
  char *str = "ROMEO & JULIA";

  for (i=0; i<strlen(str); i++)
    printf("%s\n",str+i);
  return;
}
```

Prog. 6.7:   *strptr2.c*

erhält man den Ausdruck

6.4 Pointer und Zeichenketten

```
ROMEO & JULIA
OMEO & JULIA
MEO & JULIA
EO & JULIA
O & JULIA
 & JULIA
& JULIA
 JULIA
JULIA
ULIA
LIA
IA
A
```

Dies zeigt, wie einfach und elegant sich eine solche Aufgabe in C codieren läßt.

Der wichtigste Grund, Pointer bei Zeichenketten zu benutzen, ist der, daß bei der Deklaration von char-Reihungen die Stringlänge bekannt sein muß. Dies ist jedoch bei vielen Anwendungen nicht der Fall. Deswegen übergeben die Zeichenkettenfunktionen stets einen Zeiger auf einen String, dessen Länge dann nicht vorbestimmt sein muß. C erlaubt hier, im Gegensatz zu Programmiersprachen wie PASCAL usw., elegante und flexible Lösungen.

Obwohl es dafür eine Bibliotheksfunktion gibt, zeigt eine weitere Anwendung auf der nächsten Seite, wie mit Hilfe von Pointer-Operationen die Länge einer Zeichenkette bestimmt werden kann.

6 Pointer

```c
/* strlen.c */

#include <stdio.h>

int strlen1(char *),strlen2(char *);
void main()
{
  char s[80];
  printf("Geben Sie einen String ein! ");
  scanf("%s",s);
  printf("Länge des Strings = %d\n",strlen1(s));
  printf("Länge des Strings = %d\n",strlen2(s));

  return;
}

int strlen1(char *s)
{
  int i;
  for (i=0; *s!='\0'; s++) i++;
  return i;
}

int strlen2(char *s)
{
  char *p= s;
  while ((*p)!='\0') p++;
  return p-s;
}
```

Prog. 6.8:   strlen.c

Das Ende der Zeichenkette wird durch \0 erkannt. Die Stringlänge läßt ebenfalls als Differenz zweier Adressen bestimmen. Dies führt zu folgender Funktion:

6.4 Pointer und Zeichenketten

```
int strlen2(char *s)
{
   char *p= s;
   while (*p!='\0') p++;
   return(p-s);
}
```

Die Analogie von Reihungen und Pointern überträgt sich auch auf Reihungen von Zeichenketten.

Array of strings: char name[5][6]

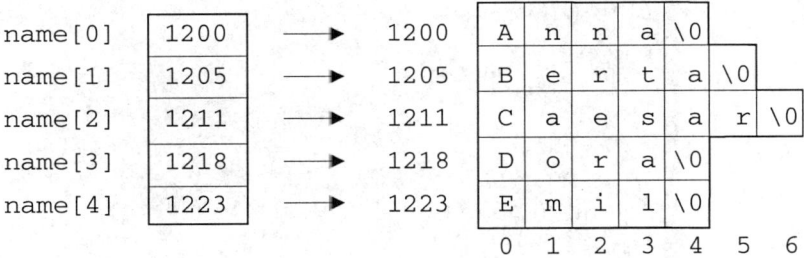

Array of pointer auf strings: char *name[5]

Abb. 6.4:   Vergleich Reihungen von Strings bzw. Pointer

```
static char *name[5] =
{"Anna","Berta","Caesar","Dora","Emil" }
```

stellt eine 5-elementige Reihung von Pointern auf Strings dar. Dagegen ist

```
static char[5][7] =
{"Anna","Berta","Caesar","Dora","Emil" }
```

eine 5-elementige Reihung von Zeichenketten der Länge 7. Beide Vereinbarungen sind nicht völlig äquivalent, da alle Elemente von String-Reihungen gleiche Länge belegen, die Elemente von Pointer-Reihungen hingegen ungleiche Länge aufweisen (vgl. Abb. 6.4). Man nennt diese Reihungen von Pointern auch *Flatter*-Arrays. Die String-Reihung belegt hier mehr Speicherplatz.

6.5 Pointer auf Pointer

Da ein Pointer auf eine beliebige Variable zeigen kann, ist es möglich, Pointer ihrerseits auf Pointer weisen zu lassen. Ist i eine int-Zahl, p ein Pointer auf i und q ein Pointer auf p, so liefert **q den Wert von i:

```
/* dblptr.c */
#include <stdio.h>

void main()
{
   int i=7, *p,**q;

   p = &i;
   q = &p;
   printf("**q liefert den Wert %d\n",**q);

   return;
}
```

Prog. 6.9:   *dblptr.c*

6.5 Pointer auf Pointer

Diese mehrfache Dereferenzierung (englisch *multiple indirection*) ist natürlich nicht ganz einfach zu verstehen und kann zu schwer lesbaren Programmen führen. Bei mehrdimensionalen Reihungen oder Reihungen von Zeichenketten läßt sich dieser mehrfache Verweis jedoch nicht immer vermeiden. Wie bereits gezeigt, erfolgt ein Reihungszugriff meist über Pointer. Gleichbedeutend sind

```
a[i]   /*bzw.*/   *(a+i)
```

Entsprechend kann auf die zweidimensionale Reihung a[i][j] zugegriffen werden mittels

```
*(*(a+i)+j)
```

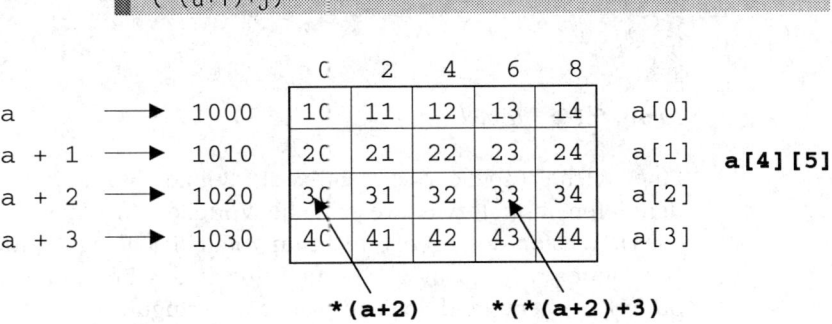

Abb. 6.5: *Speicherung einer zweidimensionalen Reihung*

Dieser Zugriff wird im folgenden Programm verwendet:

```
/* tabell.c */

#include <stdio.h>
#define ZEIL 4
#define SPALT 5

void main()
{
    int i,j;
```

Prog. 6.10: *tabell.c (Fortsetzung auf der nächsten Seite)*

6 Pointer

```
static int tabell[][SPALT] =
            { { 10, 11, 12, 13, 14 },
              { 20, 21, 22, 23, 24 },
              { 30, 31, 32, 33, 34 },
              { 40, 41, 42, 43, 44 } };

for (i=0; i<ZEIL; i++)
{
  for (j=0; j<SPALT; j++)
    printf("%4d ",*(*(tabell+i)+j));
  printf("\n");
}
return;
}
```

Prog. 6.10: *tabell.c*

Eine solche Tabelle oder Matrix als Pointer auf Pointer zu definieren, bringt zwei wesentliche Vorteile. Zu einem muß die Dimension der Tabelle nicht im voraus festgelegt werden, zum anderen ist es möglich, zur Laufzeit des Programms zu prüfen, ob genügend Speicherplatz zur Verfügung steht.

6.6 Die Speicherverwaltung

Um einen Pointer zu initialisieren, ist es notwendig, ihm eine geeignete Adresse zuzuweisen. Soll eine Reihung oder eine Matrix durch Pointer realisiert werden, so muß dafür genügend Speicher alloziert, d. h. bereitgestellt werden. Diese Speicherreservierung wird in C durch die Standardfunktion

```
void *malloc(unsigned size)
```

ausgeführt. Ist der benötigte Speicherplatz zusammenhängend vorhanden, so liefert `malloc()` einen Pointer auf das erste Byte, andernfalls einen Null-Pointer. Da dieser Zeiger nicht von einem bestimmten Typ sein kann, ist `malloc()` vom Typ `void`. Mit Hilfe des `Cast`-Operators zeigt der Pointer nun auf den geforderten Datentyp, z. B. beim Typ `int`

6.6 Die Speicherverwaltung

```
(int *) malloc(sizeof (int))
```

Der Prototyp befindet sich nach der ANSI C-Norm in der Datei stdlib.h. Bei manchen C-Compilern ist malloc() noch vom Typ char* und in der Datei malloc.h definiert. Die Anzahl der zu reservierenden Bytes size kann mit Hilfe des sizeof()-Operators bestimmt werden. Für eine int-Reihung verläuft die Speicherreservierung wie folgt:

```c
/* dynfeld.c */

#include <stdio.h>
#include <stdlib.h>

void main()
{
  int i,N,*a;

  printf("Wieviele Elemente? ");
  scanf("%d",&N);
  a = (int *) malloc(N * sizeof(int));

  if (!a)
  {
    printf("Nicht genügend Speicherplatz!\n");
    exit(-1);
  }

  for (i=0; i<N; i++)
  {
    *(a+i) = i
    printf("%8d",*(a+i));
  }
  printf("\n")
  return;
}
```

Prog. 6.11: *dynfeld.c*

Entsprechend kann für quadratische Matrizen der Ordnung n zur Laufzeit Speicher alloziert werden:

```
{
  double **mat;
  int n;

  printf("Eingabe der Ordnung ? ");
  scanf("%d",&n);
  mat = (double **) malloc( n * sizeof( double));
  if (mat==NULL) printf(" Matrix zu groß");
}
```

Ähnlich wie `malloc()` arbeiten auch die Funktionen

```
void *calloc(unsigned n,unsigned size);
void *realloc(void *ptr,unsigned size);
```

Die Funktion `calloc()` nimmt zwei Parameter `n` bzw. `size` auf. `n` ist hier die Anzahl der zu speichernden Elemente, `size` wieder die Größe eines Elements in Bytes. Im Gegensatz zu `malloc()` wird jedes Element von `calloc()` mit Null initialisiert.

Mit der Funktion `realloc()` kann ein bereits allozierter Speicherbereich erweitert und neu belegt werden. Soll der Speicherplatz für ein `int`-Reihung `a` von 100 auf 200 Elemente erweitert werden, kann das mit folgendem Programmausschnitt erreicht werden:

```
a = malloc (100 * size(int));
if (a!=NULL)
   a = realloc(a,200 * size(int));
if (a==NULL)
   printf("Reallozierung nicht möglich\n"
          "Speicher freigegeben\n");
```

Wird der Speicherplatz knapp, so können alle mittels `malloc()`, `calloc()` oder `realloc()` allozierten Speicherbereiche mit Hilfe der Funktion

6.6 Die Speicherverwaltung

```
void free(voif *ptr)
```

wieder freigesetzt werden können, z. B.mittels

```
a = malloc(100*size(int));
if (a!=NULL)
{
  free(a);
  printf("%d Bytes frei\n",100*size(int));
}
```

Wichtig zu wissen ist, daß die oben angegebenen Funktionen wie `malloc()` usw. unter MS-DOS beim Microsoft C-Compiler ab Version 5.0 nur in Speichermodellen *small* und *medium* gültig sind. Für andere Speichermodelle stehen ähnliche Funktionen zur Verfügung, die demselben Zweck dienen. Weitere Einzelheiten siehe Compilerhandbuch [21].

Beim Arbeiten mit Pointern, denen mittels `malloc()` Speicherplatz zugewiesen wurde, ist zu beachten, daß ein Speicherplatz nur ansprechbar ist, wenn ein Pointer auf ihn weist. Wird ein solcher Zeiger umgebogen, so daß er zusammen mit einem zweiten auf einen anderen Platz weist (sogenanntes *Pointer-Aliasing*), so verbleibt an anderer Stelle nicht mehr adressierter Speicherbereich (vgl. Abb. 6.6). Dieser Vorgang wird im folgenden Programm gezeigt:

```
/* alias.c */
/* Pointer aliasing */

#include <stdio.h>
#include <stdlib.h>

void main()
{
  int *x = (int *)malloc(sizeof(int));
  int *y = (int *)malloc(sizeof(int));
  int *z = (int *)malloc(sizeof(int));
```

Prog. 6.12: *alias.c (Fortsetzung auf der nächsten Seite)*

6 Pointer

```c
*x = 11; *y = 12; *z = 13;
printf("%d %d %d\n",*x,*y,*z);
*z = *x;
printf("%d %d %d\n",*x,*y,*z);
y = x;                    /* falsch statt *y = *x */
printf("%d %d %d\n",*x,*y,*z);
*x = 14; *y = 15; *z = 16;
printf("%d %d %d\n",*x,*y,*z);
}
```

Prog. 6.12: *alias.c*

Zunächst erhält man die Ausgabe 11 12 13. Durch *z=*x zeigt somit *z auch auf x; dies ergibt die Ausgabe 11 12 11. Die Anweisung:

```c
y = x
```

ist nun fatal, da nun jede Referenz auf x auch für y gilt. Die zugehörige Ausgabe ist somit 11 11 11. Die letzte Ausgabe ist 15 15 16, da die Verweise auf x und y somit gleichbedeutend sind.

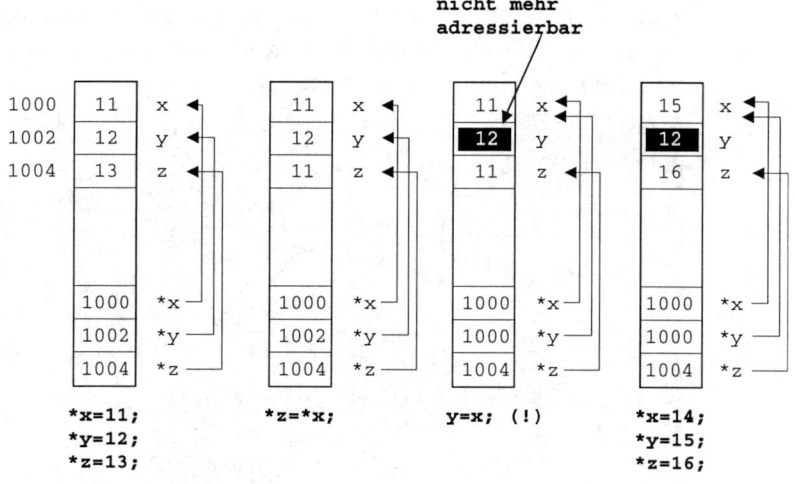

Abb. 6.6: Pointer-Aliasing

6.7 Pointer auf Funktionen

Da in C auch Funktionen Adressen haben, ist es möglich, Pointer auf Funktionen (siehe Kapitel 7) zeigen zu lassen. Ein solcher Pointer fptr, der auf eine Funktion vom Typ fkt_typ zeigt, wird erklärt durch:

```
fkt_typ (* fptr)();
```

Auf das erste runde Klammerpaar kann hier nicht verzichtet werden, da

```
fkt_typ * fptr();  /* falsch */
```

wegen der Priorität der Funktionsklammern eine Funktion darstellt, die einen Pointer auf den Typ fkt_typ liefert. Die entsprechende Funktion func wird nach der Zuweisung fptr=func durch

```
(*fptr)(x,y);  /* oder */ fptr(x,y);
```

aufgerufen. Die zweite Form des Funktionsaufrufs ist neu gemäß der ANSI C-Norm. Beide Funktionsaufrufe werden im folgenden Programm demonstriert:

```c
/* ptrfkt.c */
/* Pointer auf Funktionen */
#include <stdio.h>
void main()
{
  int (*fptr)(int,int);
  int max(int,int);
  int min(int,int);

  fptr = max;
  /* 1.Form */
  printf("max(3,5) = %d\n",(*fptr)(3,5));
  fptr = min;
  /* 2.Form */
  printf("min(3,5) = %d\n",fptr(3,5));
```

Prog. 6.13: *ptrfkt.c (Fortsetzung auf der nächsten Seite)*

```
   return;
}

int max(int a, int b)
{
   return(a>=b ? a : b);
}

int min(int a, int b)
{
   return(a<=b ? a : b);
}
```

Prog. 6.13: *ptrfkt.c*

Standardbeispiele für die Anwendung von Pointern auf Funktionen sind der Compilerbau und universelle Sortierprogramme, die sowohl Zahlen wie Zeichenketten sortieren. Die Vergleichsfunktion zweier Daten zeigt entsprechend entweder auf eine Routine zum Zahlen- oder zum Stringvergleich. Das Prinzip kann folgendem Programm entnommen werden:

```
/* ptrfkt2.c */
#include <stdio.h>
#include <ctype.h>

void main()
{
   char str1[80], str2[80];
   int num_cmp(), str_cmp();
   void compare(char *, char *, int (*f)());

   printf("Vergleich von Zahlen und Strings!\n");
   printf("Geben Sie entweder zwei Zahlen "
          "oder Strings ein:\n");
   printf("1.Eingabe? ");
   scanf("%s", str1);
```

Prog. 6.14: *ptrfkt2.c (Fortsetzung auf der nächsten Seite)*

6.7 Pointer auf Funktionen

```
    printf("2.Eingabe? ");
    scanf("%s",str2);
    if (isalpha(*str1) && isalpha(*str2))
      compare(str1,str2,str_cmp);
    else
      compare(str1,str2,num_cmp);
    return;
}

void compare(char *a,char *b,int (*comp_fkt)())
{
  if ((*comp_fkt)(a,b))
    printf("Eingaben sind gleich! \n");
  else
    printf("Eingaben sind ungleich! \n");
  return;
}

int num_cmp(char *a,char *b)
{
  return(atoi(a)==atoi(b) ? 1: 0);
}

int str_cmp(char *a,char *b)
{
  return(strcmp(a,b) ? 0:1);
}
```

Prog. 6.14: *ptrfkt2 c*

Ein wichtiger Einsatz von Pointer auf Funktionen findet sich auch in der numerischen Mathematik, wenn eine Anzahl von Funktionen einer bestimmten numerischen Prozedur, z. B. der numerischen Integration, unterworfen wird. Als einfaches Beispiel wird hier das wahlweise Tabellieren dreier Funktionen gewählt.

6 Pointer

```c
/* ptrfkt3.c */
#include <stdio.h>
#include <ctype.h>
#include <math.h>
#include <stdlib.h>

void main()
{
  char ch;
  double x=0.0;
  double (*ptr)(double),sin(double),
         cos(double),tan(double);
  printf("\tWählen Sie eine Funktion s,c "
         "oder t:\n\n");
  printf("\t\tSinus    --> s\n");
  printf("\t\tCosinus  --> c\n");
  printf("\t\tTangens  --> t           ");
  scanf("%c",&ch);
  switch(tolower(ch))
  {
    case 's' : ptr = sin; break;
    case 'c' : ptr = cos; break;
    case 't' : ptr = tan; break;
    default :
        printf("\aFalsche Eingabe!");exit(-1);
  }
  printf("\n\n   x              f(x)\n");
  printf("--------------------\n");
  while (x<=1.0)
  {
    printf("%4.1f  %16.8f\n",x,(*ptr)(x));
    x += 0.1;
  }
  return;
}
```

Prog. 6.15: *ptrfkt3.c*

6.7 Pointer auf Funktionen

Wichtig ist hier, daß alle Funktionen, auf die ptr zeigt, explizit im Hauptprogramm deklariert werden, auch wenn es sich um Standardfunktionen handelt. Dieses Programm ist auch programmtechnisch interessant, da es zugleich demonstriert, wie man mit Pointern auf Funktionen eine Menütechnik aufbauen kann. Berücksichtigt man noch, daß die C-Funktionen execv() u. a. MS-DOS-Programme starten können, verfügt man über eine allgemeine Methode, Programmbausteine zu einem größeren Projekt zusammenzubauen. Dies erklärt leicht, warum C als flexible und universelle Sprache für Systemprogrammierung gilt.

6.8 Übungen

6.1 Was ergibt das folgende Programm?

```c
/* ptr_ueb1.c */
#include <stdio.h>
void main()
{
  int i=7, *p;
  p = &i;
  printf("%d %d %d %d\n",
         *p,*p+3,**&p,p-(p-7));
  return;
}
```

Prog. 6.16: *ptr_ueb1.c*

6.2 Geben Sie an, welche der folgenden Zuweisungen definiert sind, wenn i, j, *p, *q vom Typ int sind:

```
(a)   p = &i;
(b)   q = &j;
(c)   p = &*&i;
(d)   i = (int) p;
(e)   i = *&*&j;
(f)   i = (*&)j;
(g)   i = *(p++) + *q;
(h)   i = (*p)++ + *q;
(i)   q = &p;
(j)   *q = &j;
```

6.3 Was gibt das folgende Programm aus?

```c
/* ptr_ueb3.c */
void main()
{
  static int a[] = {1,2,3,4,5,6};
  int i,*p;
  for (p=a, i=0; i<6; i++)
    printf("%5d",*p++);
  return;
}
```

Prog. 6.17: *ptr_ueb3.c*

6.4 Gegeben sei die zweidimensionale Reihung int a[3][5]. Prüfen Sie, ob folgende Ausdrücke gleichwertig sind:

```
*(a[i]+j)
(*(a+i))[j]
*((*(a+i))+j)
*(&a[0][0]+5*i+j)
```

6.5 Was gibt das folgende Programm aus?

```c
/* ptr_ueb5.c */
#include <stdio.h>
#include <string.h>
void main()
{
  char str[20];
  strcpy(str,"Romeo&Julia");
  printf("%c\n",str[0]);
  printf("%d\n",str[1]);
  printf("%s\n",*str);
  printf("%s\n",str);
  printf("%c\n",*(str+1));
}
```

Prog. 6.18: *ptr_ueb5.c (Fortsetzung nächste Seite)*

```
    printf("%s\n",str+2);
    printf("%c\n",(str+1)[1]);
    return;
}
```

Prog. 6.18:   ptr_ueb5.c

6.6   Was gibt das folgende Programm aus?

```
/* ptr_ueb6.c */
#include <stdio.h>
#include <string.h>

void main()
{
  char str[100],*start[100],*p;
  int i=0;
  strcpy(str,"SonntagMontagDienstagMittwoch"
             "DonnerstagFreitagSamstag");
  start[0]=str;
  start[1]=str+7;
  start[2]=str+13;
  start[3]=str+21;
  start[4]=str+29;
  start[5]=str+39;
  start[6]=str+46;

  for (p=str; *p; p++)
  {
    if (p==start[i])
      { printf("\n"); i++;}
    putchar(*p);
  }
  printf("\n");
}
```

Prog. 6.19:   ptr_ueb6.c

7 Funktionen

7.1 Funktionen

Eine Funktion ist mathematisch gesehen eine Vorschrift, die zu einem gegebenen Argument einen bestimmten Funktionswert liefert. Entsprechend versteht man in der Informatik darunter einen selbständigen Programmteil, der in Abhängigkeit von gewissen Parametern einen wohlbestimmten Wert liefert. Beispiele für Funktionen sind:

```
int max(int a,int b)  /* Maximum */
{
    if (a>=b) return a;
    else return b;
}
float fahrenheit(int celsius)
{ return (1.8*celsius+32.0); }
float mwst(float betrag)
{ return (betrag*0.15); }
```

Die erste Funktion bestimmt zu zwei ganzen Zahlen x, y das Maximum. Die zweite Funktion ergibt für jede ganzzahlige CELSIUS-Temperatur die (reelle) FAHRENHEIT-Temperatur. Die dritte Funktion liefert für jeden DM-Betrag die zugehörige Mehrwertsteuer.

Die Syntax einer Funktion ist:

```
typ funktionsname(typ formaler_parameter,...)
{
    ............
    return ......
}
```

7 Funktionen

Dabei gibt typ den Datentyp der Funktion bzw. der formalen Parameter an. Eine leere Parameterliste wird gemäß der ANSI C-Norm durch das Schlüsselwort void gekennzeichnet. Die Parameterliste einer Funktion darf nach der ANSI C-Norm 31 Variablen umfassen.

Die Anweisungen zwischen den geschweiften Klammern stellen den Funktionsblock dar. Alle innerhalb des Funktionsblocks definierten Variablen sind lokal; d. h. nur dort gültig. Die Lebensdauer dieser lokalen Variablen ist auf den jeweiligen Block beschränkt. Der Wert in der RETURN-Anweisung wird als Funktionswert an das Hauptprogramm übergeben.

Ruft man die Funktion max mit den Parametern x und y auf, so werden die formalen Parameter a und b durch die aktuellen Parameter x und y ersetzt. Diese Art der Wertübergabe wird Call by Value genannt; sie wird in Abb. 7.1 dargestellt.

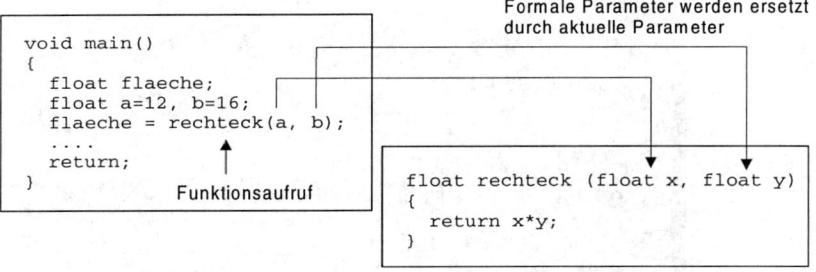

Abb. 7.1: *Funktionsaufruf*

Bei einem Funktionsaufruf wird für die Funktion ein zusätzlicher Speicherplatz belegt, Funktionsstack genannt. In diesen Stack wird eine Kopie der aktuellen Parameter abgelegt, mit denen die Funktion aufgerufen wird. Wird die Funktion mittels der RETURN-Anweisung verlassen, wird der Funktionsstack gelöscht, und alle lokalen Variablen des Funktionsblocks sind nicht mehr zugängig. In manchen Fällen ist es jedoch nützlich, gewisse Variablenwerte, die wiederholt benötigt werden, weiterhin zu speichern. Dies geschieht, in dem man diese Variablen als statisch erklärt (vgl. Abschnitt 8.3). Dadurch wird

122

7.1 Funktionen

das Löschen der Variablenwerte beim Verlassen der Funktion verhindert.

Die genannten Funktionen könnte man wie folgt aufrufen:

```
if (max(x,y)==x) printf("Maximum ist %d \n",x);
temp = fahrenheit(celsius);
```

Das Ändern einer globalen (d.h. nicht lokalen) Variablen in einer Funktion heißt *Seiteneffekt*. Dieser Effekt ist im allgemeinen unerwünscht, da er sich der Kontrolle des Programmierers entzieht.

Das folgende Programm zeigt einen schlimmen Seiteneffekt, der dazu führt, daß zwei Ausdrücke verschiedene Werte erhalten, die eigentlich nach den Rechengesetzen gleich sein müßten:

```
/* sideeff.c */
#include <stdio.h>

int z;   /* global */

int f(int x);
void main()
{
    z = 10; printf("%d\n",f(10)*f(z));
    z = 10; printf("%d\n",f(z)*f(10));
    return;
}

int f(int x)
{
    z -= 10;
    return x*x+1;
}
```

Prog. 7.1: *sideeff.c*

7 Funktionen

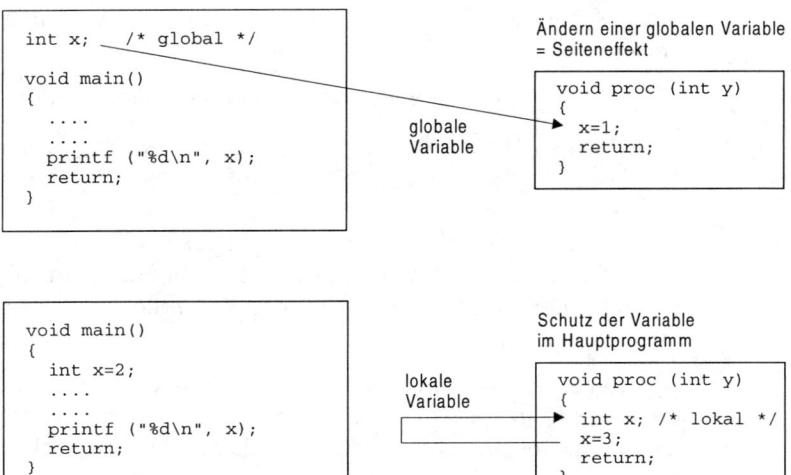

Abb. 7.2: Globale und lokale Variable

Der Wert der Ausdrucks f(10)*f(z) ist 101, dagegen ergibt f(z)*f(10) den Wert 10201.

7.2 Funktions-Prototypen

Bei älteren C-Compilern mußten alle Funktionen, die nicht vom Typ int waren oder vor dem Hauptprogramm standen, durch Voranstellen ihres Typs vor dem Funktionsnamen im Hauptprogramm deklariert werden; z. B.

```
double sin();
float fahrenheit();
```

Dadurch konnte der Compiler zwar prüfen, ob die Zuweisung an einen Funktionswert korrekt war, eine Typ-Überprüfung der formalen Parameter einer Funktion war jedoch nicht möglich. In der ANSI C-Norm wird dieses Vorgehen nicht mehr empfohlen. Vielmehr wird folgendes Funktions-Prototyping vorgeschlagen:

7.2 Funktions-Prototypen

```
int ggt(int a, int b);  /* oder */
int ggt(int,int);
double sin(double x);  /* oder */
double sin(double);
```

Mit Hilfe der Funktions-Prototypen ist der Compiler nunmehr in der Lage, neben dem Typ der Variablen auch noch deren Anzahl zu überprüfen. Am folgenden Beispiel sieht man, daß der Prototyp einer Funktion formal mit der ersten Zeile der Funktionsdefinition übereinstimmt:

```
/* summe.c */
#include <stdio.h>

long int summe(int grenze);  /* Prototyp */
void main()
{
    int N;
    printf("Eingabe obere Grenze? ");
    scanf("%d",&N);
    printf("Die Summe der ganzen Zahlen von "
           "1 bis %d = ",N);
    printf("%ld\n",summe(N));

    return;
}

long int summe(int grenze)  /* Definition */
{
    int i;
    long int sum=0;
    for (i=1; i<=grenze; i++)
        sum +=i;
    return(sum);
}
```

Prog. 7.2:   summe.c

7 Funktionen

Viele ältere Compiler, insbesondere unter UNIX, akzeptieren auch noch die frühere Art, Funktionen zu definieren. Die Funktion summe() des vorhergehenden Programms lautet in der alten Version:

```
long int summe(grenze)/* veraltete Schreibweise */
int grenze;
{
  int i;
  long int sum=0;
  for (i=1; i<=grenze; i++) sum +=i;
  return(sum);
}
```

7.3 Mathematische Standardfunktionen

C verfügt über eine sehr große Bibliothek an mathematischen Funktionen, deren Prototypen sich in der Datei math.h befinden:

```
double acos(double);           /* arccos(x)          */
double asin(double);           /* arcsin(x)          */
double atan(double);           /* arctan(x)          */
double atan2(double,double);   /* arctan(y/x)        */
double ceil(double);           /* aufrunden          */
double cos(double);            /* Cosinus            */
double cosh(double);           /* Hyperbel-Cosinus   */
double exp(double);            /* Exponentialfunktion */
double floor(double);          /* abrunden           */
double ldexp(double,int);      /* x*Zweierpotenz     */
double log(double);            /* natürl.Logarithmus */
double log10(double);          /* Zehnerlogarithmus  */
double pow(double, double);    /* Potenz             */
double sin(double);            /* Sinus              */
double sinh(double);           /* Hyperbel-Sinus     */
double sqrt(double);           /* Quadratwurzel      */
double tan(double);            /* Tangens            */
double tanh(double);           /* Hyperbel-Tangens   */
```

7.3 Mathematische Standardfunktionen

Meist als Macro definiert ist

```
int abs(int);                /* Absolutbetrag        */
```

Für mathematische Funktionen, die `long double`-Genauigkeit liefern, gibt es eine eigene Kennung in Form eines angehängten „l" wie

```
long double sinl(long double)
long double expl(long double)
long double powl(long double) usw
```

Eine weitere Standardfunktion

```
int rand(void)
```

findet sich in der Datei `stdlib.h`. Diese liefert eine ganzzahlige Zufallszahl im Bereich 0 bis RAND_MAX – meist 32.767.

Würfelzahlen erhält man, wenn man die von `rand()` gelieferten Zufallszahlen modulo 6 nimmt:

```
#include <stdlib.h>

void main() /* Generator nicht initialisiert */
{
    int i;
    int rand(void);
    for (i=0; i<12; i++)
      printf("%d ",1+rand() % 6);
}
```

Nimmt man die Zufallszahlen modulo 49, so erhält man zufällige Lottozahlen, die sich jedoch wiederholen können. Reelle Zufallszahlen aus dem Intervall (0; 1) werden erzeugt mittels Division durch MAX_RAND.

```
for (i=0; i<100; i++)
   printf("%7.6f\n",rand()/MAX_RAND);
```

Zum Start des Zufallszahlen-Generators dient die Funktion

7 Funktionen

```
srand(unsigned int start)
```

die mit einer zufälligen Startzahl aufgerufen werden muß. Um nicht bei jedem Programmlauf eine Zahl eingeben zu müssen, empfiehlt es sich, einen Startwert mit Hilfe der Systemzeit zu beschaffen:

```
srand(time(&now) % 37);
```

Dabei wird der von der Systemzeit gelieferte Wert time(&now) modulo einer Primzahl als Anfangswert genommen. Auf der nächsten Seite folgt das Beispiel eines Würfelprogramms.

```
/* wuerfel.c */

#include <stdio.h>
#include <stdlib.h>
#include <time.h>
unsigned int haeufigk[6] = {0};

void main()
{
  int w;
  long now,i,n;
  float rel_haeuf;

  printf("Wieviele Wuerfe? ");
  scanf("%ld",&n);
  srand(time(&now) % 37);
  for (i=0; i<n; haeufigk[w=rand() % 6]++,i++);

  printf("\n------------------"
         "------------------\n");
  printf("%5s %12s %12s\n","Augenz.",
         "abs.Haeuf.","rel.Haeuf.");
  printf("\n------------------"
         "------------------\n");
```

Prog. 7.3: wuerfel.c (Fortsetzung auf der nächsten Seite)

```
for (w = 0; w < 6; w++)
{
  rel_haeuf=haeufigk[w]/(float)n;
  printf("%5d %10d %15.8f\n",
         w+1,haeufigk[w],rel_haeuf);
}
printf("\n--------------------"
       "--------------------\n");
return;
}
```

Prog. 7.3: *wuerfel.c*

7.4 Prozeduren

In dem Fall, daß eine Funktion keinen Wert bzw. mehrere Werte liefert, spricht man von einer Prozedur. Da es in C nur Funktionen gibt, faßt man Prozeduren als spezielle Funktionen vom Typ void (leer) auf. Das Schlüsselwort void gab es schon bei einigen älteren Compilern. Es wird nun durch die ANSI C-Norm verbindlich.

Da in C auch das Hauptprogramm eine Funktion ist, schreibt man – sofern keine Werte übergeben werden – statt main() genauer:

```
void main(void)
{ ... }
```

Bei UNIX-Maschinen wird meist erwartet, daß das Hauptprogramm einen Wert an das Betriebsystem liefert. Hier sollte man entsprechend das Hauptprogramm zum Typ int machen.

```
int main(void)
{
  ..................
  return 0; /* -1 im Fehlerfall */
}
```

7 Funktionen

Das Schlüsselwort void in den runden Klammern kennzeichnet die leere Parameterliste. Typische Aufgaben einer Prozeduren sind die Ein-/Ausgaben wie:

```
void datumsausgabe(int tag,int mon, int jhr)
{
   printf("Datum ist der %d.%d.%d\n",tag,mon,jhr);
   return;
}
```

Obwohl bei Prozeduren kein Funktionswert übergeben wird, sollte aus formalen Gründen eine leere RETURN-Anweisung den Prozedurblock beenden.

Prozeduren werden aufgerufen, indem man ihren Namen angibt, gefolgt von den aktuellen Parametern:

```
unterstreichen(20);
datums_ausgabe(tag,monat,jahr);
```

7.5 Call by Reference

Nicht besprochen ist bis jetzt der Fall, daß eine Prozedur Variablenwerte an das aufrufende Programm übergibt. Da beim Call by Value nur eine Kopie des Variablenwerts an die Prozedur übergeben wird, bleibt eine Änderung der Variablen innerhalb der Prozedur ohne Auswirkung im Hauptprogramm. Damit sich eine Variablenänderung im Hauptprogramm auswirkt, muß die Adresse der Variable an die Prozedur übergeben werden, so daß jede Änderung auch an dem Speicherplatz eingetragen wird, auf den ebenfalls das Hauptprogramm zugreift. Diesen Übergabe-Mechanismus einer Variable nennt man Call by Reference. Eine Eigenheit von C ist es, daß der Programmierer selbst für das Gelingen des Call by Reference verantwortlich ist(!). Dazu muß explizit die Adresse an die Prozedur übergeben werden; der entsprechende formale Parameter der Prozedur ist dann ein Zeiger auf den Typ der Variable.

7.5 Call by Reference

Eine Prozedur, die zwei int-Variablen – z. B. für ein Sortierprogramm – mittels Call by Reference austauscht, ist:

```
int swap(int *x, int *y)
{
  int h;
  h = *x;
  *x = *y;
  *y = h;
}
```

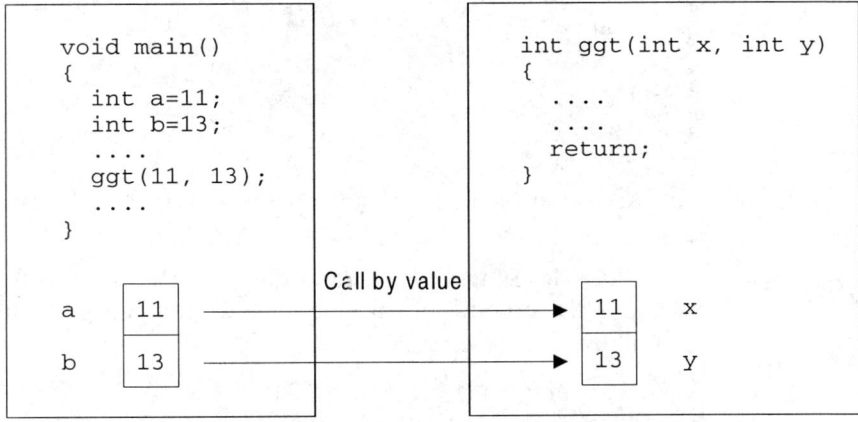

```
void main()
{
  int a=11;
  int b=13;
  ....
  ggt(11, 13);
  ....
}
```

```
int ggt(int x, int y)
{
  ....
  ....
  return;
}
```

Abb. 7.3: *Call by Value*

Die Prozedur swap wird dann mittels

```
swap(&a,&b)
```

aufgerufen. Zu beachten ist, daß Felder intern selbst als Zeiger realisiert werden. Dies hat zur Folge, daß bei einem Call by Reference eines Feldes kein Adreßoperator übergeben werden muß. Eine typische Anwendung, bei der ganze Felder übergeben werden, sind Sortierverfahren. Eine Prozedur zum Bubble-Sort könnte man wie folgt realisieren:

7 Funktionen

```
void bubble(int a[],int n)
{
  int i, j=0, x, sorted=FALSE;
  while (!sorted)
  {
    sorted = TRUE ;
    for (i=0 ; i<n-j+1 ; i++)
    if (a[i] >a[i+1])
    {
       x=a[i];
       a[i]=a[i+1];
       a[i+1]=x;
       sorted=FALSE;
    }
    j++;
  }
  return;
}
```

Das Feld x der Länge N wird dann durch den Prozeduraufruf bubble(x,N) sortiert. Bei einzelnen Feldwerten dagegen muß ein Call by Reference erfolgen:

```
swap(&x[i],&x[j]);            /* Aufruf im Programm   */
swap(int *x[i],int *x[j])  /* Prozedur-Definition */
```

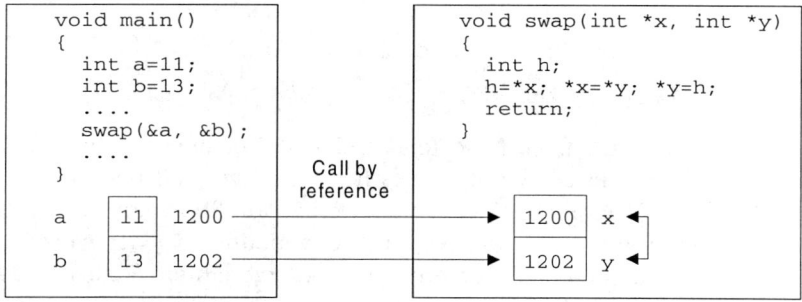

Abb. 7.4: *Call by Reference*

7.5 Call by Reference

Zur Vergleichszwecken folgt noch ein Programm, in dem ein Wert sowohl über eine Funktion wie auch über Call by Reference übergeben wird.

```c
/* call.c */

#include <stdio.h>

int func1(int);
void func2(int,int *);
void main()
{
  int f;

/* Es wird der Funktionswert von 3*x+5 für
   x=1 berechnet */
  f = func1(1);    /* Funktionswert */
  printf("Funktionswert = %d\n",f);

  func2(1,&f);   /* Call-by-reference */
  printf("Wert durch Call-by-reference = %d\n",f);
  return;
}

int func1(int x)             /* Funktion        */
{
  return(3*x+5);
}

void func2(int x,int *f)     /* Prozedur        */
{
  *f = 3*x+5;
  return;
}
```

Prog. 7.4: call.c

7.6 Stringfunktionen

Wie bei den mathematischen Funktionen gibt es in C auch eine sehr große Anzahl von Zeichenkettenfunktionen. Die Headerdatei string.h enthält u.a. folgende Stringfunktionen

Funktion	Erläuterung
char *strcat(string1,string2);	String-Verkettung
char *strchr(string,ch);	Sucht erstes Zeichen ch
int *strcmp(string1,string2);	String-Vergleich
char *strcpy(string1,string2);	Kopieren von Strings
char *strdup(string);	Dupliziert String
char *strerror(n);	liefert Fehlerstring
size_t *strlen(string);	Stringlänge
char *strlwr(string);	Umwandlung in Kleinbuchstaben
char *strrev(string);	Umdrehen des Strings
char *strset(string,ch);	füllt String mit Zeichen ch
char *strstr(string1,string2);	sucht string2 in string1
char *strtok(string1,string2,n);	Umwandlung in double
char *strupr(string);	Umwandlung in Großbuchstaben

Nicht mehr ANSI C-konform sind davon die Funktionen

```
strdup()
strlwr()
strupr()
strset()
strrev()
```

Von den oben erwähnten Stringfunktionen sollen einige erläutert werden.

int strlen(string)

Die ganzzahlige Funktion strlen() ermittelt die Länge einer Zeichenkette (ohne ASCII-Null). Beispiel:

```
strlen("Micky Mouse") = 11
```

7.6 Stringfunktionen

`int *strcmp(string1,string2)`

Die ganzzahlige Funktion `int strcmp (string1, string2)` vergleicht die beiden Zeichenketten alphabetisch und liefert folgende Werte:
= 0   wenn die Zeichenketten gleich sind,
< 0   wenn `string1` im Alphabet vor `string2` steht,
> 0   wenn `string1` im Alphabet nach `string2` steht.
Beispiel: `strcmp("Anton","Antonie") < 0`

`char *strcpy(string1,string2)`

Die Prozedur `strcpy()` kopiert `string2` auf `string1` und liefert einen Pointer auf `string1`.

`char *strcat(string1,string2)`

Die `char *strcat(string1,string2)`-Funktion verkettet `string1` mit `string2` und liefert einen Pointer auf `string1`. Vorausgesetzt ist hier, daß die Länge von `string1` ausreichend definiert wurde.

Beispiel: `strcat("Micky","Mouse")` ergibt `"MickyMouse"`

`char *strtok(string1,string2,n)`

Die Funktion `char *strtok(string1,const string2)` zerlegt `string1` in verschiedene Token, die durch in `string2` enthaltenen Trennungszeichen getrennt werden.

Beispiel: `strtok("30.11.1989",".,-/")` liefert sukzessive `"30"`, `"11"`, `"1989"`.

Die Anwendung der Stringfunktionen zeigt das folgende Programm. Dabei wurden die IF-Abfragen mittels der Vorzeichenfunktion `SGN()` durch geeignete SWITCH-Anweisungen ersetzt.

```
/* strfkt.c */
#include <stdio.h>
#include <string.h>

void main()
{
  int len1,len2,result;
  int SGN(int x);
  static char str1[50] = "Donald Duck";
  static char str2[25] = "Dagobert Duck";
  static char str3[25] = "Micky Mouse";

  result = strcmp(str1,str2);
  switch(SGN(result))
  {
    case -1:
      printf("%s steht im Alphabet vor %s\n",
             str1,str2);
      break;
    case 0 :
      printf("%s ist gleich %s\n",str1,str2);
      break;
    case 1 :
      printf("%s steht im Alphabet nach %s\n",
             str1,str2);
  }
  len1 = strlen(str1);
  len2 = strlen(str3);
  switch(SGN(len1-len2))
  {
    case 1 :
      printf("%s ist laenger als %s\n",str1,str3);
      break;
    case 0 :
      printf("%s ist gleich lang wie %s\n",
             str1,str3);
```

Prog. 7.5: strfkt.c (Fortsetzung auf der nächsten Seite)

7.6 Stringfunktionen

```
        break;
    case -1:
        printf("%s ist kuerzer als %s\n",str1,str3);
    }
    printf("Die Verkettung von %s und %s ergibt ",
        str1,str2);
    printf(strcat(str1,str2));

    printf("%s wurde auf %s kopiert !\n",str3,str2);
    strcpy(str3,str1);
    return;
}

int SGN(int x)
{
    return(x>0 ? 1 : (x<0 ? -1 : 0 ));
}
```

Prog. 7.5: *strfkt.c*

Weitere Stringfunktionen, die die Umwandlung einer Zeichenkette in eine Zahl erlauben, sind in der Datei `stdlib.h` zu finden:

`int atoi(string)`

Die ganzzahlige Funktion wandelt eine Zeichenkette in eine `int`-Zahl um.

Beispiel: `atoi("1234.56 DM")` = 1234

`long atol(string)`

Dies ist die analoge Funktion zu `atoi()`. Sie liefert eine `long int`-Zahl.

`double atof(string)`

Dies ist die analoge Funktion zu `atoi`. Hier wird jedoch eine `double`-Zahl geliefert.

Beispiel: `atof("1234.56 DM")` = 1.23456e3

Ein Beispielprogramm ist:

7 Funktionen

```c
/* atoi.c */
#include <stdio.h>
#include <stdlib.h>

void main()
{
  char *str1 = "-6789";
  char *str2 = "100000 Meilen";
  char *str3 = "-1.23456e12";

  printf("%d\n",atoi(str1));
  printf("%ld\n",atol(str2));
  printf("%f\n",atof(str3));
  return;
}
```

Prog. 7.6:   *atoi.c*

Die zugehörige Ausgabe ist

```
-6789
100000
-1234560000000.000000
```

7.7 Zeichenfunktionen

Zu erwähnen sind auch noch die char-Funktionen, die den Typ eines Zeichens prüfen. Diese finden sich in der Datei ctype.h.

```
int isdigit(char)
```
    Diese Funktion ist wahr (<>0) für Zeichen von '0' bis '9' (ASCII-Werte 48..57).

```
int islower(char)
```
    Diese Funktion ist wahr für Zeichen von 'a' bis 'z' (ASCII-Werte 97..122).

7.7 Zeichenfunktionen

int isupper(char)

Diese Funktion ist wahr für Zeichen von 'A' bis 'Z' (ASCII-Werte 65..90).

int isspace(char)

Diese Funktion ist wahr für Zeichen mit den ASCII-Nummern 9-13 und 32.

int isalnum(char)

Diese Funktion ist wahr für alle alphanumerischen Zeichen, wie kleine und große Buchstaben und die Ziffern 0..9.

int isalpha(char)

Diese Funktion ist wahr für kleine und große Buchstaben.

int isascii(char)

Diese Funktion ist wahr für alle ASCII-Zeichen (ASCII-Werte 0..127).

int isprint(char)

Diese Funktion ist wahr für ASCII-Werte 32..127.

Als Beispiel werden die char-Funktionen auf alle Zeichen des ASCII-Code angewendet:

```
/* isprint.c */
#include <stdio.h>
#include <ctype.h>

void main()
{
  int ch;
  for (ch=0; ch <= 0x7f; ch++)
  {
    printf("%2s",iscntrl(ch) ? "C":"");
    printf("%2s",isdigit(ch) ? "D":"");
```

Prog. 7.7: *isprint.c (Fortsetzung auf der nächsten Seite)*

7 Funktionen

```
        printf("%2s",isgraph(ch) ? "G":"");
        printf("%2s",islower(ch) ? "L":"");
        printf("% c",isprint(ch) ? ch:'\0');
        printf("%3s",ispunct(ch) ? "PU":"");
        printf("%2s",isspace(ch) ? "S":"");
        printf("%3s",isprint(ch) ? "PR":"");
        printf("%2s",isupper(ch) ? "U":"");
        printf("%2s",isxdigit(ch) ? "X":"");
        putchar('\n');
    }
    return;
}
```

Prog. 7.7: *isprint.c*

Zu jedem ASCII-Zeichen werden entsprechend den Eigenschaften Zeichen ausgedruckt: U für Upper, L für Lower usw. Alle erwähnten char-Funktionen sind in die ANSI C-Norm übernommen worden.

7.8 Übungen

7.1 Schreiben Sie eine Funktion, die die ganzzahlige Potenz einer double-Variable liefert.

7.2 Überlegen Sie, was folgende Prozedur bewirkt:

```
void errate(int x,int y,int *z)
{
    *z = 0;
    while (x)
    {
        if (x % 2) *z += y;
        x /= 2; y *= 2;
    }
    return(*z);
}
```

7.8 Übungen

7.3 Schreiben Sie eine Funktion, die für jedes Datum die Nummer des Tages im Jahr angibt.

7.4 Suchen Sie alle Fehler im folgenden Programm. Testen Sie auch Ihren Compiler!

```c
/* debug.c */
/* Das Programm enthaelt mehrere Fehler, die
   nicht alle vom Compiler entdeckt werden */
#include <stdio.h>
#define PLUS 1
#define MINUS -1

void main()
{
   int i=10, k, l, m=0, n, p=5;
   int *j = i;
   int summe(),pi();

   k = PLUS-MINUS;
   l = pi();
   n = i/*j;
   for (m=-2; m<=3; printf("m = %d\n",m++))
   /* leere Schleife */;
   printf("k = %d , j = %d , n = %d\n",k,j);
   if (p=1) printf("p = %d\n",p);
   return;
}

int pi()
{
   return(3.14159265);
}

int summe(int x,int y)
{
   return(x+y);
}
```

Prog. 7.8: debug.c

7.5 Erklären Sie den Seiteneffekt im folgenden Programm:

```c
/* sideff2.c */

#include <stdio.h>

int z=0;

int f(int),g(int);
void main()
{
  printf("%5d %5d %5d\n",z,f(z),z);
  printf("%5d %5d %5d\n",z,g(z),z);
}

int f(int x)
{
  z +=10;
  return x+z;
}

int g(int x)
{
  int f(int);
  return f(z)+x;
}
```

Prog. 7.9: sideff2.c

8 Speicherklassen

8.1 Die Speicherklasse auto(matic)

C kennt zwei verschiedene Gültigkeitsbereiche von Variablen. Variablen, die nur in dem Block gültig sind, in dem sie vereinbart wurden, heißen automatisch (engl. *automatic*). Die Speicherklasse auto wird in C als Voreinstellung (Default) gewählt, wenn die Variable nicht explizit in eine andere Speicherklasse gesetzt wird. Dies bedeutet, daß die beiden Vereinbarungen

```
auto int i;
int i;
```

gleichbedeutend sind. Eine automatische Variable hat außerhalb ihres Blocks – gegeben durch das Paar geschweifter Klammern, das die Deklaration der Variable umfaßt – keinen Wert. Man sagt, sie ist außerhalb des Blocks unsichtbar.

Das folgende Programm zeigt die Sichtbarkeit einer int-Variable in verschiedenen Blöcken eines C-Programms (vgl. Abb. 8.1):

```
/* block.c */
#include <stdio.h>
void main()
{
  int i=1;
  {
    int i=2;
    {
      int i=3;
```

Prog. 8.1: *block.c (Fortsetzung auf der nächsten Seite)*

8 Speicherklassen

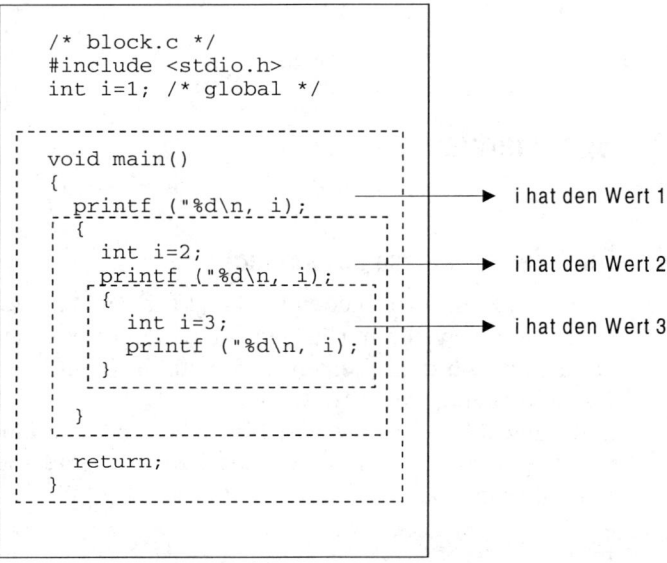

Abb. 8.1: Blockstruktur

```
        printf("i = %d\n",i);
      }
      printf("i = %d\n",i);
    }
    printf("i = %d\n",i);
    return;
}
```

Prog. 8.1: block.c

Die Programmausgabe

```
i = 3
i = 2
i = 1
```

zeigt für i den Wert 3 im innersten, 2 im äußeren Block und entsprechend 1 im restlichen Hauptprogramm-Block.

Wichtig zu wissen ist, daß auto-Variablen vom Compiler nicht initialisiert, d. h. mit einem Wert vorbelegt, werden. Ebensowenig können Felder der Speicherklasse auto in C initialisiert werden; dies ist nur bei der Speicherklasse static möglich.

8.2 Die Speicherklasse register

Variablen der Speicherklasse register sind spezielle auto-Variablen, die nach Möglichkeit im Register des Prozessors und nicht wie auto-Variablen im dynamischen Speicherbereich abgelegt werden. Der schnelle Zugriff auf register-Variablen ist eine Besonderheit von C. Diese Speicherklasse verwendet man meist, wenn sehr oft auf dieselben Variablen zugegriffen wird, wie es z. B. bei Indizes von Feldern oder Bildschirmkoordinaten der Fall ist. Ein Beispiel ist:

```
{
    register int i = 1;
    register int sum = 0;
    while (i++ <=100)
        sum += i;
    printf("Summe = %d\n",sum;
}
```

Die register-Anweisung stellt jedoch keinen Befehl dar, sondern nur den Wunsch des Programmierers an den Compiler, die Variable im Register zu halten. Ist dies nicht möglich, so wird die Variable als Typ auto verwaltet. Es besteht aber keine Möglichkeit festzustellen, wie die Variable gehandhabt wird. Daraus folgt zum einen, daß auf register-Variablen kein Acreß-Operator angewandt werden kann. Zu anderen folgt, daß sie in ein Register passen müssen, d. h. sie müssen vom Typ int bzw. char sein. Damit der Compiler die Zahl der Register-Variablen selbst wählen kann, müssen bei manchen Compilern die Register-Deklarationen der Variablen separat geschrieben werden. Statt:

```
register int i,j,k;
```

8 Speicherklassen

wird man schreiben

```
register int i;
register int j;
register int k;
```

8.3 Die Speicherklasse static

Den Gegensatz zur Speicherklasse auto bildet die Klasse static. Wie der Name schon sagt, behält eine statische Variable ihren Wert, solange sie nicht durch eine Wertzuweisung geändert wird. Wird eine statische Variable nicht mit einem bestimmten Anfangswert deklariert, so wird vom Compiler mit Null initialisiert (*Default*-Wert).

Insbesondere behalten als statisch erklärte lokale Variablen einer Funktion ihren Wert auch zwischen den Funktionsaufrufen. Dies läßt sich mit folgendem Programm zeigen:

```c
/* static.c */
#include <stdio.h>

void main()
{
    int i;
    int sum(int x);
    for (i=1; i<7; i++) printf("%d %d\n",i,sum(i));
    return;
}

int sum(int x)
{
    static int s = 0;
    return(s += x);
}
```

Prog. 8.2: *static.c*

8.3 Die Speicherklasse static

Die Programmausgabe

1	1
2	3
3	6
4	10
5	15
6	21

zeigt, daß die statische Variable s in der Funktion sum jeweils ihren letzten Wert beibehält und somit auch ohne Summationsschleife den richtigen Summenwert liefert.

Eine weitere Anwendung von statischen Variablen ergibt die Implementierung eines Zufallsgenerators:

```
/* random.c */
#include <stdio.h>
#define FAKTOR 25173L
#define MODUL  65536L
#define INKR   13849L
#define START  17L

unsigned random(void);
void main()
{
   int i;
   for (i=1; i<=10; i++)
      printf("%8u\n",random());
}

unsigned random()
{
   static long zufall = START;

   zufall = (FAKTOR*zufall + INKR) % MODUL;
   return zufall;
}
```

Prog. 8.3: *random.c*

8 Speicherklassen

Die Variable zufall behält hier ihren Wert zwischen zwei Funktionsaufrufen. Jeder dieser Aufrufe von random() liefert eine Zufallszahl im Bereich 0 bis 65535.

Anders als Reihungen der Klasse auto können statische Arrays initialisiert werden:

```
static int a[] = {0,1,2,3,4,5,6,7,8,9};
static int b[10] = {0};
static int c[10] = {1};
static int tage_im_monat[] =
       {31,28,31,30,31,30,31,31,30,31,30,31};
```

Reicht die Anzahl der gegebenen Anfangswerte zur Belegung des Feldes nicht aus, so werden die restlichen Feldkomponenten vom Compiler mit Null aufgefüllt. Analog können auch Zeichenketten initialisiert werden:

```
static char name1[] = {'C','a','e','s','a','r'};
static char name2[] = "Caesar";
static char *name[] = {"Jan","Feb","Mrz","Apr",
                       "Mai","Jun","Jul","Aug",
                       "Sep","Okt","Nov","Dez"};
```

Die Zeichenketten name1 und name2 sind identisch, da in C jede Zeichenkette als Feld von Zeichen aufgefaßt wird. Mit dem dritten Beispiel läßt sich in einfacher Weise eine Funktion angeben, die zu jeder Monatsnummer den zugehörigen Monatsnamen liefert:

```
char *monat(int n)
{
  static char *name[] ={" ",
      "Jan","Feb","Mrz","Apr","Mai","Jun",
      "Jul","Aug","Sep","Okt","Nov","Dez"};
  return((n<1||n>12) ? name[0]:name[n];
}
```

8.4 Die Speicherklasse extern

Ist eine Variable nicht im Hauptprogramm deklariert, muß sie dort als extern vereinbart werden. Dazu ein Beispiel:

```c
/* extern.c */
#include <stdio.h>
void main()
{
   int i=2;
   extern int j;
   printf("%d %d\n",i,j);
   return;
}
int j = 1; /* extern */
```

Prog. 8.4: extern.c

Das Programm liefert die Werte 1 und 2. Durch die extern-Erklärung wird die Variable j somit auch in main() zugänglich.

Stellt man externe Variablen dem Hauptprogramm voraus, so können alle Funktionen eines Programms – natürlich auch main() – auf diese Variable ohne extern-Erklärung zugreifen; die Variable ist dann global geworden.

```c
/* global.c */
#include <stdio.h>
int k=1; /* global */
int f(void);
void main()
{
   int i=2, j;
   j = f();
   printf("%d %d %d\n",i,j,k);
   return;
}
int f()
{ return k; }
```

Prog. 8.5: global.c

8 Speicherklassen

Die Ausgabe 2 1 1 zeigt, daß die globale Variable k im ganzen Programm sichtbar ist. Da Funktionsnamen ebenfalls im ganzen Programm global sind, gehören diese auch zur Klasse extern. Eine extern-Erklärung ist bei Funktionsdeklarationen unnötig, da dies die Voreinstellung von C ist.

Externe Variablen werden immer dann verwendet, wenn eine globale Variable in verschiedenen Programmen erscheint, die gemeinsam compiliert werden. Zu beachten ist, daß die zahlreiche Verwendung von externen Variablen kein guter Programmierstil ist. Da es sich hier um globale Variable handelt, ist es u. U. möglich, daß diese durch einen Seiteneffekt unerwünscht verändert werden.

8.5 Die Speicherklasse volatile

Neu nach ANSI C-Norm ist das Schlüsselwort volatile, das die Speicherklasse der Variablen kennzeichnet, die von Compiler-Optimierungen ausgeschlossen sein sollen. Dies ist insbesondere wichtig z. B. für eine Systemvariable, deren Position innerhalb des Quellcodes relevant ist und nicht z.B. durch einen Optimierungslauf außerhalb einer Schleife gesetzt werden darf. Diese Speicherklasse wurde in den ANSI C-Standard aufgenommen, da man in Zukunft mit sehr stark optimierenden Compilern rechnet.

8.6 Zusammenfassung

Zusammenfassend folgt ein tabellarischer Überblick über die verschiedenen Speicherklassen und ihre Sichtbarkeit:

Speicherklasse	Lebensdauer	Sichtbarkeit
auto	Block	lokal
register	Block	lokal
static	Programm	lokal/global

9 Operatoren und Ausdrücke

9.1 Einteilung der Operatoren

C kennt, wie kaum eine andere Programmiersprache, eine Vielzahl von Operatoren. Zur besseren Übersicht teilt man sie in folgende Gruppen ein:

1. Klammern bzw. Elementselektor
   `()`, `[]`, `->`
2. einstellige (unäre) Operatoren
   `!`, `~`   (logische und Bit-Negation)
   `++`, `--`   (Inkrement,Dekrement)
   `+`, `-`   (Priorität,Vorzeichen)
   `(type)`   (Cast-Operator)
   `*`, `&`   (Verweis-,Adreßoperator)
   `sizeof()`   (Sizeof-Operator)
3. Arithmetische Operatoren
   `+`, `-`, `*`, `/`, `%`
4. Shift-Operatoren
   `<<`, `>>`
5. Vergleichs-Operatoren
   `<`, `<=`, `>`, `>=`, `==`, `!=`
6. Bit-Operatoren
   `&`, `^`, `|`
7. Logische Operatoren
   `&&`, `||`
8. Bedingungs-Operator
   `? :`

9 Operatoren und Ausdrücke

9 Wertzuweisungs-Operatoren

=, +=, -=, *=, /=, %=, <<=, >>=, &=, ^=, |=

10 Komma-Operator

Die folgende Tabelle liefert die Priorität (Rang) der C-Operatoren; die Assoziativität gibt die Richtung an, mit der Terme von Operatoren zusammengefaßt werden.

Operator	Rang	Assoziativität
( ),[ ], ->	1	links
!,~,++,- -,(cast), *,&,sizeof	2	rechts
*,/,%	3	links
+,-	4	links
<<,>>	5	links
<,<=,>,>=	6	links
==,!=	7	links
&	8	links
^	9	links
|	10	links
&&	11	links
||	12	links
? (Fragezeichen)	13	rechts
=,+=,-=,*=,/=,%=,<<= >>=,&=,|=,^=	14	rechts
, (Komma)	15	links

Abb. 9.1: *Priorität der Operatoren*

Der sogenannte Bedingungsoperator (oder Fragezeichen-Operator) ist der einzige dreistellige (ternäre) Operator in C. Er hat folgende Syntax:

(Ausdruck1) ? (Ausdruck2):(Ausdruck3)

Wird Ausdruck1 mit *wahr* bewertet, nimmt der ganze Term den Wert von Ausdruck2 an, ansonsten den von Ausdruck3. Statt

152

9.1 Einteilung der Operatoren

```
if (a>=b) max = a; else max = b;
```

läßt sich damit kürzer schreiben

```
max = (a>=b) ? a : b;
```

Soll in einer Tabelle nach je 5 Ausgaben ein Zeilenvorschub erfolgen, läßt sich codieren:

```
for (i=1; i<N; i++)
printf("%d %c",a[i],(i%5 ==0) ? '\n':' ');
```

Viele Funktionen lassen sich damit sehr komprimiert formulieren, z. B.:

```
char toupper(char c)
{
   return(islower(c) ? c+'A'-'a': c;
}
```

Neu in der ANSI C-Norm ist der einstellige +-Operator. Mit seiner Hilfe kann bei gleichberechtigten Operatoren eine bestimmte Reihenfolge erzwungen werden. Soll im Term a*b/c zuerst die Division ausgeführt werden, kann man nun schreiben:

```
a*+(b/c)
```

Hier erscheint die Reihenfolge trivial, ist es aber in komplexeren Fällen nicht.

Mit dem `sizeof()`-Operator können die Speicherformate der einzelnen Datentypen ermittelt werden.

```
/* sizeof.c */
#include <stdio.h>
typedef unsigned char uchar;
typedef unsigned short ushort;
typedef unsigned long ulong;
typedef enum { FALSE, TRUE } BOOLEAN;
typedef struct { double REAL,IMAG; } COMPLEX;
```

Prog. 9.1:   *sizeof.c (Fortsetzung auf der nächsten Seite)*

9 Operatoren und Ausdrücke

```c
void main()
{
  char string[10];
  printf("----------------------\n");
  printf("    Speicherformate\n");
  printf("----------------------\n");

  printf("char      %2d Bytes\n",sizeof(char));
  printf("uchar     %2d Bytes\n",sizeof(uchar));
  printf("int       %2d Bytes\n",sizeof(int));
  printf("short     %2d Bytes\n",sizeof(short));
  printf("long      %2d Bytes\n",sizeof(long));
  printf("ushort    %2d Bytes\n",sizeof(ushort));
  printf("ulong     %2d Bytes\n",sizeof(ulong));
  printf("float     %2d Bytes\n",sizeof(float));
  printf("double    %2d Bytes\n",sizeof(double));
  printf("string_10 %2d Bytes\n",sizeof(string));
  printf("BOOLEAN   %2d Bytes\n",sizeof(BOOLEAN));
  printf("COMPLEX   %2d Bytes\n",sizeof(COMPLEX));
  return;
}
```

Prog. 9.1: sizeof.c

Bei Microsoft-C und Turbo-C ergibt sich hier auf einem 16 Bit-Rechner unter MS-DOS:

Typ	Belegte Bytes	Typ	Belegte Bytes
char	1 Byte	ulong	4 Bytes
uchar	1 Byte	float	4 Bytes
int	2 Bytes	double	8 Bytes
short	2 Bytes	string10	10 Bytes
long	4 Bytes	BOOLEAN	2 Bytes
ushort	2 Bytes	COMPLEX	16 Bytes

9.2 Priorität von Operatoren

Um unnötige Schreibarbeit zu vermeiden, wurde eine Prioritätsliste von Operatoren festgelegt, die sich in beigefügter Tabelle (Abb. 9.1) findet. Soll in einem Ausdruck von dem hier gegebenen Vorrang der Operatoren abgewichen werden, müssen entsprechende (runde) Klammern gesetzt werden.

An einigen Beispielen soll das Auswerten von Ausdrücken vorgestellt werden.

Beispiel 1

```
x *= y = z = 4;
```

x = 5 ist initialisiert. Da es sich um gleichwertige Operatoren handelt, erfolgt die Auswertung von rechts:

```
(x *= (y = (z = 4)));
```

Dies liefert nacheinander die Werte: z=4, y = 4, x = 20. Der Ausdruck hat somit den Wert 20.

Beispiel 2

```
x = x && y || z;
```

Die Variablen x=2, y=1, z=0 sind initialisiert. Gemäß der Priorität ist der Ausdruck gleichwertig mit

```
x = ((x&&y)||z);
```

Auswerten ergibt

```
x = (wahr&&wahr)||falsch
```

und somit x = wahr und damit den Wert 1.

Beispiel 3

```
x | y & z;
```

Die Werte x=3, y=2, z=1 sind initialisiert. Die Bewertung liefert (3|(2&1)). Diese Bitverknüpfung ergibt 3|0 oder 3.

Beispiel 4

```
z += z < y ? x++ : y++ ;
```

Die Werte x=3, y=3, z=1 sind vorgegeben. Der Ausdruck ergibt bewertet

(z+=((x<y)?(x++):(y++)))

oder

(z+=(3<3)?(3++):(3++))

und somit wegen z+= 3 den Wert 4.

Beispiel 5

```
++ x && ++ y || ++ z
```

Vorgegeben sind x=-1, y=-1, z=-1. Bewerten ergibt

((0&&(++y)||0)

Dies liefert den Wert 0&&(++y) oder somit 0. Zu beachten ist, daß (++y) nicht mehr ausgewertet wird.

Diese genannten Beispiele wurden nur angegeben, um die Auswertung dieser Terme durch den Compiler zu demonstrieren. Sie stellen keinen empfehlenswerten Programmierstil dar!

9.3 Logische Operatoren

Die drei logischen Operatoren sind

```
&&        "und"
||        "oder"
!         "nicht".
```

Obwohl C keine expliziten BOOLEschen Variablen kennt, können diese Operatoren auf beliebige Ausdrücke angewandt werden, da in C jeder Ausdruck implizit einen Wahrheitswert trägt: er ist falsch, wenn er mit Null bewertet wird, andernfalls wahr.

Die Verknüpfung der Wahrheitswerte mittels && und || wird durch folgende Tabellen gegeben:

9.3 Logische Operatoren

&&	w	f
w	w	f
f	f	f

Log. und

|	w	f
w	w	w
f	w	f

Log. oder

→	w	f
w	w	w
f	w	f

Impliziert

	w	f
w	f	w
f	w	f

Log. xor

	w	f
w	w	f
f	f	w

Log. äquivalent

!		
w	f	
f	w	

Log. Negation

Abb. 9.2: logische Operatoren

Alle weiteren zweistelligen Wahrheitswert-Verknüpfungen, wie z. B. die Implikation (a imp b *aus a folgt b*) und das ausschließende Oder (a xor b *eXclusiv OR*), können mit Hilfe von !,&&,|| gebildet werden.

Folgende Ausdrücke sind gleichwertig

| a imp b | (!a \|\| b) |
| a xor b | a = b |

Mit a, b, a && b, a || b, a imp b, b imp a, a xor b und TRUE sind damit bereits die Hälfte aller 16 möglichen Aussageverknüpfungen von zwei BOOLEschen Variablen gegeben; die 8 fehlenden Verknüpfungen erhält man jeweils durch Verneinung.

Wichtige Anwendungen der logischen Operatoren ergeben sich in der Schaltalgebra. Der Schaltwert eines beliebig vielen ODER-, UND- und Negations-Gattern läßt sich in völliger Analogie zum Rechnen mit Wahrheitswerten realisieren.

9.4 Die Bitoperationen

&	0	1
0	0	0
1	0	1

Bit und

|	0	1
0	0	1
1	1	1

Bit oder

^	0	1
0	0	1
1	1	0

Bit xor

~	
0	1
1	0

Bit Komplement

Abb. 9.3: *Bitoperatoren*

Die 4 Bitoperatoren sind

```
&      "bitund"
|      "bitoder".
^      "bitxor"
~      "bitinverses".
```

Diese Bitoperatoren wirken stets auf die Bitdarstellung einer Zahl, die man erhält, wenn man die Zahl ins Binärsystem überträgt. Dabei erhält man eine Darstellung aus Nullen und Einsen, wobei die Einsen genau die Bits darstellen, die gesetzt sind. Die Anwendung der 4 Operatoren liefert folgende Resultate:

a & b ist die Zahl, deren Bits sowohl bei a wie auch bei b gesetzt sind.

a | b ist die Zahl, deren Bits bei a oder auch bei b gesetzt sind.

a ^ b ist die Zahl, deren Bits bei a und b verschieden sind.

~a ist das Bitkomplement von a, d. h. die Bits von ~a sind genau dort gesetzt, wo a Nullen hat.

Auch die Anwendung der Shift-Operatoren >> und << bewirkt eine Verschiebung der Bitstellen:

a >> x verschiebt die Bitstellen um x Stellen nach rechts,

a << x verschiebt die Bitstellen um x Stellen nach links.

Die Verschiebung um eine Stelle nach rechts entspricht bei unsigned-int-Zahlen einer ganzzahligen Division durch 2. Entsprechend bewirkt eine einstellige Verschiebung nach links einer Multiplikation mit 2. Zu beachten ist, daß eine int-Zahl vom Typ signed negativ wird, sobald das Vorzeichenbit gesetzt wird.

Als Zahlenbeispiel soll dienen

```
signed int x = 237, y = 255;
```

x und y haben die Binärdarstellung:

```
x = 00000000 11101101
y = 00000000 11111111
```

Die Anwendung der Bitoperatoren liefert die Ergebnisse (vgl. Abb. 9.4)

```
~x = -238
x >> 1 = 118
x >> 2 =  59
x << 1 = 474
x << 2 = 948
x & y = 237
x | y = 255
x ^ y =  18
```

Folgende Prozedur liefert die 16-Bitdarstellung einer int-Zahl:

```
void binout(int x)
{
  int i;
  for (i=15; i>=0; i--)
    putchar((x >>i & 1) ? '1':'0');
}
```

Wie im Abschnitt Bitfelder gezeigt wurde, stellt Rechnen mit Bits ein wichtiges Werkzeug zur System-Programmierung dar.

9.5 Ausdrücke und L-Values

Es gibt es in C die vielfältigsten Möglichkeiten, einen gültigen Ausdruck zu formulieren. Es kann dies eines der folgenden Objekte sein:

- eine Variable vom Typ int, float, struct, union, pointer,
- eine Zahl- oder Stringkonstante wie z.B. PI,
- ein Wert einer Funktion wie 3.0*sin(x),
- Ergebnis eines Element-Selektors adresse.plz oder datum -> tag,
- Ergebnis einer Typumwandlung (double) n,
- Ausdruck mit Operatoren wie a%7, c++, x>>7, x=1, &x, *f,
- Zusammenfassung obiger Ausdrücke mittels Klammern.

Jedoch kann nicht jeder dieser Ausdrücke auf der rechten Seite einer Wertzuweisung stehen. Ein solcher Wert wird in C L-Value (abgekürzt für *Left Value*) genannt, da er auf der linken Seite der Anweisung steht.

Betrachtet man eine Wertzuweisung genauer, z.B.

```
i = 25*4;
```

so erkennt man, daß die Anweisung in drei Schritten abläuft:

1. Schritt
    Es wird der Ausdruck auf der rechten Seite (R-Value) ausgewertet.

9.5 Ausdrücke und L-Values

```
0 0 0 0 0 0 0 0 1 1 1 0 1 1 0 1     x = 237

0 0 0 0 0 0 0 0 0 1 1 1 0 1 1 0     x >> 1 = 118

0 0 0 0 0 0 0 0 0 0 1 1 1 0 1 1     x >> 2 = 59

0 0 0 0 0 0 0 1 1 1 0 1 1 0 1 0     x << 1 = 474

0 0 0 0 0 0 1 1 1 0 1 1 0 1 0 0     x << 2 = 948

1 1 1 1 1 1 1 1 0 0 0 1 0 0 1 0     ~x = -238

0 0 0 0 0 0 0 0 1 1 1 1 1 1 1 1     y = 255

0 0 0 0 0 0 0 0 1 1 1 0 1 1 0 1     x & y = 237

0 0 0 0 0 0 0 0 1 1 1 1 1 1 1 1     x | y = 255

0 0 0 0 0 0 0 0 0 0 1 0 0 1 0      x ^ y = 18
```

Abb. 9.4:   Bitoperationen

2. Schritt

Es wird der Speicherplatz (die Adresse) von i bestimmt.

3. Schritt

Es wird der Wert der rechten Seite in die Adresse von i geschrieben.

Als L-Value kann somit nur ein Ausdruck auftreten, der eine Adresse besitzt. Da ein L-Value aber nicht nur bei einer Wertzuweisung, sondern u. a. auch als Operand eines Inkrement- oder eines Adreß-Operators auftritt, werden L-Values nach Vorschlag der ANSI C-Norm als Locator-Variable gedeutet. Auch die Ausdrücke in der RETURN-Anweisung einer Funktion oder in der SWITCH-Anweisung müssen solche L-Values sein.

9 Operatoren und Ausdrücke

Zusammenfassend dargestellt, erfassen L-Values folgende Ausdrücke:
- Variablen vom Typ `int`, `float`, `struct` usw.,
- Ergebnisse eines Element-Selektors,
- Verweise auf Variablen vom obigen Typ,
- Zusammenfassungen obiger Werte mittels Klammern.

9.6 Übungen

9.1 Bestimmen Sie die Werte folgender Ausdrücke für jeweils die folgenden Anfangswerte x=2, y=1, z=0:
  a) z += z < y ? x++ : y++
  b) ++x | ++y && ++z
  c) x || !y && z

9.2 In der Zeitschrift DOS vom Dezember 1988 wird behauptet, daß folgende Ausdrücke gleichwertig sind:
  a) a >> 2   a / 4
  b) a << 2   a * 4
  c) a & 1   a % 2
  d) a & 2   a % 3
  Was sagen Sie dazu?

9.3 Schreiben Sie eine Prozedur, die eine Hexadezimalzahl binär darstellt.

9.4 Lösen Sie mit Hilfe von logischen Operatoren folgendes Party-Problem. 5 Leute wollen unter folgenden Bedingungen zu einer Party kommen:

  (1) Wenn A nicht kommt, dann D.

  (2) B kommt nur mit D, oder gar nicht.

  (3) Wenn A kommt, dann auch C und D.

  (4) Wenn C kommt, dann auch E.

  (5) B kommt, wenn E nicht kommt und umgekehrt.

  Wer kommt nun zur Party?

10 Rekursion

> *The transformation from recursion to iteration is one of the most fundamental concepts of computer science*
>
> *Knuth*

10.1 Das Rekursionsschema

Eine Funktion, die sich zur Berechnung eines Funktionswertes selbst aufruft, heißt rekursiv. Viele mathematische Funktionen sind rekursiv definiert, wie z. B. die Fakultätsfunktion:

```
fak(n) = n*fak(n-1) für n>0   /* Rekursionsschema */
fak(0) = 1                    /* Rekursionsanfang */
```

Wie man sieht, ist der Funktionswert f(n) über den Funktionswert f(n-1) erklärt. Dieses Zurückgreifen vom Fall n auf Fall (n-1) heißt das Rekursionsschema. Damit das rekursive Zurückrechnen sich nicht unbegrenzt fortsetzt, muß ein Funktionswert – hier der Funktionswert an der Stelle 0 – vorgegeben sein. Dieser Wert wird Rekursionsanfang genannt. Ohne diesen Rekursionsanfang würde das Verfahren in eine Endlos-Schleife geraten, wie man am folgenden Programm sieht:

```
/* forever.c */
/* Endlose Rekursion */
#include <stdio.h>

void main(void);
void main()
```

Prog. 10.1: *forever.c (Fortsetzung auf der nächsten Seite)*

10 Rekursion

```
{                                    /* Vorsicht */
    printf("Dieses Programm ist endlos!\n");
    main();
    return;
}
```

Prog. 10.1: *forever.c*

Es liegt in der Verantwortung des Programmierers, für den korrekten Abbruch eines rekursiven Verfahrens zu sorgen. Die Fakultätsfunktion kann in C folgendermaßen realisiert werden:

```
long int fak(int n)
{
    if (n==0) return 1;
    else return(n*fak(n-1));
}
```

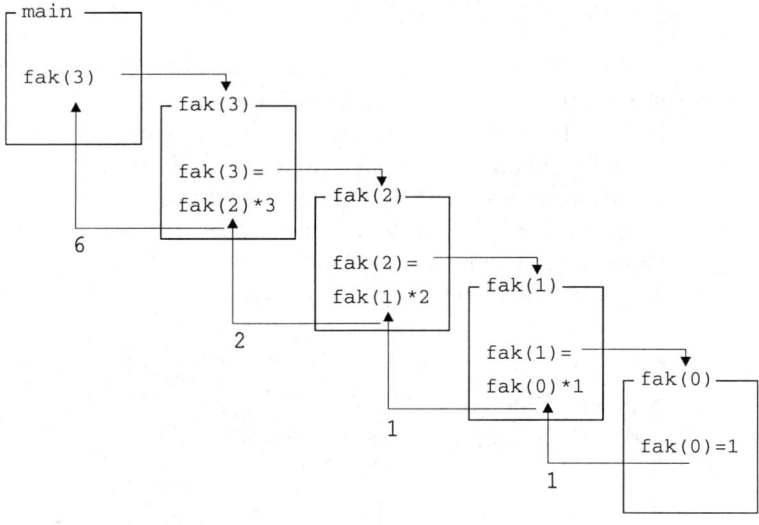

Abb. 10.1: *Rekursive Funktionsaufrufe*

10.1 Das Rekursionsschema

Es gibt eine große Zahl von Anwendungen, die auf einfache Weise rekursiv definiert werden können. Der größte gemeinsame Teiler (ggT) zweier positiver Zahlen läßt sich definieren mittels:

```
ggT(a,b) = ggT(b,a mod b)   für b>0
ggT(a,0) = a für b=0
```

In C liefert dies:

```c
int ggt(int a, int b)
{
    if (b!=0) return(ggt(b,a % b));
    else return(a);
}
```

Auch das Umkehren der Ziffernfolge einer Zahl kann rekursiv formuliert werden:

```c
int reverse(int x)
{
    if (x<10) printf("%c",x+'0');
    else
    {
        printf("%c", x % 10 +'0');
        reverse(x/10);
    }
}
```

Das rekursive Schema besteht darin, durch Rechnung modulo 10 solange jeweils die letzte Ziffer abzutrennen, bis die Zahl nur noch aus einer Ziffer besteht. Mit dieser beginnend werden alle Ziffern ausgedruckt. An diesen Beispielen sieht man, daß die Rekursion ein grundlegendes Programmierprinzip ist, mit dessen Hilfe zahlreiche Probleme auf einfache Weise gelöst werden können.

10.2 Grenzen der Rekursion

Ein weiteres bekanntes Beispiel stellen die rekursiv definierten FIBONACCI-Zahlen dar:

```
Fib(n) = Fib(n-1)+Fib(n-2) für n>2
Fib(1) = Fib(2) = 1
```

Das folgende Programm berechnet die FIBONACCI-Zahlen rekursiv und ermittelt gleichzeitig die Anzahl der Aufrufe der Funktion fib():

```c
/* fib_rek.c */
/* Rekursive Berechnung der Fibonacci-Zahlen mit
   Ermittlung der Anzahl der Funktionsaufrufen */
#include <stdio.h>
long call = 0; /* global */
long int fib(int);

void main()
{
  int N;
  printf("Welche Fibonacci-Zahl? ");
  scanf("%d",&N);
  printf("Fib(%d) = %ld\n",N,fib(N));
  printf("%ld Funktionsaufrufe\n",call);
  return;
}

long int fib(int x)
{
  call++;
  if (x>2)
    return (fib(x-1)+fib(x-2));
  else
    return(1);
}
```

Prog. 10.2: *fib_rek.c*

Das Programm liefert bei Eingabe von N=10, 20 bzw. 30 die Werte

```
Fib(10) =   55109  Funktionsaufrufe
Fib(20) =    6765    13529 Funktionsaufrufe
Fib(30) =  632040  1664079 Funktionsaufrufe
```

Wie man sieht, wächst der Rechenaufwand für größere FIBONACCI-Zahlen so stark an, daß eine rekursive Berechnung nicht mehr praktikabel ist. Mit Hilfe einer Schleife kann die Zahl Fib(30) viel einfacher iterativ ermittelt werden:

```
long int fib(int x)    /* iterativ */
{
   int i,f3,f1=1,f2=1;
   if (x>2)
   {
      for (i=3; i<=x; i++)
      {
         f3 = f1+f2;
         f2 = f1; f1 = f3;
      }
      return(f3)
   }
   else return(1);
}
```

Daraus folgt, daß eine rekursive Lösung eines solchen Problems, für das es eine einfache iterative Lösung gibt, völlig uneffektiv sein kann. Jedoch ist es nicht immer so einfach, wie hier bei den FIBONACCI-Zahlen, das rekursive Schema in ein iteratives umzuwandeln.

10.3 Die Türme von Hanoi

Ein bekanntes, lehrreiches Beispiel dafür, daß ein scheinbar komplexes Problem eine ganz einfache (rekursive) Lösung haben kann, stellt das Problem „Türme von Hanoi" dar.

10 Rekursion

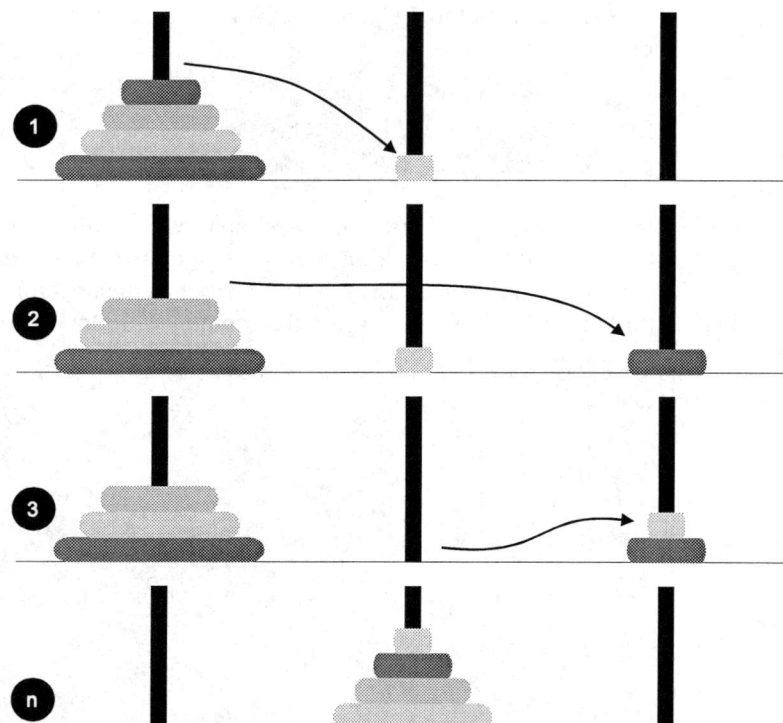

Abb. 10.2: Türme von Hanoi

In der Stadt Hanoi stehen im einem Tempel drei Säulen. Auf einer dieser Säulen sind 64 goldenen Scheiben mit monoton wachsenden Durchmessern aufgetürmt. Seit altersher existiert die Weissagung, daß die Welt in Schutt und Asche zerfällt, wenn die Mönche des Tempels die Scheiben einer Säule unter folgenden Bedingungen auf eine andere gelegt haben:

(1) Niemals darf mehr als eine Scheibe gleichzeitig bewegt werden

(2) Nie darf eine größere Scheibe auf einer kleineren zu liegen kommen.

10.3 Die Türme von Hanoi

Dieses Problem wurde 1883 von dem französischen Mathematiker E. LUCAS erdacht. Es soll nun allgemein für n Scheiben rekursiv gelöst werten. Angenommen, das Problem ist für $n-1$ Scheiben bereits gelöst, dann kann das Problem, n Scheiben von A nach C zu bringen, wie folgt angegangen werden (vgl. Abbildung 10.2):

1 Ist $n=1$, so bringe die eine Scheibe von A nach B – Stop.
2 Bringe die obersten $n-1$ Scheiben unter Zuhilfenahme von Turm B von A nach C.
3 Bringe die letzte Scheibe von A nach B.
4 Bringe die $n-1$ Scheiben von C unter Zuhilfenahme von A nach B.

Die meisten Programmieranfänger, die diese Lösung zum ersten Mal hören, zweifeln daran, daß das Problem damit wirklich erledigt ist. Sie glauben vielmehr, daß das Problem nur von N auf $N-1$ verschoben worden sei. Daß dies auch tatsächlich die Lösung liefert, zeigt das Programm:

```c
/* hanoi.c */
#include <stdio.h>
int umleg=0;
void transportiere(int,int,int,int);
void main(void)
{
    int n;
    printf("-----------------------\n");
    printf("    Tuerme von Hanoi\n");
    printf("-----------------------\n");
    printf("Wieviele Scheiben? ");
    scanf("%d",&n);
    printf("\n");
    transportiere(n,1,2,3);
    printf("\n%d Umlegungen\n",umleg);
    return;
}
```

Prog. 10.3: *hanoi.c (Fortsetzung auf der nächsten Seite)*

10 Rekursion

```
void transportiere (int anzahl,int quelle,
                    int hilfsturm,int ziel)
{
  if (anzahl>1)
    transportiere(anzahl-1,quelle,ziel,hilfsturm);
  printf("Bringe Scheibe %2d vom Turm %2d nach "
         "Turm %2d\n", anzahl,quelle,hilfsturm);
  umleg++;
  if (anzahl>1)
    transportiere(anzahl-1,ziel,hilfsturm,quelle);
}
```

Prog. 10.3: *hanoi.c*

Für 3 Scheiben erhält man folgende Ausgabe:

```
Bringe Scheibe 1 vom Turm 1 nach Turm 2
Bringe Scheibe 2 vom Turm 1 nach Turm 3
Bringe Scheibe 1 vom Turm 2 nach Turm 3
Bringe Scheibe 3 vom Turm 1 nach Turm 2
Bringe Scheibe 1 vom Turm 3 nach Turm 1
Bringe Scheibe 2 vom Turm 3 nach Turm 2
Bringe Scheibe 1 vom Turm 1 nach Turm 2
7 Umlegungen
```

Allgemein läßt sich zeigen, daß für n Scheiben genau

$$2^n-1$$

Umlegungen notwendig sind. An diesem Beispiel sieht man sehr gut, wie einfach eine rekursive Lösung sein kann. Einen iterativen Ansatz zu finden, ist in diesem Fall nicht einfach. Jedoch gibt es in der Informatik eine Standardmethode, mit der man ein rekursives Schema mit Hilfe von sog. Stacks (Stapelspeicher) iterativ umformen kann. Als Beispiel dafür werden die Türme von Hanoi im Abschnitt 12.1 mit Hilfe von Stacks abgearbeitet.

10.4 Permutationen

Als Beispiel einer kombinatorischen Fragestellung seien hier die Permutationen behandelt. Ordnet man die 3! = 6 Permutationen dreier Zahlen wie folgt an:

```
1 2 3
1 3 2
2 1 3
2 3 1
3 2 1
3 1 2
```

so sieht man, daß jeweils eine Zahl festgehalten wird, und die übrigen systematisch vertauscht werden. Analog erhält man die ersten Permutationen von vier Zahlen

```
1 2 3 4
1 2 4 3
1 3 2 4
1 3 4 2
1 4 3 2
1 4 2 3
2 1 3 4
2 1 4 3
2 3 1 4
2 3 4 1
2 4 3 1
2 4 1 3  usw.
```

Streicht man in den Permutationen von {1, 2, 3, 4} die Zahl 4, erhält man wieder die Permutationen von {1, 2, 3} vierfach. Umgekehrt erhält man die Viererpermutationen, in dem man an jeder Stelle der Dreierpermutationen die Zahl 4 einfügt. Analog erhält man aus den Permutationen von $N-1$ Zahlen die Permutationen von N, indem man jeder möglichen Stelle die Zahl N zufügt. Dieses rekursive Schema wird im folgenden Programm benutzt:

10 Rekursion

```c
/* permut.c */
#include <stdio.h>
#define LEN 10
int n,r[LEN];
long int perm=0L;

void main()
{
  int i;
  void permut(int);
  printf("Wieviele Zahlen (max. %d)? ",LEN);
  scanf("%d",&n);
  for (i=1; i<=n; i++) r[i] = i;
  permut(1);
  printf("%d Permutationen\n",perm);
  return;
}
void ausgabe(void);
void permut(int k)
{
  int i,h;
  h = r[k];
  for (i=k; i<=n; i++)
  {
    r[k] = r[i];
    r[i] = h;
    if (k != n)
      permut(k+1);
    else
    {
      ausgabe();
      perm++;
    }
    r[i] = r[k];
  }
}
```

Prog. 10.4: *permut.c (Fortsetzung auf der nächsten Seite)*

```
    r[k] = h;
    return;
}

void ausgabe()
{
    int i;
    for (i=1; i<=n; i++)
        printf("%3d",r[i]);
    printf("\n");
    return;
}
```

Prog. 10.4: *permut.c*

10.5 Quicksort

Man kann das Thema Rekursion nicht verlassen, ohne auf das bekannte Quicksort-Verfahren von C. A. R. HOARE (1962) einzugehen. Quicksort ist das anerkannt schnellste Sortierverfahren für Felder, die nicht schon weitgehend sortiert sind. Der Grundgedanke von Quicksort ist es, die zu sortierende Liste durch ein mittleres Element (*Pivot* genannt) in zwei bezüglich des Pivot sortierte Listen zu zerlegen. Auf diese Teillisten wird wiederum diese Teilung ausgeführt, solange bis rekursiv einelementige Listen vorliegen. Diese sind natürlich geordnet. Das Zusammensetzen dieser Teillisten liefert die Sortierung der ganzen Liste. Der Vorgang soll an einem Zahlenbeispiel demonstriert werden.

Gegeben sei die zehnelementige Liste:

44 33 11 55 90 60 99 26 87 66

Das Pivotelement ist nun $x[(0+9)/2]$ = 90. Da alle Zahlen links von der 90 kleiner sind, muß 90 selbst mit 66 vertauscht werden:

44 33 11 55 66 60 99 26 87 90

Da noch 87 und 99 bezüglich 90 verkehrt stehen, werden die 87 und 99 vertauscht.

Somit sind nun alle links von 99 stehende Elemente kleiner als 90. Die Liste wird nun zerlegt in die Teillisten:

(44 33 11 55 66 60 87 26) (99 90)

Das mittlere Element der ersten Liste ist 55. Da alle Elemente links von 55 wieder kleiner sind, muß die 55 selbst mit der 26 vertauscht werden. Alle rechts von der 26 stehende Elemente sind nun größer als 55.

(44 33 11 26 66 60 87 55) (99 90)

Dies liefert die nächste Teilliste mit dem Pivot 33.

(44 33 11 26) (66 60 87 55) (99 90)

Die links von 33 stehende 11 wird wieder vertauscht, ebenso die 44 mit der 26. Die nächste Teilliste ist nun (11 26) mit dem Pivot 11.

(11 26) (33 44) (66 60 87 55) (99 90)

Da die ersten beiden Teillisten bereits sortiert sind, wird die Teilliste (66 60 87 55) behandelt. Das Pivot ist hier 60. Da die 55 rechts von 60 und 66 links steht, werden 55 und 66 vertauscht.

(11 26) (33 44) (55 60 87 66) (99 90)

Die neue Teilliste ist nun (87 66) mit dem Pivot 87. Hier vertauschen nun 66 und 87 ihre Plätze:

(11 26) (33 44) (55 60) (66 87) (99 90)

Als letztes ist die ganz rechts stehende Liste mit dem Pivot 99 zu verarbeiten. Hier wird 99 mit 90 vertauscht.

(11 26) (33 44) (55 60) (66 87) (90 99)

Das Zusammensetzen aller Teillisten ergibt die endgültige Sortierung.

10.5 Quicksort

Das Verfahren, hier zur Vereinfachung der Eingabe auf 1.000 Zufallszahlen angewandt, kann wie folgt implementiert werden:

```c
/* quicksrt.c */
#include <stdio.h>
#include <stdlib.h>
#include <time.h>
#define ANZAHL 1000
int x[ANZAHL];

void ausgabe(void);
void quicksort(int,int);
void main()
{
  int j;
  long now;
  srand(time(&now) % 37);

  printf("\t\t------------\n");
  printf("\t\t Quicksort \n");
  printf("\t\t------------\n");

  for (j=0; j<ANZAHL; j++)
    x[j] = rand() % ANZAHL;
  quicksort(0,ANZAHL-1);
  ausgabe();
}

void quicksort(int lo,int hi)
{
  int i = lo,j = hi;
  int pivot,temp;

  pivot = x[(lo+hi)/2];
  do
  {
```

Prog. 10.5: *quicksrt.c (Fortsetzung auf der nächsten Seite)*

```
      while (i<hi && x[i]<pivot) ++i;
      while (j>lo && x[j]>pivot) --j;
      if (i<=j)
      {
         temp = x[i]; x[i] = x[j];
         x[j] = temp; i++; j--;
      }
   } while (i <= j);
   if (lo <j) quicksort(lo,j);
   if (i< hi) quicksort(i,hi);
   return;
}

void ausgabe()
{
   int i;
   for (i=0; i< ANZAHL; i++)
      printf("%5d",x[i]);
   puts(" ");
   return;
}
```

Prog. 10.5: *quicksrt.c*

Das Quicksort-Verfahren ist übrigens auch eine Bibliotheksfunktion in C und UNIX. Diese hat die Syntax

```
qsort(*start,num,byte,(compare)())
```

Dabei ist start der Beginn des Felds, num die Zahl der Feldelemente, byte die Zahl der Bytes eines Feldelements und compare() die Vergleichsfunktion für die Elemente. compare(x,y) muß für die gewünschte Anordnung folgende Werte liefern:

```
< 0   für x < y
= 0   für x = y;
> 0   für x > y;
```

10.5 Quicksort

Ein Beispiel zeigt:

```c
/* qsort.c */
/* Quicksort-Routine aus Bibilothek */
#include <stdio.h>
#include <stdlib.h>
#include <string.h>
int a[10] = { 8,0,3,1,7,2,4,9,6,5 };
typedef int (*fcmp) (const void*, const void*);
int groesser(const int*,const int*);
int kleiner(const int*,const int*);

void main()
{
  int i;
  printf("unsortiert:\n");
  for (i=0; i<10; i++) printf("%5d",a[i]);

  qsort((void *)a,10, sizeof(int),(fcmp) groesser);
  printf("\naufsteigend sortiert:\n");
  for (i=0; i<10; i++) printf("%5d",a[i]);

  qsort((void *)a,10,sizeof(int),(fcmp) kleiner);
  printf("\nabsteigend sortiert:\n");
  for (i=0; i<10; i++) printf("%5d",a[i]);
  printf("\n");
  return;
}

int groesser(const int *x,const int *y)
{ return (*x)-(*y); }

int kleiner(const int *x,const int *y)
{ return (*y)-(*x); }
```

Prog. 10.6: *qsort.c*

Dies liefert die folgende Ausgabe:

```
unsortiert:
8    0    3    1    7    2    4    9    6    5
aufsteigend sortiert:
0    1    2    3    4    5    6    7    8    9
absteigend sortiert:
9    8    7    6    5    4    3    2    1    0
```

10.6 Die ACKERMANN-Funktion

Eine extrem rekursiv definierte Funktion ist die 1928 von ACKERMANN erfundene Funktion:

$$\text{ackermann}(x, y) = \begin{cases} y+1 & \textit{für } x = 0 \\ \text{ackermann}(x-1, 1) & \textit{für } y = 0 \\ \text{ackermann}(x-1, \text{ackermann}(x, y-1)) & \textit{sonst} \end{cases}$$

Diese Funktion ist mathematisch interessant, da sie eine Verallgemeinerung der Grundrechenarten darstellt. In Abhängigkeit des Parameters x kann die ACKERMANN-Funktion eine der Grundrechenarten Addition, Multiplikation oder Potenzieren liefern. Dies zeigen die Formeln:

```
ackermann(1,y) = y+2;
ackermann(2,y) = 2y+3;
ackermann(3,y) = 2^(y+3)-3;
```

Obwohl sie direkt keine praktische Bedeutung hat, ist diese Funktion als BERKELEY-Benchmark (Compiler-Test) sehr bekannt. Zur Berechnung von

```
ackermann(3,8) = 2045;
```

sind allein 2.785.999(!) Funktionsaufrufe notwendig. Hier zeigt sich die Schnelligkeit sehr genau, mit der ein Compiler eine solche Rekursion abarbeitet. In C kann dies wie folgt programmiert werden:

10.6 Die Ackermann-Funktion

```c
/* acker.c */
/* Ackermann-Funktion als Benchmark */
/* Hinweis für Quick-C: Stack auf 30000 erhöhen */

#include <stdio.h>

long int call=0L;

void main()
{
  int i;
  long int ackermann(int,int);

  printf("Ackermann(3,8) = %ld\n",ackermann(3,8));
  printf("%ld Funktionsaufrufe\n",call);
  return;
}

long int ackermann(int x,int y)
{
  call++;
  if (x==0) return(y+1);
  else
    if (y==0) return(ackermann(x-1,1));
    else
      return(ackermann(x-1,ackermann(x,y-1)));
}
```

Prog. 10.7: *acker.c*

Zu beachten ist bei diesem Programm – wie bei allen rekursiven – daß beim Quick-C bzw. Microsoft-C-Compiler der Stack für die rekursive Abarbeitung genügend groß angelegt werden muß.

10.7 Übungen

10.1 Schreiben Sie eine rekursive Funktion zur Berechnung der Quersumme einer ganzen Zahl (vgl. Übung 5.1)

10.2 Schreiben Sie eine rekursive Funktion zum Ulamschen Problem (vgl. Übung 4.6)

10.3 Schreiben Sie eine rekursive Funktion zur Berechnung der Binomialkoeffizenten (vgl. Übung 4.5)

Hinweis: Es gilt

```
binom(0,n)=1; binom(k,n)=1 für n=k;
binom(k,n)=binom(k-1,n-1)+binom(k-1,n)
```

10.4 Schreiben Sie eine rekursive Funktion zur Berechnung der Summe von 1 bis 500.

11 Höhere Datentypen

11.1 Der Aufzählungstyp enum

Den Datentyp enum (englisch *enumerated* aufgezählt) gab es schon bei zahlreichen älteren C-Compilern; er wird nun durch die neue ANSI C-Norm vollständig unterstützt. Hierbei wird eine Variable durch Aufzählen aller möglichen Werte definiert:

```
enum monat { Jan, Feb, Mrz, Apr, Mai, Jun,
             Jul, Aug, Sep, Okt, Nov, Dez };
enum farbe { kreuz,pik,herz,karo };
```

Eine Variable vom entsprechenden Typ wird definiert durch:

```
enum monat mon;
enum farbe kartenfarbe;
```

Die Definition kann vereinfacht werden mittels der TYPEDEF-Anweisung:

```
typedef enum { son,mon,die,mit,don,fre,sam } WOCHTAG;
WOCHTAG wochtag;
```

Auch der aus PASCAL bekannte Datentyp „Wahrheitswert" (*boolean*) kann ebenfalls damit implementiert werden:

```
typedef enum { false,true } BOOLEAN;
BOOLEAN a,b,c;
```

Das Rechnen mit Wahrheitswerten wird im Kapitel 9 (Operatoren) ausführlich behandelt. Der Datentyp enum wird intern als ganzzahlige Struktur verwaltet. Die Numerierung beginnt, wie in C üblich, mit Null. Bei den obigen Beispielen wird daher codiert:

```
Jan=0, Feb=1, Mrz=2 usw.
Son=0, Mon=1, Die=2 usw.
false=0, true=1.
```

Diese Standard-Numerierung kann aber in C durch eine explizite Wertzuweisung geändert werden, z. B.

```
enum farbe {karo = 9, herz, pik, kreuz };
```

Karo erhält damit den Wert 9. Die folgenden Werte werden – sofern nicht eine weitere Numerierung gesetzt wird – monoton steigend weitergezählt. Bei diesem Beispiel folgt also:

```
Herz=10, Pik=11, Kreuz=12.
```

Wie in Pascal können Variablen vom ENUM-Typ eine FOR-Schleife durchlaufen:

```
WOCHTAG tag;
for (tag=son; tag<=sam; tag++)
```

Ebenso können ENUM-Typen als Fallunterscheidung bei einer SWITCH-Anweisung auftreten:

```
switch(tag)
{
    case son: printf("Sonntag");    break;
    case mon: printf("Montag");     break;
    case die: printf("Dienstag");   break;
    case mit: printf("Mittwoch");   break;
    case don: printf("Donnerstag"); break;
    case fre: printf("Freitag");    break;
    case sam: printf("Samstag");
}
```

Zur Demonstration sollen alle 32 Skat-Karten ausgedruckt werden:

11.1 Der Aufzählungstyp enum

```c
/* kartensp.c */
#include <stdio.h>
typedef enum
   {sieben,acht,neun,bube,dame,koenig,zehn,as} WERT;
typedef enum {karo,herz,pik,kreuz} FARBE;

void main()
{
  WERT    wert;
  FARBE farbe;
  for (farbe=karo; farbe<=kreuz; farbe++)
    for (wert=sieben; wert<=as; wert++)
    {
      switch(farbe)
      {
        case karo : printf("Karo");break;
        case herz : printf("Herz");break;
        case pik  : printf("Pik");break;
        case kreuz: printf("Kreuz");break;
      }
      switch(wert)
      {
        case sieben : printf("-Sieben\n");break;
        case acht   : printf("-Achter\n");break;
        case neun   : printf("-Neuner\n");break;
        case bube   : printf("-Bube\n");break;
        case dame   : printf("-Dame\n");break;
        case koenig : printf("-König\n");break;
        case zehn   : printf("-Zehner\n");break;
        case as     : printf("-As\n");
      }
    }
  return;
}
```

Prog. 11.1: *kartensp.c*

11 Höhere Datentypen

Neu nach der ANSI C-Norm ist, daß eine Funktion einen ENUM-Typ als Funktionswert liefern kann

```
WOCHTAG tag;
WOCHTAG tag_danach(WOCHTAG tag)
{
    return ((WOCHTAG) (((int) t+1) % 7));
}
```

Ein bekanntes Verfahren zur Bestimmung der Wochentage ist die Formel von ZELLER:

```
/* kalender.c */
#include <stdio.h>

typedef enum {son,mon,die,mit,don,fre,sam} WOCHTAG;
typedef int TAG,MONAT,JAHR;

WOCHTAG zeller(int,int,int);
void wtausgabe(WOCHTAG);
void main()
{
    TAG tag;
    MONAT monat;
    JAHR jahr;
    WOCHTAG wochtag;
    printf("Datum ab 1583 in der Form "
           "TT.MM.JJJJ eingeben! ");
    scanf("%d.%d.%d",&tag,&monat,&jahr);

    printf("\nDer %d.%d.%d ist ein ",tag,monat,jahr);
    wochtag = zeller(tag,monat,jahr);
    wtausgabe(wochtag);
}

WOCHTAG zeller(TAG tag,MONAT monat,JAHR jahr)
/* Wochentagsformel des Geistlichen Zeller */
```

Prog. 11.2: *kalender.c (Fortsetzung auf der nächsten Seite)*

11.1 Der Aufzählungstyp enum

```c
{
  int jhd,wt;
  if (monat > 2)
    monat -= 2;
  else
  {
    monat += 10;
    jahr--;
  }
  jhd = jahr/100;
  jahr %= 100;
  wt = (jahr/4+jhd/4+(13*monat-1)/5
        +tag+jahr-2*jhd) % 7;
  while (wt < 0) wt += 7;
  return (WOCHTAG)wt;
}

void wtausgabe(WOCHTAG wochtag)
{
  switch(wochtag)
  {
    case son: printf("Sonntag\n");break;
    case mon: printf("Montag\n");break;
    case die: printf("Dienstag\n");break;
    case mit: printf("Mittwoch\n");break;
    case don: printf("Donnerstag\n");break;
    case fre: printf("Freitag\n");break;
    case sam: printf("Samstag\n");
  }
  return;
}
```

Prog. 11.2: *kalender.c*

11.2 Der Verbund struct

Während in Reihungen stets Variablen vom gleichen Typ zusammengefaßt, kann der Verbund (englisch *structure*) auch verschiedenartige Daten zu einem Ganzen vereinen. Er entspricht dem Datentyp RECORD in Pascal.

```
struct spielkarte
{ WERT karte;
  FARBE farbe;            /* siehe oben */
}

struct student
{ char *familienname;
  int semester;
  long int matrikel_nr;
};
```

Mittels der TYPEDEF-Anweisung kann eine Struktur einen Namen erhalten:

```
typedef struct
{ int nenner;
  int zaehler;} BRUCH;

typedef struct
{ float x;      /* x-Komponente  */
  float y;      /* y-Komponente  */
  float z;} VEKTOR;

typedef struct
{ double re;    /* Realteil       */
  double im;    /* Imaginärteil   */
} KOMPLEX;      /* Komplexe Zahl  */

typedef struct
{ double r;     /* Radiusvektor   */
  double phi;   /* Polarwinkel    */
} POLAR;        /* Polarkoordinaten */
```

11.2 Der Verbund struct

Ein Verbund kann auch als Komponente eines Verbunds auftreten; d. h. Verbunde können verschachtelt werden.

```
typedef struct
{
  int tag;
  char monat[12];
  int jahr;
} DATUM;

typedef struct
{
  char *strasse;
  int plz;
  char *wohnort;
} ADRESSE;

typedef struct
{
  char *name;
  ADRESSE adresse;
  DATUM geburtstag;
  FAMILIENSTAND stand;
} PERSONALIE;
```

Dabei ist der Familienstand als Aufzählungstyp erklärt worden:

```
typedef enum {ledig,verheiratet,verwitwet,
              geschieden } FAMILIENSTAND;
```

Die Komponenten eines Verbunds können mit Hilfe des Element-Operators . einzeln angesprochen werden.

```
BRUCH bruch;
bruch.nenner = 5; bruch.zaehler = 2;

VEKTOR a;
laenge = sqrt(sqr(a.x)+sqr(a.y)+sqr(a.z));
```

11 Höhere Datentypen

```
PERSONALIE person;
person.name = "Franz Xaver";
person.adresse.wohnort = "München";
person.geburtstag.jahr = 1950;
```

Im Falle eines Zeigers auf einen Verbund existiert ein noch weiterer Element-Operator ->. Er ersetzt die beiden Operatoren * und . . Man verkürzt daher:

```
*(person).name    person->name
*(datum).jahr     datum->jahr
```

Die Übergabe von ENUM-Variablen an eine Prozedur wird im folgenden Programm vorgeführt, das zwei positive Brüche addiert. Die Prozeduren erweitern und kuerzen werden hier durch Call by Reference aufgerufen.

```
/* bruch.c */
#include <stdio.h>

typedef struct { int zaehler,nenner; } BRUCH;
int kgv(int,int);
void kuerzen(BRUCH *);
void erweitern(BRUCH *,int);

void main()
{
  BRUCH x,y,z;
  int hauptnenner;

  printf("Gib 1.Bruch>0 in der Form a/b ein! ");
  scanf("%d/%d",&x.zaehler,&x.nenner);
  printf("Gib 2.Bruch>0 in der Form a/b ein! ");
  scanf("%d/%d",&y.zaehler,&y.nenner);
  printf("%d/%d + %d/%d = ",
         x.zaehler,x.nenner,y.zaehler,y.nenner);
```

Prog. 11.3: bruch.c *(Fortsetzung auf der nächsten Seite)*

```c
    hauptnenner = kgv(x.nenner,y.nenner);
    erweitern(&x,hauptnenner);
    erweitern(&y,hauptnenner);

    z.zaehler = x.zaehler+y.zaehler;
    z.nenner = hauptnenner;
    kuerzen(&z);
    printf("%d/%d\n",z.zaehler,z.nenner);
    return;
}
int ggt(int a,int b)
{
    int rest;
    do
    {
        rest = a % b;
        a = b;
        b = rest;
    } while(rest);
    return a;
}
int kgv(int a,int b)
{
    int ggt(int,int);
    return(a*b/ggt(a,b));
}
void erweitern(BRUCH *a,int hptn)
{
    a->zaehler *= (hptn/a->nenner);
    a->nenner = hptn;
    return;
}
void kuerzen(BRUCH *a)
```

Prog. 11.3: *bruch.c (Fortsetzung auf der nächsten Seite)*

```c
{
   int fakt;
   fakt = ggt(a->zaehler,a->nenner);
   if (fakt !=1)
   {
      a->zaehler /= fakt;
      a->nenner /= fakt;
   }
   return;
}
```

Prog. 11.3: bruch.c

Hier wurde zur Berechnung des Hauptnenners die Funktion kgV (*kleinstes gemeinsames Vielfache*) benutzt, die mittels der bereits bekannten ggT-Funktion berechnet werden kann:

```
kgv(a,b) = a*b/ggt(a,b)
```

11.3 Komplexe Zahlen und Polarkoordinaten

Das Rechnen mit komplexen Zahlen mittels Verbunden zeigt das folgende Programm:

```c
/* complex.c */
#include <stdio.h>
#include <math.h>
#define sqr(x) ((x)*(x))

typedef struct komplex
      { float re,im;
      } COMPLEX;

COMPLEX kompadd(COMPLEX,COMPLEX);
COMPLEX kompsub(COMPLEX,COMPLEX);
COMPLEX kompmult(COMPLEX,COMPLEX);
COMPLEX kompdiv(COMPLEX,COMPLEX);
void ausgabe(COMPLEX);
```

Prog. 11.4: *complex.c (Fortsetzung auf der nächsten Seite)*

11.3 Komplexe Zahlen und Polarkoordinaten

```c
void main()
{
  COMPLEX a,b,c;
  printf("Gib 1. komplexe Zahl ein! ");
  scanf("%f %f",&a.re,&a.im);
  printf("Gib 2. komplexe Zahl ein! ");
  scanf("%f %f",&b.re,&b.im);
  c = kompadd(a,b);
  ausgabe(c);
  c = kompsub(a,b);
  ausgabe(c);
  c = kompmult(a,b);
  ausgabe(c);
  c = kompdiv(a,b);
  ausgabe(c);
}
COMPLEX kompadd(COMPLEX x,COMPLEX y)
{
  COMPLEX z;
  z.re = x.re + y.re;
  z.im = x.im + y.im;
  return z;
}
COMPLEX kompsub(COMPLEX x,COMPLEX y)
{
  COMPLEX z;
  z.re = x.re - y.re;
  z.im = x.im - y.im;
  return z;
}
COMPLEX kompmult(COMPLEX x,COMPLEX y)
{
  COMPLEX z;
  z.re = (x.re)*(y.re) - (x.im)*(y.im);
```

Prog. 11.4: complex.c *(Fortsetzung auf der nächsten Seite)*

11 Höhere Datentypen

```
  z.im = (x.re)*(y.im) + (x.im)*(y.re);
  return z;
}

COMPLEX kompdiv(COMPLEX x,COMPLEX y)
{
  COMPLEX z;
  float betrag;
  betrag = sqr(y.re) + sqr(y.im);/*Betragsquadrat*/
  z.re = (x.re*y.re + x.im*y.im)/betrag;
  z.im = (-x.re*y.im + y.re*x.im)/betrag;
  return z;
}

void ausgabe(COMPLEX x)
{
  double fabs();
  if (x.im >= 0) printf("%f +i* %f\n",x.re,x.im);
  else printf("%f -i* %f\n",x.re,fabs(x.im));
  return;
}
```

Prog. 11.4: *complex.c*

Die komplexe Arithmetik wird hier von Funktionen übernommen, die jeweils wieder ein komplexes Resultat liefern. Natürlich hätte man auch vier entsprechende Prozeduren formulieren können, die durch Call by Reference ihre Werte übergeben. Die komplexen Zahlen werden als Zahlenpaare eingegeben, „7-2i" als „7 -2", entsprechend „5+3i" als „5 3".
Man erhält die Ausgabe:

```
Summe: 12 + 1*i
Differenz: 2 - 5*i
Produkt: 41 + 11*i
Quotient: 0.852941 - 0.911765*i
```

Auch Polarkoordinaten können als Verbunde definiert werden.

11.3 Komplexe Zahlen und Polarkoordinaten

```c
/* polar.c */
#include <stdio.h>
#include <math.h>
#include <stdlib.h>
#define SQR(x)  ((x)*(x))

const float PI = 3.14159265;
typedef struct
  { double r,phi; } POLAR;
typedef struct
  { double x,y; } KART;

void main()
{
  KART k;
  POLAR z,umrechnung(KART k);

  printf("Gib kartesische Koordinaten ein! ");
  scanf("%lf %lf",&k.x,&k.y);
  if (k.x==0.0 && k.y==0)
    printf("\aUrsprung nicht eindeutig!\n");
    exit(-1);
  z = umrechnung(k);
  printf("\nRadiusvektor r= %f\n",z.r);
  printf("Polarwinkel phi = %f Grad\n",z.phi);
  return;
}

POLAR umrechnung(KART k)
{
  POLAR z;
  double sqrt(double);
  double atan2(double,double);
  z.r = sqrt(SQR(k.x) + SQR(k.y));
  if (k.x==0.0)
  {
```

Prog. 11.5: *polar.c (Fortsetzung auf der nächsten Seite)*

```
    z.phi = (k.y > 0.0) ? 90.0 : -90.0;
  }
  else
  {
    z.phi = 180.*atan2(k.y,k.x)/PI;
    if (z.phi < 0) z.phi += 360.0;
  }
  return z;
}
```

Prog. 11.5: *polar.c*

Auch die kartesischen Koordinaten x, y sind hier als STRUCT definiert. Die Eingabe "3 4" liefert z.B. die Polarkoordinaten

```
Radiusvektor = 5
Polarwinkel  = 53.130102°
```

11.4 Der Datentyp union

Während in einem Verbund alle Komponenten festliegen, ist es manchmal nützlich, mit variablen Komponenten zu arbeiten. Ein solcher Verbund wird dann auch Variante genannt. Die Komponenten können u. U. sogar verschiedene Datentypen enthalten. Z. B. könnte in einer Datenbank die Adresse wahlweise eine Geschäfts- bzw. eine Privatadresse sein. Varianten können in C mit dem Datentyp union realisiert werden.

Eine Literaturstelle soll z. B. wahlweise ein Buch oder ein Zeitschriftenartikel sein:

```
union literaturstelle
{
  struct BUCH buch;
  struct ARTIKEL artikel;
};
```

Dabei sind die Strukturen BUCH und ARTIKEL wie folgt definiert:

11.4 Der Datentyp union

```
typedef struct
{
  char *autor;
  char *titel;
  char *verlag;
  int erscheir_jahr;
} BUCH;

typedef struct
{
  char *autor;
  char *titel;
  char *zeitschrift_name;
  int nummer;
  int jahrgang;
} ARTIKEL;
```

Der Compiler muß soviel Speicherplatz reservieren, daß entweder BUCH oder ARTIKEL gespeichert werden kann. Der Zugriff auf die richtige Struktur liegt in der Hand des Programmierers.

Eine wichtige Anwendung des union-Typs sind die Register des 8086-Prozessors (unter MS-DOS), die wahlweise in Byte (8 Bits) bzw. in Maschinenworten (16 Bits) angesprochen werden (vgl. Kapitel 15).

Das Verschachteln von UNION- und STRUCT-Typen in einer Datenbank zeigt das folgende Beispiel:

```
/* kfz.c */
#include <stdio.h>
#define PKW 1
#define LKW 2
#define BUS 3

typedef enum { otto,diesel} MOTOR;
```

Prog. 11.6: *kfz.c (Fortsetzung auf der nächsten Seite)*

```
struct pers_kraftwagen
{
  int leistung;
  MOTOR motor;
};
struct lastkraftwagen
{
  int ladegewicht;
  int achsen;
};
struct omnibus
{
  int personenzahl;
  int geschwindigk;
};
struct
{
  int kfz_art;
  int baujahr;
  char *fabrikat;
  long int listenpreis;
  union
  {
    struct pers_kraftwagen pkw;
    struct lastkraftwagen lkw;
    struct omnibus bus;
  } typ;
} wagen;
void main()
{
  wagen.kfz_art = PKW;
  wagen.baujahr = 1991;
  wagen.listenpreis = 29000;
```

Prog. 11.6: *kfz.c (Fortsetzung auf der nächsten Seite)*

```
wagen.fabrikat = "BMW 323";
wagen.typ.pkw.motor = otto;
wagen.typ.pkw.leistung = 200;

if (wagen.kfz_art == PKW)
{
  printf("Für den PKW gelten "
         "folgende Daten:\n\n");
  printf("Fabrikat.......... %s\n",
         wagen.fabrikat);
  printf("Baujahr........... %d\n",
         wagen.baujahr);
  printf("Motorleistung...... %d PS\n",
         wagen.typ.pkw.leistung);
  if (wagen.typ.pkw.motor==otto)
    printf("Otto-Motor\n");
  else
    printf("Diesel-Motor\n");
  printf("Listenpreis....... %d DM\n",
         wagen.listenpreis);
}
return;
}
```

Prog. 11.6: *kfz.c*

Obwohl hier nur ein Datensatz gegeben ist, läßt sich das Prinzip gut erkennen, nach dem die Datensätze ausgewertet werden. In der Praxis wird man natürlich umfangreiche Datensätze in einer eigenen Datei speichern.

11.5 Der Datentyp Bitfeld

Ein Spezialfall des Verbundes STRUCT ist das Bitfeld. Bei vielen Systemfunktionen wie Bildschirmsteuerung, Speicherzugriffen und Zeichenmustern werden solche Bitfelder verwendet. Die Bildschirm-Attribute z. B. werden unter MS-DOS durch ein Byte, d. h. durch 8 Bits, wie folgt codiert:

11 Höhere Datentypen

```
struct video_attrib
{
    unsigned int foreground : 3;  /* bit 0..2 */
    unsigned int intense    : 1;  /* bit 3    */
    unsigned int background : 3;  /* bit 4..6 */
    unsigned int blinker    : 1;  /* bit 7    */
}
```

Die Komponenten eines Bitfeldes müssen vom int-Typ sein. Bitfelder finden außer bei den oben erwähnten Betriebssystem-Funktionen Anwendung bei der Verschlüsselung von Nachrichten, beim Komprimieren von Daten und ähnlichen Vorgängen.

Bitfelder unterliegen jedoch einigen Einschränkungen: So sind Felder aus Bitfeldern nicht erlaubt, ebensowenig kann ein Adreß-Operator oder ein Pointer auf sie angewandt werden. Ein ganz wesentlicher Unterschied gegenüber anderen Datentypen ist bei den Bitfeldern zu beachten: Sie sind nämlich maschinenabhängig, da die Größe eines Maschinenworts (16 oder 32 Bits) und die Numerierung der Bits (z. B. von rechts nach links oder umgekehrt) explizit in die Definition des Bitfelds eingeht.

Als Anwendung von Bitfeldern werden 4 Buchstaben in eine Langzahl „gepackt", ein Verfahren, das bei der Datenverschlüsselung häufig Anwendung findet.

```
/* pack.c */
#include <stdio.h>
#define ZWEIHOCH8    256L
#define ZWEIHOCH16   65536L
#define ZWEIHOCH24   16777216L

typedef struct word
{
    unsigned int byte0 : 8;
```

Prog. 11.7: *pack.c (Fortsetzung auf der nächsten Seite)*

11.5 Der Datentyp Bitfeld

```c
    unsigned int byte1 : 8;
    unsigned int byte2 : 8;
    unsigned int byte3 : 8;
} WORD;

WORD pack(char,char,char,char);
void unpack(long int,char *,char *,char *,char *);
void main()
{
    char a ='A',b ='B',c ='C',d ='D';
    WORD p;
    long int wert;

    puts("-------------------------------------");
    puts("  Packen von 4 Zeichen in eine Langzahl");
    puts("-------------------------------------");
    printf("Gepackte Zeichen %c %c %c %c \n",
           a,b,c,d);
    p = pack(a,b,c,d);

    wert = p.byte0+ZWEIHOCH8*p.byte1
          +ZWEIHOCH16*p.byte2+ZWEIHOCH24*p.byte3;
    printf("\nGepackte Darstellung = %ld\n",wert);

    unpack(wert,&a,&b,&c,&d);
    printf("\nEntpackte Zeichen %c %c %c %c\n",
           a,b,c,d);
    return;
}

WORD pack(char a,char b,char c,char d)
{
    WORD p;
    p.byte0 = a;
    p.byte1 = b;
    p.byte2 = c;
```

Prog. 11.7: *pack.c (Fortsetzung auf der nächsten Seite)*

11 Höhere Datentypen

```
    p.byte3 = d;
    return p;
}

void unpack(long int v,char *a,char *b,
            char *c,char *d)
{
    *a = v & 0xff;
    *b = (v & 0xff00 ) >> 8;
    *c = (v & 0xff0000 ) >> 16;
    *d = (v & 0xff000000 ) >> 24;
    return ;
}
```

Prog. 11.7: *pack.c*

Das „Packen" geschieht in der Prozedur pack, indem die vier Werte als Bytes mit den entsprechenden Zweierpotenzen 28, 216 und 224 multipliziert und in ein Maschinenwort gesetzt werden. Das „Entpacken" verläuft analog. Zunächst werden die entsprechenden Bytes mit Hilfe der Masken 0xFF, 0xFF00 usw. ausgewählt und mittels der Shift-Operatoren nach rechts auf ihren ursprünglichen Wert verschoben.

12 Dynamische Datenstrukturen

Da die obere Indexgrenze einer Reihung zur Compilierzeit festliegen muß und auch zur Laufzeit nicht geändert werden kann, ist der Speicherbedarf einer Reihung genau festgelegt. Hinzu kommt, daß unter MS-DOS bei den kleineren Speichermodellen die Größe eines Arrays auf ein Segment, d. h. auf 64K, beschränkt ist. Die Reihung stellt daher einen statischen Datentyp dar, im Gegensatz zu dynamischen Datentypen, bei denen der benötigte Speicherplatz nach Bedarf vergrößert oder verkleinert werden kann. Solche dynamische Datenstrukturen werden (meist) rekursiv definiert und mit Hilfe von Pointern realisiert. Als Beispiel solcher dynamischen Datentypen sollen Stacks, verkettete Listen und Binärbäume besprochen werden.

12.1   Der Stack

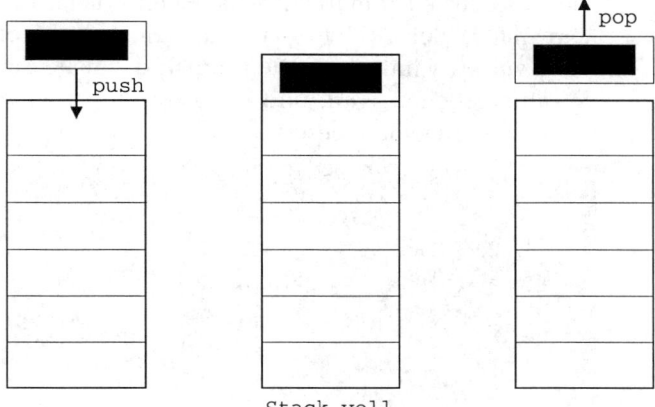

Abb. 12.1:   *Stack-Operationen*

12 Dynamische Datenstrukturen

Ein Stack (oder Stapelspeicher) ist ein Speicher, der nach dem Prinzip arbeitet, daß der zuletzt gespeicherte Wert als erster entnommen wird. Dieses Prinzip wird im Englischen LIFO (*last in - first out*) genannt. Der Stack ist ein fester Bestandteil der Konzeption des 8088-Prozessors, da einige Register als Stapel arbeiten (vgl. Abschnitt 16.1). Dort wird gespeichert, von wo Unterprogramme aufgerufen und welche Parameter übergeben werden.

Für Stacks gibt es zwei grundlegende Tätigkeiten:

push   einen Wert auf den Stack legen,

pop   obersten Wert vom Stack entfernen.

Ein Stack-Element wird in geeigneter Weise als Verbund definiert. Dieser Verbund besteht aus zwei Komponenten, wobei die erste den gespeicherten Wert z. B. vom Typ int angibt. Die zweite Komponente ist ein Zeiger auf das nächste Stakkelement:

```c
typedef struct stack
{ int info;
  struct stack *next;
} STACK;
```

Die Prozedur push muß zunächst einen Pointer erzeugen, indem mittels der malloc()-Funktion ein Speicherplatz belegt wird (vgl. Abschnitt 6.6). Dann erhält das neue Stackelement den übergebenen Wert, und der Zeiger wird auf das vorher gespeicherte Element gesetzt.

```c
void push(STACK **s, int item)
{
  STACK *new;
  new = (STACK *) malloc(sizeof(STACK));
  new->info = item;
  new->next = *s;
  *s = new;
  return;
}
```

202

12.1 Der Stack

Die Operation pop liefert einen int-Wert und wird daher als int-Funktion definiert. Für den Fall des leeren Stacks führt man noch eine Fehlervariable ein, die angibt, ob ein Element entnommen werden kann. Der Wert des obersten Elements wird an die Funktion übergeben und der Speicherplatz freigegeben:

```c
int pop(STACK **s, int *error)
{
   STACK *old = *s;
   int old_info;
   if (*s)
   {
      old_info = old->info;
      *s = (*s)->next;
      free(old);
      *error = 0;
   }
   else
   {
      old_info = 0;
      *error = 1;
   }
   return(old_info);
}
```

Das folgende Programm legt zum Testen der Stack-Funktionen die Zahlen 10 bis 15 auf den Stapel und entnimmt sie wieder.

```c
/* stack.c */
#include <stdio.h>
#include <stdlib.h>
typedef struct stack
{ int info;
  struct stack *next;
} STACK;
```

Prog. 12.1: stack.c *(Fortsetzung auf der nächsten Seite)*

12 Dynamische Datenstrukturen

```c
STACK s;

void push(STACK **,int);
int pop(STACK **,int *);
void main()
{
  int i,x,error;
  for (i=10; i<16; i++)
  {
    push(&s,i);
    printf("%d auf Stack gelegt\n",i);
  }
  for (i=10; i<16; i++)
  {
    x = pop(&s,&error);
    if (!error)
        printf("%d vom Stack geholt\n",x);
    else
        printf("Stack leer!\n");
  }
  return;
}
void push(STACK **s,int item)
{
  STACK *new;

  new = (STACK *) malloc(sizeof(STACK));
  new->info = item;
  new->next = *s;
  *s = new;
  return;
}
int pop(STACK **s,int *error)
{
  STACK *old = *s;
```

Prog. 12.1:   stack.c *(Fortsetzung auf der nächsten Seite)*

12.1 Der Stack

```
int old_info;

if (*s)
{
  old_info = old->info;
  *s = (*s)->next;
  free(old);
  *error = 0;
}
else
{
  old_info = 0;
  *error = 1;
}
return old_info;
}
```

Prog. 12.1: *stack.c*

Natürlich lassen sich Stacks auch mit Hilfe eines Arrays stack[MAX] realisieren. Die Position des obersten Elements wird durch die Variable top geliefert. Der Stack ist dann leer, wenn gilt: top==0. Entsprechend ist der Stack voll, wenn gilt: top==MAX. Die Funktion push() kann dann wie folgt codiert werden:

```
int push(int x)
{
  if (top==MAX)
  {
    printf("\nempty stack\n");
    return(0);
  }
  stack[++top] = x;
  return(1);
}
```

12 Dynamische Datenstrukturen

Analog die Funktion pop:

```
int pop(int *x)
{
  if (top==0)
  {
    printf("\nempty stack\n");
    return(0);
  }
  *x = stack[top--];
  return(1);
}
```

Als Anwendung wird eine Zeichenkette rückwärts gelesen, indem die Buchstaben des Strings auf einen Stapel gelegt und wieder eingelesen werden.

```
/* stack2.c */
#include <stdio.h>
#define MAX 80
char stack[MAX+1];
int top=0;
```

Prog. 12.2: stack2.c (Fortsetzung auf der nächsten Seite)

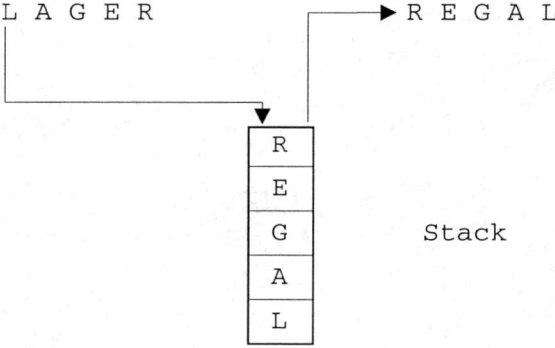

Abb. 12.2: Umdrehen eines Strings mittels Stack

```
int push(char);
```

12.1 Der Stack

```c
int pop(char);

void main()
{
  char ch,str[30],*p;
  printf("Eingabe des Strings: ");
  scanf("%s",str);
  p = str;
  while (*p) push(*(p++));
  printf("\nString rückwärtsgelesen: ");
  while (pop(&ch)) printf("%c",ch);
  return;
}

int push(char ch)
{
  if (top==MAX)
  {
    printf("\nEmpty stack\n");
    return 0;
  }
  stack[++top] = ch;
  return 1;
}
int pop(char *ch)
{
  if (top==0)
  {
    printf("\nempty stack\n");
    return 0;
  }
  *ch = stack[top--];
  return 1;
}
```

Prog. 12.2: *stack2.c*

12 Dynamische Datenstrukturen

Stapel sind auch in der Informatik von besonderer Bedeutung, da mit ihrer Hilfe jedes Rekursionsschema iterativ abgearbeitet werden kann. Dies soll an dem in Abschnitt 10.4 behandelten Problems „Türme von Hanoi" gezeigt werden.

Die für den Transport der Scheiben notwendigen Werte von quelle, ziel, hilfe werden von den Stapeln stquell, stziel, sthilf verwaltet. Ebenfalls benötigt werden je ein Stack stn für die laufende Zahl der Scheiben und ein Stack st_adr für die jeweilige Rücksprung-Adresse im Programm.

Das Abarbeiten eines rekursiven Aufrufs geht prinzipiell in zwei Schritten vonstatten. Zuerst müssen die alten Parameterwerte auf den jeweiligen Stack gelegt und die neuen Werte berechnet werden. Im zweiten Schritt müssen die entsprechenden Schritte ausgeführt werden. Das Ganze wiederholt sich, bis der Stapel stn, der die Rekursionstiefe angibt, leer ist.

```c
/* hanoi_it.c */
#include <stdio.h>
#define MAX 20

void hanoi(int,int,int,int);
void main()
{
  int n;
  printf("Wieviele Scheiben (max.%d)? ",MAX-1);
  scanf("%d",&n);
  hanoi(n,1,2,3);
  return;
}

void hanoi(int n,int quelle,int hilf,int ziel)
{
  int top,h,adr;
  int st_n[MAX],st_quel[MAX],
      st_hilf[MAX],st_ziel[MAX],st_adr[MAX];
  top = 0;
```

Prog. 12.3: hanoi_it.c *(Fortsetzung auf der nächsten Seite)*

```
start:
  if (n==1)
  {
    printf("Bringe Scheibe %d von Turm %d "
           "nach Turm %d\n",n,quelle,ziel);
    goto schritt2;
  }
  top++;
  st_n[top] = n;
  st_quel[top] = quelle;
  st_hilf[top] = hilf;
  st_ziel[top] = ziel;
  st_adr[top] = 1;
  n--;
  h = hilf;
  hilf = ziel;
  ziel = h;
  goto start;

schritt1:
  printf("Bringe Scheibe %d von Turm %d "
         "nach Turm %d\n",n,quelle,ziel);
  top++;
  st_n[top] = n;
  st_quel[top] = quelle;
  st_hilf[top] = hilf;
  st_ziel[top] = ziel;
  st_adr[top] = 2;
  n--;
  h = quelle;
  quelle = hilf;
  hilf = h;
  goto start;

schritt2:
```

Prog. 12.3: *hanoi_it.c (Fortsetzung auf der nächsten Seite)*

12 Dynamische Datenstrukturen

```
if (top == 0)
  return;
n = st_n[top];
quelle = st_quel[top];
hilf = st_hilf[top];
ziel = st_ziel[top];
adr = st_adr[top];
top--;
if (adr==1) goto schritt1;
else goto schritt2;
}
```

Prog. 12.3: *hanoi_it.c*

Vergleicht man die rekursive und iterative Fassung des Hanoi-Programms, sieht man, wie kurz und elegant die rekursive Lösung ist. Die mühevolle Stapel-Verwaltung und das Buchführen der Parameterwerte erledigt hier der C-Compiler.

12.2 Die verkettete Liste

Der am häufigsten verwendete dynamische Datentyp ist der der verketteten Liste (englisch *linked list*). Eine Liste ist auf natürliche Weise rekursiv. Sie besteht aus dem ersten Element (Listenkopf) und der Restliste. Diese Definition kann in Programmiersprachen wie LISP oder PROLOG direkt verwendet werden [8]. In C wird die verkettete Liste zweckmäßigerweise wieder als Verbund definiert. Soll die Liste ganze Zahlen enthalten, so besteht ein Listenelement aus einer int-Zahl und einem Zeiger auf das nächste Listenelement.

```c
typedef struct liste
{
  int info;
  struct liste *next;
} LISTE;
```

Eine Liste von ganzen Zahlen kann erzeugt werden durch:

12.2 Die verkettete Liste

```
p = (LISTE *)NULL;
for (i=1; i<N; i++)
{
  q = p;
  p = (LISTE *)malloc(sizeof(LISTE));
  p->info = i;
  p->next = q;
}
```

Diese Liste wird ausgedruckt mit

```
for (p=q; p!=NULL; p=p->next)printf("%5d",p->info);
```

Das folgende Programm zeigt das Durchlaufen einer Liste von ganzen Zahlen.

```
/* llist.c */
#include <stdio.h>
#include <malloc.h>

typedef struct liste
{ int info;
  struct liste *next; } LISTE;

void main()
{
  int N;
  LISTE *p,*q;
  int i,size = sizeof(LISTE);

  printf("Welche Listenlaenge ? ");
  scanf("%d",&N);
  p = (LISTE *) NULL;
  for (i=N; i>=0; i--)
  {
    q = p;
    p = (LISTE *)malloc(size);
```

Prog. 12.4: llist.c *(Fortsetzung auf der nächsten Seite)*

12 Dynamische Datenstrukturen

```
    p->info = i;
    p->next = q;
  }
  for (p=q; p != NULL; p=p->next)
    printf("%5d",p->info);
  printf("\n");
  return;
}
```

Prog. 12.4: *llist.c*

In der Praxis werden verkettete Listen natürlich nicht nur aus ganzen Zahlen bestehen. Als Beispiel werden die Bahnhöfe des Intercity-Zugs von München nach Hamburg als Liste aufgebaut.

```
/* bahn.c */
/* Nord-Verbindung einer Bahnstrecke
   als verkettete Liste */
#include <stdio.h>
#include <stdlib.h> /* <malloc.h> */
#include <string.h>
#define ANZAHL 12

typedef char string[11];
typedef struct bahnhof
{ string name;
  struct bahnhof *sued; } BAHNHOF;

char *ortsname(int);
void main()
{
  BAHNHOF *p,*q,*station;
  int i,size= sizeof(BAHNHOF);

  p = (BAHNHOF *) NULL;
  for (i=ANZAHL; i>=1; i--)
```

Prog. 12.5: *bahn.c (Fortsetzung auf der nächsten Seite)*

12.2 Die verkettete Liste

```
   {
      q = p;
      p = (BAHNHOF *)malloc(size);
      strcpy(p->name,ortsname(i));
      p->sued = q;
   }
   station = (BAHNHOF *)malloc(size);
   printf("Noerdliche Route:\n");
   for (station = p;
        station != NULL;
        station=station->sued)
      printf("%s\n",station->name);
   return;
}

char *ortsname(int i)
{
   static char *ort[] =
      { "         ",
        "Muenchen",
        "Augsburg",
        "Ulm",
        "Stuttgart",
        "Heidelberg",
        "Mannheim",
        "Frankfurt",
        "Fulda",
        "Bebra",
        "Goettingen",
        "Hannover",
        "Hamburg" };
   return ort[i];
}
```

Prog. 12.5: *bahn.c*

12 Dynamische Datenstrukturen

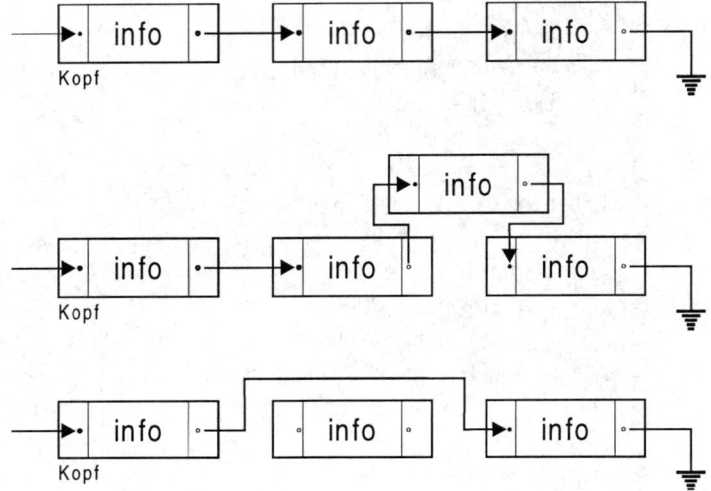

Abb. 12.3: Einfügen und Löschen bei verketteten Listen

Typische Operationen auf verketteten Listen sind (vgl. Abb. 12.3):

- Entfernen eines Elements (remove),
- Einfügen eines Elements (insert),
- Durchsuchen nach einem bestimmten Element (search).

Typische Listenoperationen zeigt das folgende Programm, das einen beliebigen String in eine verkettete Liste verwandelt.

```
/* liste.c */
#include <stdio.h>
#include <string.h>
#include <stdlib.h>

typedef struct liste
{ char info;
  struct liste *next; } LISTE;
```

Prog. 12.6:   liste.c (Fortsetzung auf der nächsten Seite)

12.2 Die verkettete Liste

```c
LISTE *baue_liste(char []);
void druck_liste(LISTE *);
int such_liste(char,LISTE *);
int zaehl_liste(LISTE *);

void main()
{
  LISTE *lst;
  char ch,str[255];
  int z;

  printf("Welcher String soll in eine Liste "
         "verwandelt werden? \n");
  scanf("%s",str);
  lst = baue_liste(str);
  printf("\nDie sich ergebende Liste ist: \n");
  druck_liste(lst);
  printf("\nDie Liste hat %d Elemente \n",
         zaehl_liste(lst));
  printf("\nWelches Zeichen soll gesucht werden? ");
  scanf("%s",&ch);
  z = such_liste(ch,lst);
  printf("Zeichen %s gefunden!\n",
         (z==1)? "":"nicht");
  return;
}
LISTE *baue_liste(char s[])
{
  LISTE *kopf;
  if (strlen(s)== 0)
    return(NULL);
  else
  {
    kopf = (LISTE *) malloc(sizeof(LISTE));
    kopf ->info=s[0];
    kopf->next=baue_liste(s+1);
```

Prog. 12.6: *liste.c (Fortsetzung auf der nächsten Seite)*

```c
  }
  return kopf;
}

void druck_liste(LISTE *kopf)
{
  if (kopf==NULL)
    printf("NULL\n");
  else
  {
    printf("%c ->",kopf->info);
    druck_liste(kopf->next);
  }
  return;
}

int such_liste(char ch,LISTE *kopf)
{
  while (kopf)
  {
    if (kopf->info==ch)
      return 1;
    else
      kopf=kopf->next;
  }
  return 0;
}

int zaehl_liste(LISTE *kopf)
{
  if (kopf==NULL)
    return 0;
  else
    return(1+zaehl_liste(kopf->next));
}
```

Prog. 12.6: *liste.c*

12.3 Die doppelt verkettete Liste

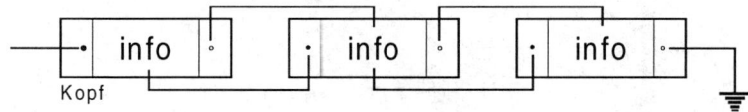

Abb. 12.4: *Doppelt verkettete Liste*

Bei der doppelt verketteten Liste (englisch *double linked list*) hat jedes Element zwei Zeiger, die auf den Vorgänger bzw. Nachfolger des Elements weisen. Das Programm bahn.c kann leicht auf diesen Fall erweitert werden. Die Pointer weisen dann jeweils auf den nördlichen und südlichen Bahnhof.

```
/* bahn2.c */
/* Nord-Sued-Verbindung einer Bahnstrecke
   als doppelt-verkettete Liste */
#include <stdio.h>
#include <stdlib.h> /* <malloc.h> */
#include <string.h>
#define ANZAHL 12

typedef enum {noerdlich,suedlich} RICHTUNG;
typedef char string[11];
typedef struct bahnhof
{ string name;
  struct bahnhof *nord,*sued; } BAHNHOF;

char *ortsname(int);

void main()
{
   BAHNHOF *p,*q,*r,*station;
   RICHTUNG richtung;
   int i,size= sizeof(BAHNHOF);
   char *ortsname(int i);
```

Prog. 12.7: bahn2.c *(Fortsetzung auf der nächsten Seite)*

```c
p = (BAHNHOF *) NULL;
for (i=ANZAHL-1; i>=0; i--)
{
  q = p;
  p = (BAHNHOF *)malloc(size);
  strcpy(p->name,ortsname(i));
  p->sued = q;
}
r = (BAHNHOF *) NULL;
for (i=0; i<ANZAHL; i++)
{
  q = r;
  r = (BAHNHOF *)malloc(size);
  strcpy(r->name,ortsname(i));
  r->nord = q;
}
station = (BAHNHOF *)malloc(size);
for (richtung=noerdlich;
     richtung<=suedlich;
     richtung++)
  switch(richtung)
  {
    case noerdlich :
      printf("Noerdliche Route:\n");
      for (station = p;
           station != NULL;
           station=station->sued)
        printf("   %s\n",station->name);
      break;
    case suedlich :
      printf("Suedliche Route:\n");
      for (station = r;
           station != NULL;
           station=station->nord)
        printf("   %s\n",station->name);
```

Prog. 12.7: bahn2.c *(Fortsetzung auf der nächsten Seite)*

```
          break;
    }
}

char *ortsname(int i)
{
    static char *ort[] =
    {"Muenchen",
     "Augsburg",
     "Ulm",
     "Stuttgart",
     "Heidelberg",
     "Mannheim",
     "Frankfurt",
     "Fulda",
     "Bebra",
     "Goettingen",
     "Hannover",
     "Hamburg" };
    return ort[i];
}
```

Prog. 12.7: *bahn2.c*

12.4 Die verkettete Ringliste

Weist das das letzte Element einer verketteten Liste auf das erste, so spricht man von einer Ringliste (englisch *circular list*). Als Beispiel soll das historische JOSEPHUS-Problem dienen.

Der spätere jüdische Historiker Josephus (37-100) war bei der Eroberung der Stadt Jotapata durch römische Truppen zusammen mit 40 anderen umzingelt worden. Um der römischen Sklaverei zu entkommen, wurde der allgemeine Selbstmord beschlossen. Um sich und seinen Freund zu retten, schlug Josephus vor, daß sich die Leute in einem Kreis aufstellen sollten und jeder Zehnte sich selbst töten solle. Wie mußte sich Josephus aufstellen, damit er der letzte in diesem Kreis war und damit überlebte?

12 Dynamische Datenstrukturen

Zur Lösung werden die 41 Leute in eine Ringliste aufgenommen und durchnumeriert. Dann wird sukzessive jedes zehnte Listenelement gelöscht, indem der Zeiger auf Nachfolger entsprechend auf den Nachfolger des Nachfolgers gesetzt wird. Das Problem ist gelöst, wenn die Liste nur noch aus einem Element besteht; dieses ist dann sein eigener Nachfolger. Das folgende Programm ist allgemein geschrieben, so daß es das Abzählen einer beliebigen Anzahl von Personen ermöglicht.

```c
/* josephus.c */
#include <stdio.h>
#include <stdlib.h>
typedef struct liste
{ int nummer;
    struct liste *next; } PERSON;
PERSON *mann;

void im_kreis_aufstellen(int);
void abzaehlen(int);
void main()
{
    int anzahl,schrittw;

    printf("-----------------------\n");
    printf("   Josephus-Problem\n");
    printf("-----------------------\n");
    printf("Wieviel Mann? ");
    scanf("%d",&anzahl);
    printf("Jeder wievielte wird ausgeschieden? ");
    scanf("%d",&schrittw);

    printf("\nIn dieser Reihenfolge wird "
           "ausgeschieden: \n");
    im_kreis_aufstellen(anzahl);
    abzaehlen(schrittw);
    return;
}
```

Prog. 12.8: *josephus.c (Fortsetzung auf der nächsten Seite)*

12.4 Die verkettete Ringliste

```
void im_kreis_aufstellen(int anzahl)
{
  PERSON *erster,*nachf;
  int i;
  erster = (PERSON *) malloc(sizeof(PERSON));
  erster->nummer=1;
  mann = erster;
  for (i=2; i<= anzahl; i++)
  {
    nachf = (PERSON *) malloc(sizeof(PERSON));
    nachf->nummer=i;
    mann->next=nachf;
    mann=nachf;
  }
  mann->next=erster;
  return;
}

void abzaehlen(int schrittw)
{
  int i;
  do
  {
    for (i=1; i< schrittw; i++)
      mann=mann->next;
    printf("%5c",mann->next->nummer);
    mann->next=mann->next->next;
  } while(mann->next != mann);

  printf("%5d",mann->nummer);
  printf("\n");
  return;
}
```

Prog. 12.8: *josephus.c*

Man erhält folgende Ausgabe:

10	20	30	40	9	21	32	2	14
26	38	11	24	37	12	27	1	17
34	8	29	6	28	7	33	16	41
25	18	5	3	39	4	15	23	13
36	22	31	19	35				

JOSEPHUS und sein Freund mußten sich somit an die Positionen 19 und 35 stellen.

12.5 Der Binärbaum

Ein Binärbaum (englisch *binary tree*) ist eine Baumstruktur, bei der ausgehend von einer Wurzel jede Verzweigung höchstens zwei Äste hat. Ein Binärbaum heißt vollständig, wenn jede Verweigung (außer den Spitzen) genau zwei Äste hat. Vergleicht man einen Binärbaum mit einem Stammbaum, so nennt man den Ast, der sich verzweigt, auch den Vater, die Äste dann den linken bzw. rechten Sohn.

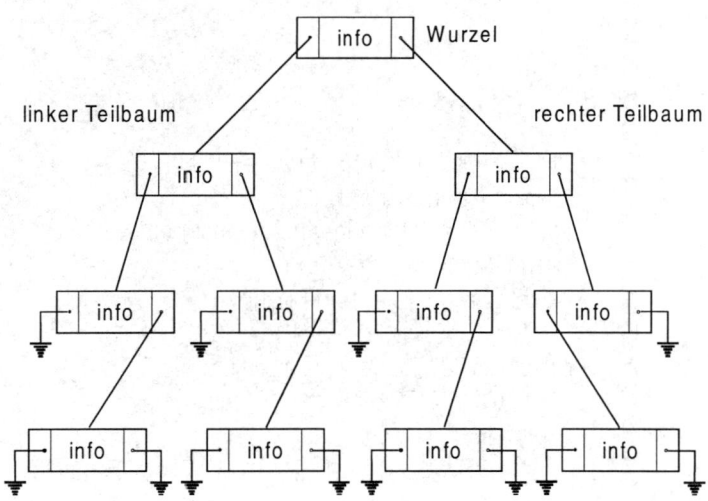

Abb. 12.5: *Binärbaum*

12.5 Der Binärbaum

Der Binärbaum kann analog zur doppelt verketteten Liste implementiert werden:

```
typedef struct baum
{
  int info;
  struct baum *left,*right;
} BAUM;
```

Ein Binärbaum kann wieder rekursiv erzeugt werden. Ist die Wurzel leer, so wird ein linker und rechter Ast erzeugt, von denen jeder auf NULL weist. Ist die Wurzel nicht leer, ruft sich die Prozedur selbst auf, einmal mit dem rechten Ast und zum anderen mit dem linken.

```
BAUM *make_tree(BAUM *p,int i)
{
  void *malloc();
  if (p == NULL)
  {
    p = (BAUM *)malloc(sizeof(BAUM));
    p->info = i;
    p->left = p->right = NULL;
  }
  else
    if (i<p->info)
      p->left = make_tree(p->left,i);
    else
      p->right = make_tree(p->right,i);
  return p;
}
```

Aus das Ausdrucken des Baums wird rekursiv formuliert:

```
void print_tree(BAUM *p)
{
  if (p != NULL)
  {
```

Fortsetzung auf der nächsten Seite

```
        print_tree(p->left);
        printf("%8d",p->info);
        print_tree(p->right);
    }
}
```

Das Durchmustern des Baums nach dem int-Wert i wird rekursiv geführt. Ist der Baum leer oder befindet sich der gesuchte Wert in der Wurzel, wird der entsprechende Zeiger zurückgegeben. Oder aber der gesuchte Wert befindet sich im linken oder rechten Ast; dann wird searchtree() wieder rekursiv aufgerufen.

```
BAUM *search_tree(BAUM *p,int i)
{
    if (p == NULL || i == p->info) return(p);
    else
        return ( search_tree((i<p->info ?
                    p->left : p->right),i));
}
```

Als Beispiel folgt ein vollständiges Programm, bei dem der Anwender beliebig viele int-Zahlen ungleich Null eingeben kann. Diese Zahlen werden mit Hilfe des Binärbaum sortiert und ausgegeben. Anschließend kann der Binärbaum nach beliebigen Zahlen durchsucht werden. Das Sortieren mittels eines Binärbaums wird im nächsten Abschnitt besprochen.

```
/* bintree.c */
#include <stdio.h>
#include <alloc.h>

typedef struct baum
{ int info;
    struct baum *left,*right; } BAUM;
BAUM *make_tree(BAUM *,int);
```

Prog. 12.9:   bintree.c *(Fortsetzung auf der nächsten Seite)*

12.5 Der Binärbaum

```c
BAUM *search_tree(BAUM *,int);
void print_tree(BAUM *);
void main()
{
  int i;
  BAUM *root, *ptr;
  root = NULL;
  printf("Geben Sie ganze Zahlen ein ! Ende 0\n");
  while(scanf("%d",&i),i)
    root = make_tree(root,i);
  printf("\nSortiert :\n");
  print_tree(root);
  printf("\nNach welcher Zahl soll "
         "gesucht werden? ");
  scanf("%d",&i);
  (ptr = search_tree(root,i), ptr == NULL) ?
      printf("Zahl nicht gefunden.\n"):
      printf("Zahl gefunden!\n");
  return;
}
BAUM *make_tree(BAUM *p,int i)
{
  if (p == NULL)
  {
    p = (BAUM *)malloc(sizeof(BAUM));
    p->info = i;
    p->left = p->right = NULL;
  }
  else
    if (i<p->info)
      p->left = make_tree(p->left,i);
    else
      p->right = make_tree(p->right,i);
  return p;
}
```

Prog. 12.9: *bintree.c (Fortsetzung auf der nächsten Seite)*

12 *Dynamische Datenstrukturen*

```
void print_tree(BAUM *p)
{
  if (p != NULL)
  {
    print_tree(p->left);
    printf("%9d",p->info);
    print_tree(p->right);
  }
  return;
}

BAUM *search_tree(BAUM *p,int i)
{
  return (p == NULL || i == p->info) ? p :
    search_tree((i<p->info ? p->left : p->right),i);
}
```

Prog. 12.9: bintree.c

12.6 Heapsort

Neben der Pointerdarstellung können Binärbäume auch durch Reihungen realisiert werden. Meist wird hier die Standard-Numerierung nach Abb. 12.6 verwendet.

Ein so numerierter Binärbaum heißt *Heap*, wenn für die Nummer *j* in einem bestimmten Bereich zwischen 1 und n folgende Ungleichungen gelten:

```
info[j] >= info[2*j]
info[j] >= info[2*j+1]
```

Der Name hat nichts zu tun mit dem Speicherbereich *Heap* des 8088-Microprozessors (unter MS-DOS). Diese Heap-Bedingung bedeutet nichts anderes, als daß bei einem Binärbaum der Vater einen größeren oder gleichen Betrag trägt wie seine Söhne. Auf dieser Heap-Bedingung baut das 1964 von J. WILLIAMS gefundene Sortierverfahren auf.

12.6 Heapsort

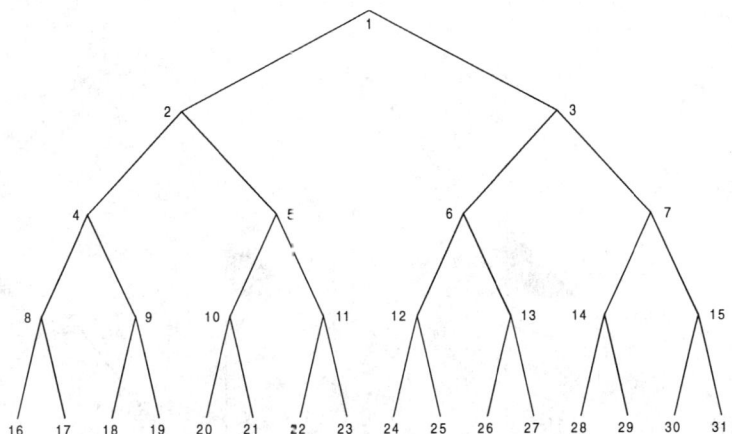

Abb. 12.6: *Standard-Numerierung eines Binärbaums*

Das Verfahren besteht darin, die zu sortierende Reihung in einen Heap einzubauen (siehe Abb. 12.7). Damit liegt das größte Element an der Wurzel. Entfernt man dieses, so erfüllt der verbleibende Baum die Heap-Bedingung nicht mehr. Somit wird die Prozedur, die den (neuen) Heap aufbaut, erneut aufgerufen. Der Vorgang setzt sich solange fort, bis das letzte Element und damit das kleinste an der Wurzel steht. Damit sind die entnommenen Werte vollständig sortiert.

In der Literatur findet manchmal genau die umgekehrte Anordnung des Heaps, bei der das kleinste Element an der Spitze steht. Damit entsteht eine Sortierung in aufsteigender Ordnung. Der Heapsort kann wie folgt codiert werden:

```
/* heapsort.c */
#include <stdio.h>
#define ANZAHL 100
void heapsort(int [],int);
void ausgabe(int [],int);
void make_heap(int [],int,int);
```

Prog. 12.10: *heapsort.c (Fortsetzung auf übernächster Seite)*

12 Dynamische Datenstrukturen

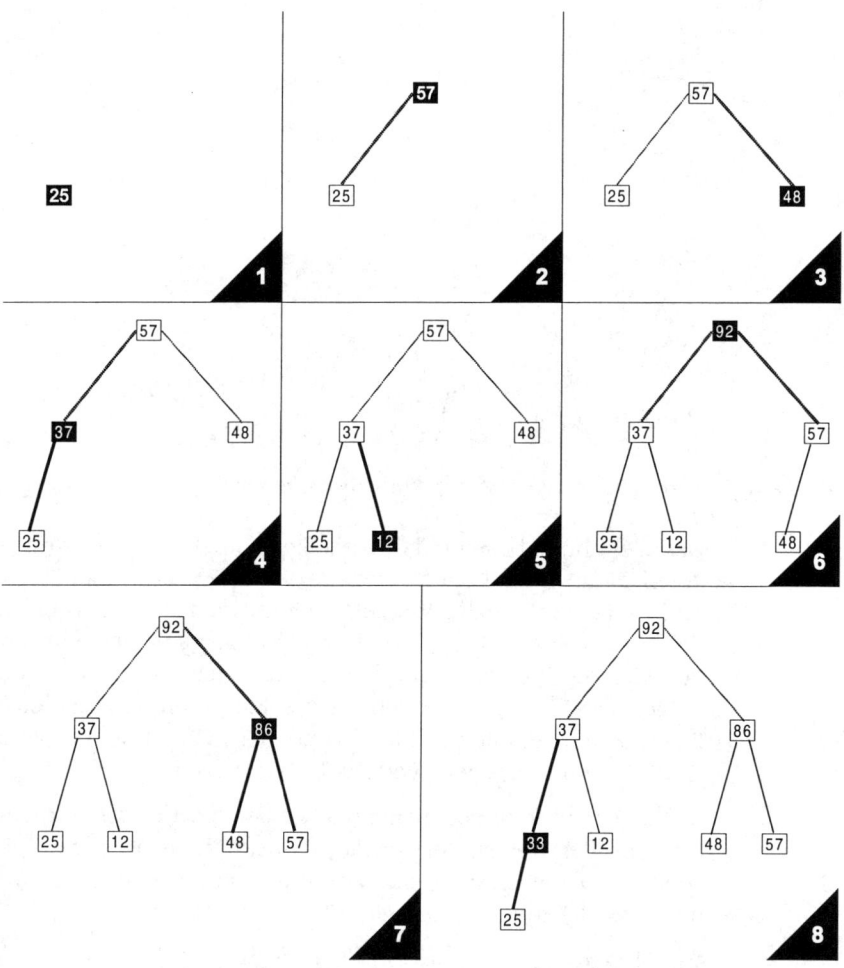

Abb. 12.7: Aufbau eines Heap

12.6 Heapsort

```c
void main()
{
  int i,a[ANZAHL];

  for (i=0; i<ANZAHL; i++)
    a[i] = (i*19) % ANZAHL;
  printf("unsortiert:\n");
  ausgabe(a,ANZAHL);
  heapsort(a,ANZAHL);
  printf("sortiert:\n");
  ausgabe(a,ANZAHL);
}
void heapsort(int a[],int n)
{
  int h,l,r;
  void make_heap();

  l = n/2; r=n-1;
  while (l>0)
  {
    l--;
    make_heap(a,l,r);
  }
  while (r>0)
  {
    h = a[l],a[l] = a[r],a[r]=h;
    r--;
    make_heap(a,l,r);
  }
  return;
}
void make_heap(int a[],int l,int r)
{
  int i=l,j=2*i,h=a[i];
```

Prog. 12.10: *heapsort.c (Fortsetzung auf der nächsten Seite)*

```
while (j<=r)
{
  if (j<r)
    if (a[j]<a[j+1]) j++;
  if (h>=a[j])
    goto fertig;
  a[i]=a[j]; i=j; j = 2*i;
}
fertig : a[i]=h;
return;
}

void ausgabe(int a[],int N)
{
  int i;
  for (i=0; i<N; i++)
    printf("%5d",a[i]);
  printf("\n");
  return;
}
```

Prog. 12.10: *heapsort.c*

12.7 Der HUFFMANN-Algorithmus

Als weiteres Anwendungsbeispiel der Binärbaum-Struktur wird die optimale Binärcodierung nach D. HUFFMANN behandelt.

Wie bekannt, werden Daten an den meisten Rechenanlagen binär dargestellt und – wie beim PC – hexadezimal gespeichert. Die an Rechenanlagen verwendete Codierungen, wie der hier besprochene erweiterte ASCII-Code, benutzen in der Regel für alle Zeichen dieselbe Wortlänge, z. B. 8 Bits. Man kann jedoch zeigen, daß diese Art der Codierung keineswegs optimal ist. Effektiver ist es natürlich, die am häufigsten vorkommenden Zeichen kürzer, d. h. mit weniger Bits, zu codieren. Die so erreichbare mittlere Wortlänge kann jedoch nicht beliebig klein gehalten werden. Sie ist vielmehr nach unten beschränkt durch die sog. Entropie der Nachrichtenquelle.

12.7 Der Huffmann-Algorithmus

Der 1952 von HUFFMANN angegebene Algorithmus bestimmt für beliebige Zeichenvorräte bei gegebener Häufigkeit die optimale Binärcodierung. Dies bedeutet, daß die mittlere Anzahl der Bit je Zeichen minimal ist. Gewählt wird hier die Buchstaben-Häufigkeit der englischen Sprache. Die Buchstaben weisen dort in alphabetischer Reihenfolge folgende relativen Häufigkeiten auf (jeweils in Promille):

{82,14,28,38,131,29,20,53,63,1,4,34,25,71,80,20,1,68, 61,105,25,9,15,2,20,1 };

Der etwas umfangreiche Algorithmus kann wie folgt codiert werden:

```c
/* huffmann.c */
#include <stdio.h>
#define ANZAHL 26
#define GROESSE (2*ANZAHL-1)
#define TRUE 1
#define FALSE 0

static char zeich[ANZAHL+1] =
       "_ABCDEFGHIJKLMNOPQRSTUVWXYZ";
static int gewicht[GROESSE+1] =
       {0,82,14,28,38,131,29,20,53,63,1,4,34,25,
        71,80,20,1,68,61,105,25,9,15,2,20,1 };
int links[GROESSE+1];
int rechts[GROESSE+1];
int belegt[GROESSE+1];
int frei,pos_A,pos_B;

void huffmann(void);
void such_min(void);
void main()
{
  int i;
  for (i=1; i<=ANZAHL; i++)
```

Prog. 12.11: *huffmann.c (Fortsetzung auf der nächsten Seite)*

12 Dynamische Datenstrukturen

```c
        printf("%6d %6c %6d %6d %6d\n",
            i,zeich[i],gewicht[i],links[i],rechts[i]);
    huffmann();
    for (i=ANZAHL+1; i<=GROESSE; i++)
        printf("%6d %13d %6d %6d\n",
            i,gewicht[i],links[i],rechts[i]);
}

void huffmann()
{
    int i;
    frei = ANZAHL;
    for (i=1; i<=GROESSE; i++)
    {
        belegt[i] = FALSE;
        links[i] = 0;
        rechts[i] = 0;
    }
    for (i=1; i<=ANZAHL; i++)
    {
        such_min();
        frei++;
        links[frei] = pos_A;
        rechts[frei] = pos_B;
        gewicht[frei] = gewicht[pos_A]+gewicht[pos_B];
        belegt[frei] = FALSE;
    }
    return;
}

void such_min()
{
    int i,min1=9999,min2=9999;
    for (i=1; i<=frei; i++)
    {
```

Prog. 12.11: *huffmann.c (Fortsetzung auf der nächsten Seite)*

```c
    if (!(belegt[i]))
    {
      if (gewicht[i]< min1)
      {
        min1 = gewicht[i];
        pos_A = i;
      }
    }
  }
  belegt[pos_A] = TRUE;
  for (i=1; i<=frei; i++)
  {
    if (!(belegt[i]))
    {
      if (gewicht[i]< min2)
      {
        min2 = gewicht[i];
        pos_B = i;
      }
    }
  }
  belegt[pos_B] = TRUE;
  return;
}
```

Prog. 12.11: *huffmann.c*

Die Ausgabe des HUFFMANN-Baums erfolgt als Reihung. Zu jedem Sohn wird die Nummer des Vaters angegeben. Der Programmausdruck liefert zuerst den eingebenen Zeichenvorrat mit der eingegebenen Numerierung und die Häufigkeiten. Der zweite Teil der Ausgabe liefert bringt die Baumstruktur mit den jeweiligen Verweisen auf den linken bzw. rechten Sohn.

12 Dynamische Datenstrukturen

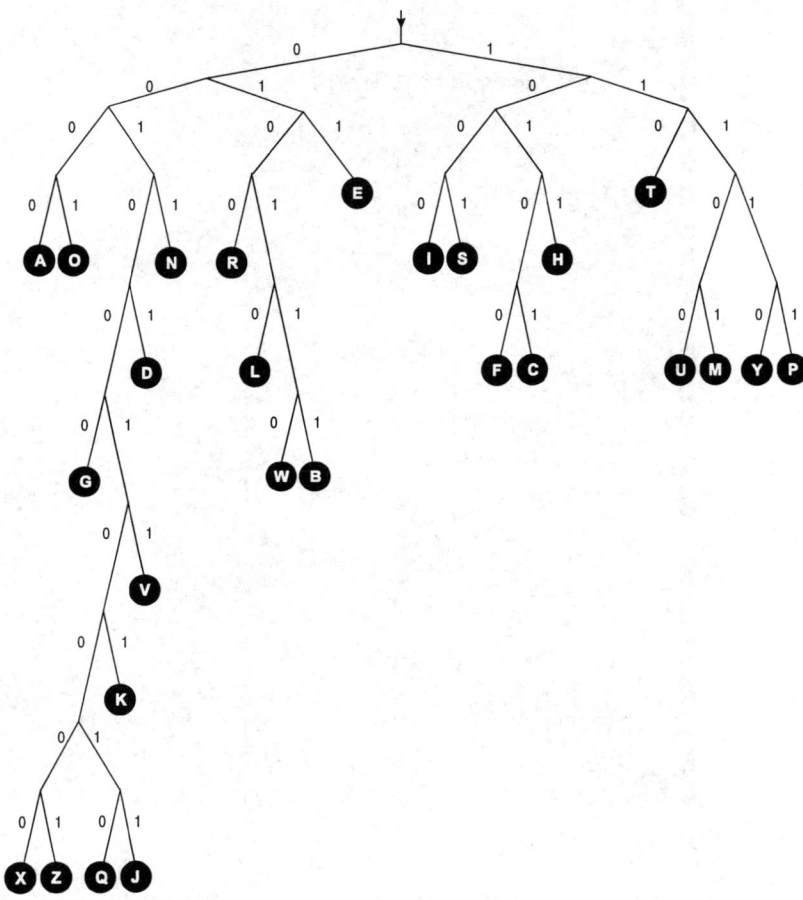

Abb. 12.8: Optimale Binärcodierung nach Huffmann gemäß der Häufigkeit in der englischen Sprache

12.7 Der Huffmann-Algorithmus

Nr.	summ.Häuf.	rechter Sohn	linker
27	2	10	17
28	3	26	24
29	5	27	28
30	9	11	29
31	18	22	30
32	29	2	23
33	38	31	7
34	40	16	25
35	50	13	21
36	57	3	6
37	63	32	12
38	76	4	33
39	90	34	35
40	110	8	36
41	124	19	9
42	131	37	18
43	147	14	38
44	162	15	1
45	195	39	20
46	234	40	41
47	262	5	42
48	309	43	44
49	429	45	46
50	571	47	48
51	1000	49	50

12 Dynamische Datenstrukturen

Zeichnet man diesen Baum auf, so erhält man Abb. 12.8. Daraus kann nun die optimale Codierung abgelesen werden:

A	0000	N	0011
B	010111	O	0001
C	10101	P	11111
D	00101	Q	0010010010
E	011	R	0100
F	10100	S	1001
G	001000	T	110
H	1011	U	11100
I	1000	V	0010011
J	0010010011	W	010110
K	00100101	X	0010010000
L	01010	Y	11110
M	11101	Z	0010010001

13 Präprozessor und Bibliotheken

13.1 Der Präprozessor

Der Präprozessor ist ein Programm, das den Quellcode für die Compilerübersetzung vorbereitet.

Mit der #define-Direktive kann eine Text- oder Zahlkonstante als symbolische Konstante unter einem Namen ins Programm eingegeben werden.

```
#define PI 3.14159265L
#define ZEHNHOCHACHT 100000000U
#define MAX 100
#define FEHLER "Bad Parameters"
#define MICROSOFT
#define TRUE 1
#define FALSE 0
```

Das Substituieren einer Konstante – auch Macro genannt – kann mit der Direktive #undef rückgängig gemacht werden.

```
#undef TEST    /* wenn Testphase beendet */
```

Unter bestimmten Bedingungen ist es nützlich zu wissen, ob eine bestimmte Konstante bereits gesetzt wurde. Dies kann abgefragt werden mit der Direktive

```
#ifdef TEST
    printf("%d",testvariable)
```

Mit der Direktive #ifdef kann die Aktion des Präprozessors von einer Bedingung abhängig gemacht werden. Soll z. B. ein Programm von verschiedenen Compilern übersetzt werden, kann mit #ifdef die jeweils benötigte Datei eingebunden werden.

```
#ifdef _MSC_VER          /* MICROSOFT */
#include "math.h"
#else
#include "stdlib.h"      /* TURBO C    */
#endif
```

Weitere von der ANSI C-Norm eingeführte Direktiven sind:

```
#error
#pragma
#line
```

Die Präprozessor-Direktive #error erlaubt eine bestimmte Fehlermeldung auszugeben:

```
#ifndef MACRO_1
#error "ERROR : macro_1 nicht definiert! "
#endif
```

Ebenfalls zur Fehlersuche ist es nützlich, bestimmte Zeilen im Quellcode mit der Direktive #line anders zu numerieren, z. B. durch eine runde Zahl.

```
void main()
{ .....
#line 100 ........
   .....
#line 200 ........
   .....
}
```

Mit der #pragma-Direktive können compilerspezifische Anweisungen gegeben werden. Wird das Programm dann von einem anderen Compiler übersetzt, so wird sichergestellt, daß eine dem Compiler unbekannte #pragma-Anweisung keine Fehlermeldung hervorruft. Der Microsoft-C Compiler kennt u. a. folgende #pragma-Direktiven:

13.1 Der Präprozessor

```
#pragma loop_opt(on/off)   /* nur Microsoft-C */
#pragma intrinsic (function1...)
#pragma function (function1...)
#pragma check_stack(on/off)
#pragma pack(yes/no)
```

Diese Compiler-Optionen regeln die Schleifen-Optimierung, den Aufruf von Funktionen, die Stack-Prüfung und das Pakken von Strukturen bei der Speicherplatzbelegung. Turbo-C kennt zwei #pragma-Direktiven

```
#pragma inline  /* nur Turbo-C */
#pragma wxxx
```

Die erwähnten Präprozessor-Direktiven sind jedoch noch nicht vollständig in älteren C-Compilern implementiert. So wird z. B. die #error-Anweisung von frühen Quick C-Versionen nicht unterstützt. Damit erkennt der Präprozessor die Direktiven:

```
#define
#error
#include
#if
#else
#elif (verkürzt für #else #if)
#endif
#ifdef
#ifndef
#undef
#line
#pragma
```

Weitere von der ANSI C-Norm vorgeschriebene Macros sind:

```
__LINE__
__FILE__
__DATE__
__TIME__
__STDC__
```

239

13 Präprozessor und Bibliotheken

Der vorangestellte tiefgesetzte Strich (underscore) kennzeichnet die Macros als Systemkonstanten. Dabei ist _LINE_ die Nummer der aktuellen Zeile im Quellcode (in Dezimaldarstellung). _FILE_ stellt den Namen (als Zeichenkette) des aktuellen Quellcodes dar. _DATE_ und _TIME_ beinhalten Datum und Zeit des Compilerstarts als Zeichenketten in der Form mm tt jjjj bzw. hh:mm:ss. _STDC_ ist 1 (=wahr), wenn der Compiler streng nach ANSI C-Vorschriften übersetzen soll, ansonsten undefiniert.

Alle Compiler verfügen zusätzlich noch über eigene Systemkonstanten. Microsoft verwendet die Macros

```
MSDOS
M_I86
NO_EXT_KEYS
_CHAR_UNSIGNED
```

MSDOS und M_I86 ist an allen Rechnern mit einem 80x86-Prozessor unter MS-DOS stets wahr.

NO_EXT_KEYS schließt beim Compilieren Microsoft-spezifische Schlüsselwörter aus. _CHAR_UNSIGNED erklärt Zeichen als vorzeichenlos.

Turbo-C definiert die eigenen Macros:

```
_TURBOC_
_PASCAL_
_CDECL_
_MSDOS_
_TINY_
_SMALL_
_MEDIUM_
_COMPACT_
_LARGE_
_HUGE_
```

Hier liefert _TURBOC_ die Versionsnummer des Compilers. _PASCAL_ bzw. _CDECL_ legt die Parameterübergabe beim Linken von verschiedenen Programmteilen fest. _MSDOS_ entspricht dem MS-DOS-Macro von Microsoft. Die letzten sechs Macros liefern jeweils das verwendete Speichermodell.

13.2 Die Header-Dateien

Eine wichtige Aufgabe des Präprozessors ist das Einbinden der Systemroutinen aus der Bibliothek mittels der sog. Header-Dateien in den jeweiligen Quellcode.

```
#include <stdio.h>
#include "math.h"
```

Ist der Header-Dateiname in spitze Klammern eingeschlossen, so wird die Datei im Standardverzeichnis, z.B. \INCLUDE gesucht. Befindet sich der Dateiname in Anführungszeichen (" "), so wird die Datei im aktuellen Verzeichnis gesucht.

Nach der ANSI C-Norm müssen mindestens folgende Header-Dateien vorhanden sein:

Include-Datei	Zweck
assert.h	Diagnose
ctype.h	char-Funktionen
float.h	Implementation des float-Typs
errno.h	Fehler im Klartext
limits.h	Implementationsgrenzen
locale.h	setlocal-Funktion
math.h	mathematische Funktionen
setjmp.h	nicht-lokale Sprünge
signal.h	Signal-Funktionen
stdarg.h	variable Argumente
stddef.h	Implementation von size_t usw.
stdio.h	Standard-Ausgabe/Eingabe
stdlib.h	Allgemeine Funktionen
string.h	Stringfunktionen
time.h	Datums- u. Zeitroutinen

In der Datei `stddef.h` stehen die Datentypen von `size_t` (unsigned `int`-Wert des `sizeof`-Operators) und `ptrdiff_t` (`int`-Wert der Differenz zweier Pointer).

Die Datei `errno.h` definiert Kurzformen häufig vorkommender MS-DOS-Fehler, z.B.:

EMFILE	4	Zuviele Dateien geöffnet
EACCES	5	Zugang verweigert
ENOMEM	8	Nicht genug Speicher
EINVAL	19	falsches Argument
E2BIG	20	Argumentliste zu groß
ENOEXEC	21	Falsches EXE-Format
EDOM	33	Math. Bereichsfehler
ERANGE	34	Resultat zu groß
EEXIST	35	Datei existiert bereits

Die Datei `limits.h` enthält die Bereichsgrenzen der jeweiligen Ganzzahl-Arithmetik:

CHAR_BIT	8	8 Bits je Character
SCHAR_MIN	-127	signed char Minimum
SCHAR_MAX	127	signed char Maximum
CHAR_MIN	0	char Minimum
CHAR_MAX	255	char Maximum
INT_MIN	-32767	int Minimum
INT_MAX	32767	int Maximum
UINT_MAX	65535	unsigned int Minimum
LONG_MIN	-21474826477L	long int Minimum
LONG_MAX	21474826477L	long int Maximum
ULONG_MAX	4294967295UL	unsigned long int Maximum

13.2 Die Header-Dateien

Analog enthält float.h die Grenzen der float- bzw. double-Arithmetik:

DBL_DIG	15	Stellenzahl von double-Variablen
FLT_DIG	6	Stellenzahl von float-Variablen
DBL_EPSILON	1.2204460492503031 31e-16	kleinste positive double-Zahl mit 1.0+x<>x
FLT_EPSILON	1.19209290e-7	
DBL_MIN	2.2250738580720014e-308	kleinste positive double-Zahl
FLT_MIN	1.17549435e-38F	

usw.

Neben den mathematischen Standardfunktionen enthält die Header-Datei math.h auch die Ausnahmebehandlungen (englisch *exceptions*):

DOMAIN	1	Bereichsüberschreitung
SING	2	Singularität d. Funktion
OVERFLOW	3	
UNDERFLOW	4	
TLOSS	5	Totaler Genauigkeitsverlust
PLOSS	6	Teilweiser Genauigkeitsverlust

Diese sind definiert durch:

```
struct exception
{ int type;         /* Numerierung wie oben            */
  char *name;       /* Name der Funktion               */
  double arg1;      /* Wert des 1.Arguments            */
  double arg2;      /* 2.Argument (falls vorhanden)    */
  double retval;    /* Zurückgegebener Wert            */
}
```

13 Präprozessor und Bibliotheken

Diese Fehlermeldungen können mit Hilfe der Funktion matherr() ausgegeben werden, die vom Programmierer für eigene Zwecke geändert werden kann. Die Wirkung der matherr()-Funktion zeigt das folgende Programm:

```c
/* matherr.c */
#include <stdio.h>
#include <math.h>

void main()
{
   double log(),sqrt(),exp(),sin();
   printf("log(-1) = %f\n\n",log(-1));
   printf("sqrt(-1) = %f\n\n",sqrt(-1));
   printf("1/0 = %e\n\n",pow(0.0,-1.0));
   printf("exp(1000) = %e\n\n",exp(1000.0));
   printf("exp(-1000) = %e\n\n",exp(-1000.0));
   printf("sin(1.0e70) = %f\n\n",sin(1.0e70));
   return;
}
```

Prog. 13.1: *matherr.c*

Man erhält eine Ausgabe der Art:

```
log: DOMAIN error
log(-1) = 0.000000

sqrt: DOMAIN error
sqrt(-1) = 0.000000

pow: DOMAIN error
1/0 = 1.79769e+308

exp: OVERFLOW error
exp(1000) = 1.79769e+308
exp(-1000) = 0.000000e+00
sin(1.0e70) = 0.000000
```

13.2 Die Header-Dateien

Bei den letzten beiden Ausgaben wurden vom Compiler die Fehler UNDERFLOW von exp(-1000.0) und TLOSS von sin(1.0e70) nicht erkannt.

Mit der Datei locale.h versucht man, vom Amerikanischen abweichende Schreibweisen wie Dezimalzeichen, Datums- und Zeit-Formate usw. greifbar zu machen. Die Datei enthält die Funktion

```
char *setlocale(category, locale)
```

mit der der lokale Parametersatz (category) gesetzt oder abgefragt werden kann. Die lokalen Parameter beginnen mit den Buchstaben LC:

```
LC_ALL        (alle Kategorien)
LC_CTYPE      (Char-Funktionen)
LC_NUMERIC    (Dezimalzeichen)
LC_TIME       (Ausgabe durch strftime())
```

usw.. Alle lokalen Parameterwerte können mit folgendem Programm abgefragt werden:

```
#include <locale.h>
void main()
{
  printf(setlocale(LC_ALL,"");
}
```

Die Datei locale.h wird von vielen früheren Compilerversionen noch nicht unterstützt. Die Header-Datei time.h enthält die verschiedenen Zeitfunktionen:

```
double difftime()         (Zeitdifferenz in Sek.)
time_t time()             (Kalenderzeit)
clock_t clock()           (Rechnerzeit)
char *asctime()           (Datum und Zeit in Stringform)
size_t strftime()
struct tm *localtime()    (Lokalzeit)
struct tm *gmtime()       (Universal Time)
```

245

13 Präprozessor und Bibliotheken

Dabei wird das Datum mit Uhrzeit durch folgenden Verbund repräsentiert:

```
struct tm
{ int tm_sec;      /* Sekunden 0..59        */
  int tm_min;      /* Minuten 0..59         */
  int tm_hour;     /* Stunden 0..23         */
  int tm_mday;     /* Tag 1..31             */
  int tm_mon;      /* Monat 0..11           */
  int tm_year;     /* Jahr seit 1900        */
  int tm_wday;     /* Tage seit Sonntag 0..6 */
  int tm_yday;     /* Tage seit 1.Jan 0..365 */
  int tm_isdst;    /* Sommerzeit j/n        */
};
```

Die Funktion

```
size_t strftime(char *s,size_t smax,
                const char *fmt,const struct tm *tp)
```

gibt dabei Datum und Zeit von *tp in s gemäß dem Format fmt aus. Sie wird von älteren Compilerversionen noch nicht unterstützt. Diese Formate sind ähnlich wie bei der `printf()`-Funktion. So bedeuten:

```
%d  Tag im Monat
%H  Stunde (0..23)
%i  Stunde (0..12)
%j  Tag im Jahr (1..366)
%m  Monat (1..12)
%M  Minute (0..59)
```

Mit dem folgenden Programm können die Lokalzeit und die Universalzeit UT (früher *Greenwich Mean Time* GMT) ermittelt werden:

13.2 Die Header-Dateien

```c
#include <stdio.h>
#include <time.h>
#include <stddef.h>
void main()
{
  struct tm *local,*gmt;
  time_t t = time(NULL);
  local = localtime(&t);
  printf("Lokalzeit und Datum : %s\n",
         asctime(local));
  gmt = gmtime(&t);
  printf("Greenwich Mean Time und Datum : %s\n",
         asctime(gmt));
}
```

Die Funktion `asctime()` liefert jeweils Datum und Zeit im folgenden Format:

`Mon Feb 27 16:54:48 1995`

Die Header-Datei `assert.h` enthält das Macro

`void assert(expression)`

das, wenn der Ausdruck `expression` falsch wird, folgende Meldung an die Fehlerausgabe `stderr` ausgibt:

`Assertion failed : Expression, File name,Line xxx`

Dabei werden die Werte der Macros `_FILE_` und `_LINE_` benutzt.

Die Verifikation mittels Invarianten bzw. Zusicherungen ist ein neueres, wichtiges Anliegen in der Informatik. Diese Zusicherungen erlauben eine mathematische Analyse des Algorithmus und erhöhen die Lesbarkeit der Programme, indem die Zusicherungen in Form von Kommentaren eingefügt wird. Das Einsetzen der `assert`-Macros wird daher stark empfohlen.

Als Anwendungsbeispiel für die `assert`-Anweisung dient die Datumskontrolle im folgenden Programm.

13 Präprozessor und Bibliotheken

```
/* assert.c */
/* Berechnung des Logarithmus zu beliebiger Basis */
#include <stdio.h>
#include <math.h>
#include <assert.h>
void main()
{
  double a,b,x;
  printf("Gib Numerus und Basis "
         "des Logarithmus ein! ");
  scanf("%lf %lf",&a,&b);
  assert(a>0. && b>0. && b!=1. );
  x = log(a)/log(b); /* nur definiert fuer a>0
                        und b>0,b<>1 */
  printf("Logarithmus von %.0lf zur "
         "Basis %.0lf = %lf\n",a,b,x);
  return;
}
```

Prog. 13.2: *assert.c*

Bei Eingabe einer negativen Zahl liefert das assert-Macro folgende Fehlermeldung:

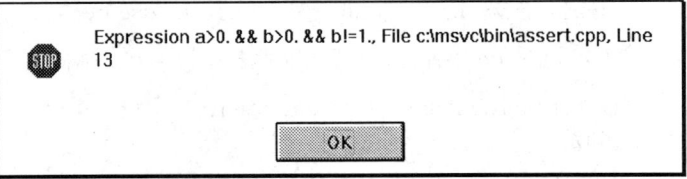

Abb. 13.1: *Typische Fehlermeldung von assert.h*

Gemäß der ANSI C-Norm sollte nach Verletzen einer assert-Bedingung das Programm durch Aufruf von abort() abgebrochen werden.

Wie bereits erwähnt, ist die Entwicklung von sicheren Programmen ein grundlegendes Problem der Informatik. Am Beispiel der schon gezeigten ägyptischen Multiplikation soll die Verifikation eines Programm vorgeführt werden.

248

13.2 Die Header-Dateien

```c
/* aegypt.c */
#include <stdio.h>

void main()
{
  int a,b,sum =0;
  printf("Eingabe 1.Faktor 2.Faktor! ");
  scanf("%d %d",&a,&b);
  while (a>0)
  {
    printf("%6d %6d\n",a,b);
    if (a%2) sum += b;
    a /= 2 ;
    b *= 2 ;
  }
  printf("Produkt = %d\n",sum);
  return;
}
```

Prog. 13.3: *aegypt.c*

Die Vorbedingung des Programms ist die Eingabe zweier natürlicher Zahlen. Daher ist gefordert a>=0 && b >=0. In der WHILE-Schleife gilt die Bedingung

z +x*y = a*b

Es solche Bedingung heißt daher auch *Schleifeninvariante*. Damit die Bedingung auch bei Schleifeneintritt gilt, setzt man z=0 bzw. x=a und y=b. Eine solche Bedingung heißt *Zusicherung*. Ist a oder b gleich Null, so stellt z bereits das gesuchte Produkt dar. Die Schleifeninvariante erkennt man daran, daß sie bei allen Anweisungen innerhalb der Schleife unverändert bleibt. Wird y verdoppelt und x ganzzahlig halbiert, so bleibt die Bedingung z +x*y = a*b tatsächlich bestehen. Nach Verlassen der Schleife gilt x=0. Eine solche Bedingung heißt *Nachbedingung*. Aus der Invarianten und der Nachbedingung ergibt sich

$$(z + xy = ab) \wedge (x = 0) \Rightarrow z = ab$$

Somit ist mathematisch bewiesen (verifiziert) – nicht durch Testläufe eines Programms – daß das Ergebnis z das Produkt von a und b darstellt.

Ferner zu erwähnen sind noch die Header-Dateien stdarg.h, setjmp.h und signal.h. Mit Hilfe von setarg.h kann die Parameterliste einer Funktion ermittelt werden, wenn die Anzahl und der Datentyp der Parameter unbekannt sind. setjmp.h ermöglicht es, bei verschachtelten Funktionsaufrufen in bestimmten Fällen den Programmablauf zu stoppen. Schließlich gestattet es die Datei signal.h, in Ausnahmesituationen Signale abzugeben, wie z. B.

SIGABRT	(Abort) Abbruch
SIGFPE	(Floating point exception) Arithmetischer Fehler
SIGILL	(illegal instruction) falsche Anweisung
SIGINT	(interrupt) Unterbrechung
SIGSEGV	(segment violation) Speicherfehler

Die Dateien setjmp.h, signal.h und setarg.h werden von den genannten Compilerversionen nur teilweise unterstützt.

13.3 Funktionsähnliche Macros

Die Substitution eines Macros kann in C auch formale Parameter einschließen. Man kann damit Macros definieren, die funktionsähnlich sind, wie z. B.:

```
#define SQUARE(x)  ((x)*(x))
#define ABS(x)     ((x>=0) ? (x) : (-x))
#define SGN(x)     ((x>0) ? 1 : (x==0) ? 0 : -1)
#define MAX(x,y)   ((x) >= (y) ? (x) : (y))
#define MIN(x,y)   ((x) <= (y) ? (x) : (y))
#define PRINT(x)   printf("%5d\n",x)
```

Diese Macros haben zwei Vorteile gegenüber Funktionen. Zum einen sind sie unabhängig vom Datentyp; d.h. das Macro SQUARE z.B. kann sowohl mit ganzen Zahlen wie auch mit reellen Zahlen aufgerufen werden. Zum anderen kann ein Macro jederzeit mit #undef wieder aufgehoben werden.

13.3 Funktionsähnliche Macros

Völlig neu von der ANSI C-Norm eingeführt wurden die Stringoperationen Stringizing und Token pasting. Das Stringizing findet statt, wenn in einem Macro dem formalen Parameter ein # vorausgeht.

```
#define print(x) printf(#x " = %d\n",x)
```

wird für x = xyz substitutiert zu

```
printf("xyz" " = %d\n",xyz)
```

das gleichbedeutend ist mit

```
printf("xyz = %d\n",xyz)
```

Nebeneinander stehende Token werden hierbei vom Präprozessor verkettet.

"1" "2" "3" wird so zu "123"

Für das Verketten von Zeichenketten beim Token pasting wird durch die Operatoren ## bewirkt.

```
#define JOIN(a,b) (a ## b)
```

Dadurch wird

```
JOIN (Buch,titel)
```

durch den Präprozessor ersetzt durch

```
"Buchtitel"
```

Auch hier kann es zu Nebeneffekten kommen:

```
#define x1 17
#define INDEX(a) a ## 1
```

Der Macroaufruf INDEX(x) liefert für x zunächst das Token x1 und nach dem Rescannen damit den Wert 17.

Prinzipiell beachten ist, daß ein Präprozessor nur eine mechanische Textsubstitution ausführt und keine mathematische Regeln wie *Punkt vor Strich* kennt. Durch Setzen von Klammern muß daher dafür gesorgt werden, daß die Ausdrücke bei der Substitution ihren beabsichtigten Wert behalten.

251

Würde man das Macro

```
#define SUMME(x,y)  x+y  /* falsch */
```

ohne Klammern schreiben, so würde der Ausdruck

```
z = SUMME(a,b)*SUMME(c,d)
```

durch den Präprozessor ersetzt werden durch

```
z = a + b * c + d
```

was sicher nicht zum gewünschten Wert führt. Die richtige Schreibweise des Macros SUMME ist daher

```
#define SUMME(a,b) ((a)+(b))
```

Ein Nachteil von funktionsähnlichen Macros ist, daß es hier u. U. zu unerwünschten Nebeneffekten kommen kann. Als Beispiel wird betrachtet

```
#define SQUARE(x) (x)*(x)
void main()
{
  int i=1;
  while (i<=10)
    printf("%d\n",SQUARE(i++));
}
```

Es liefert mit der Ausgabe 1, 9, 25, 49, 81 nicht das gewünschte Resultat, da es hier zu einem Seiteneffekt für i kommt.

14 Dateien und stdin

14.1 Die Standard-Ausgabe (stdout)

Die am meisten verwendete Standard-Funktion, die eine formatierte Ausgabe liefert, ist `printf()`. Sie hat die Syntax:

```
printf("%±m.n1t....s",var1,....)
```

dabei steht t für einen der folgenden Typenbezeichner:

d	decimal
u	unsigned decimal
o	unsigned octal
x	unsigned hexadecimal
i	signed integer
f	float
e	exponential (float in Zehnerpotenzform)
g	float (kürzeres Format von f bzw. e)
c	character
s	string
p	pointer
O	wie o in Großbuchstaben
X	wie x in Großbuchstaben
ld	long decimal
lf	double(long float)
h	short

Die Vorzeichen stehen für

+	rechtsbündige Ausgabe (default)
-	linksbündige Ausgabe

253

14 Dateien und stdin

Die ganzen Zahlen m.n bedeuten bei

float   Ausgabe auf *m* Stellen, davon *n* nach dem Komma
string   Ausgabe auf mindestens *n*, maximal *m* Stellen

s ist ein Steuerzeichen (auch ESCAPE-Sequenz genannt):

\n   neue Zeile
\t   Tabulator
\b   Backspace
\r   carriage return (Wagenrücklauf)
\f   form feed (Seitenvorschub)
\a   alert (BELL)

Letztere Steuersequenz wurde neu von der ANSI C-Norm eingeführt.

Die Ausgabe von Zeichen kann auch über die Funktion putchar() mit dem Prototyp

```
int putchar(char)
```

erfolgen, nicht zu Verwechseln mit der Funktion putc(), die ein Zeichen in eine Datei schreibt.

Eine automatischer Zeilenvorschub erfolgt nach der Ausgabe mittels der Funktion puts() mit dem Prototyp

```
char *puts(string)
```

puts("") ist also gleichbedeutend mit printf("\n").

14.2 Die Standard-Eingabe (stdin)

Die Standard-Eingabe scanf() hat die Syntax

```
scanf("%t ..",&var1,...)
```

wobei der Typenbezeichner t weitgehend dieselbe Bedeutungen hat wie bei der printf()-Funktion. Folgende Parameter gelten nur für scanf():

U	unsigned decimal long integer
I	signed long integer
D	signed decimal long integer

Bemerkenswert ist, daß der Name der einzulesenden Variable – außer bei Pointern – unter dem Adreßoperator erscheint. Zu berücksichtigen ist ferner, daß die Eingabe nur gelingt, wenn die Zeichenfolge zwischen den Anführungszeichen exakt eingehalten wird. Die Eingabe von

```
scanf("%d %d %c",&tag,&monat,&jahr)
```

erfordert genau eine Leerstelle zwischen den Eingabewerten.

```
scanf("%d.%d.%c",&tag,&monat,&jahr)
```

gelingt bei den Eingaben 01.01.2000 oder 1.1.2000.

```
scanf("%c%3d%6s%2f",&a,&b,&c,&d)
```

liefert bei der Eingabe "123456789012" folgende Werte:

```
a = '1'; b = 234; c = "567890"; d = 12.000000
```

Die analogen Eingabefunktionen zu putchar() und puts() haben die Prototypen

```
int getchar(char)
char *gets(string)
```

Letztere Funktion fügt an den String die ASCII-Null an.

14.3 Sequentielle Dateien

Dateien sind aus der Sicht von C Pointer. Das Öffnen und Schließen einer solchen Datei geschieht durch Setzen eines Zeigers vom Typ FILE, dessen Prototyp sich in der Datei stdio.h befindet.

```
FILE *fp;        /* File Pointer */
FILE *fopen(char *,char *);
```

Das Öffnen und Schließen von Dateien führen die Funktionen fopen() und fclose() vom Typ FILE aus:

14　Dateien und stdin

```
fp = fopen("datei.c","w");
if (fp != NULL)
     fclose(fp);
```

Der zweite Parameter der Funktion fopen() kann dabei einen der folgenden Werte annehmen:

r	read (Öffnen einer existierender Datei zum Lesen)
w	write (Erzeugen einer Datei zum Schreiben)
a	append (Anfügen an eine existierende Datei)
r+	lesen und schreiben (einer existierenden Datei)
w+	lesen und schreiben (bestehende Datei wird überschrieben)
a+	lesen und anfügen (Datei wird erzeugt, wenn nicht existent)

Wichtig ist zu wissen, daß eine existierende Datei beim Schreibzugriff überschrieben wird und damit der alte Inhalt verloren geht.

Die Ausgabe in einer sequentiellen Datei kann durch folgende Funktionen erfolgen:

```
int fputc(char,datei)
int fputs(string,datei)
int fprintf(datei,format,var1,...)
```

Das folgende Programm erzeugt 100 dreistellige Zufallszahlen und schreibt diese in eine Datei.

```
/* datschr.c */
/* Schreiben einer sequentiellen Datei */
#include <stdio.h>
#include <stdlib.h>
#include <time.h>
void main(void)
{
   FILE *fopen(),*datei;
   char name[12];
   int i,x,N=100;
```

Prog. 14.1:　*datschr.c (Fortsetzung auf der nächsten Seite)*

14.3 Sequentielle Dateien

```
long now;

puts("Welche Datei soll erzeugt werden ?");
gets(name);
if ((datei=fopen(name,"w"))==NULL)
{
   puts("Datei kann nicht erzeugt werden");
   exit(-1);
}
srand(time(&row) % 37L);
for (i=0; i<N ; i++)
{
   x = rand() % 1000;
   fprintf(datei,"%5d",x);
}
fclose(datei);
return;
}
```

Prog. 14.1: *datschr.c*

Die Eingabe in sequentiellen Dateien erfolgt durch die Funktionen

```
int fgetc(datei)
char *fgets(string,laenge,datei)
int fscanf(datei,format,var1,...)
```

Beim formatierten Einlesen mittels der Funktion `fscanf()` ist genau darauf zu achten, daß das Format der Daten exakt mit der Formatbedingung übereinstimmen muß, da sonst die Eingabe nicht gelingt.

Mit dem folgenden Programm kann die oben erwähnte Zufallszahlen-Datei wieder gelesen werden.

14 Dateien und stdin

```c
/* datles.c */
/* Lesen einer sequentiellen Datei */
#include <stdio.h>
#include <stdlib.h>

void main()
{
  FILE *fopen(),*datei;
  char name[12];
  int i,x,N=100;

  puts("Welche Datei soll gelesen werden ?");
  gets(name);
  if ((datei=fopen(name,"r"))==NULL)
  {
    puts("Datei kann nicht geoeffnet werden!");
    exit(-1);
  }
  for (i=0; i<N ; i++)
  {
    fscanf(datei,"%5d",&x);
    printf("%5d",x);
  }
  fclose(datei);
  return;
}
```

Prog. 14.2: datles.c

14.4 Umleitung von stdin/stdout

Die Umleitung der Ein- und Ausgabe wird in C durch Setzen eines Pointers auf die entsprechende Datei ermöglicht. Die Ein- bzw. Ausgabe erfolgt dann nicht mehr über die Tastatur bzw. den Bildschirm, sondern aus bzw. in die entsprechende Datei. Solche Umleitungen sind von UNIX bzw. MS-DOS her wohlbekannt:

14.4 Umleitung von stdin/stdout

```
copy datei.txt lpt1:
dir > dir.txt
more < dir
```

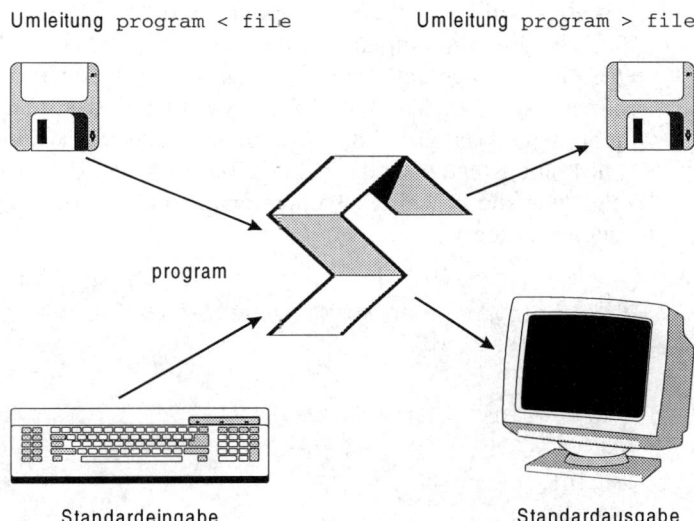

Abb. 14.1: *Umleitung der Ein-/Ausgabe*

Solche Umleitungen sind in C sehr einfach zu bewerkstelligen. Die Übergabe von MS-DOS oder UNIX an ein Programm erfolgt mittels einer Kommandozeile, die aus dem Namen des aufgerufenen Programms und einer Reihe von weiteren Zeichenketten bzw. Parametern (in Form von Strings) besteht. Die Befehle

```
qc test.c
tc test.c
```

z. B. rufen den Quick-C bzw. Turbo-C-Compiler auf und laden gleichzeitig das Programm test.c. Die Zeichenketten der Kommandozeile werden als Parameter an das Hauptprogramm main() übergeben. Das Format ist

```
void main(int argc,char *argv[])
```

14 Dateien und stdin

Da die Anzahl der Zeichenketten bzw. Parameter nicht festliegt, werden die Zeichenketten nicht als Feld, sondern als Pointer *argv auf char deklariert. argc vom Typ int ist die Anzahl der Zeichenketten. Die Zählung beginnt, wie in C üblich, bei Null. Da ältere Compiler- und DOS-Versionen bei Eins zu zählen anfangen, wurde dies ausdrücklich in der ANSI C-Norm festgelegt. argv[0] zeigt also auf den Programm-Namen (wie bei MS-DOS 3.x), argv[1] auf das erste Argument usw. Das Ende der Kommandozeile wird durch den Null-Pointer argv[argc] gebildet. Das folgende Programm zeigt, wie die einzelnen Parameter einer Kommandozeile ermittelt werden können:

```c
/* argv.c */
/* Zerlegen einer Kommandozeile in Argumente */
#include <stdio.h>

void main(int argc, char *argv[])
{
    int i=0;

    if (argc>1)
        printf("argc = %d\n", argc);
    while(argv[i++])
        printf("argv[%d] = %s\n", i, argv[i]);
    return;
}
```

Prog. 14.3: *argv.c*

Die Kommandozeile

    argv gutes neues jahr 31 Dez 1995

liefert hier die Ausgabe

```
argc = 7                argv[4] = 31
argv[1] = gutes         argv[5] = Dez
argv[2] = neues         argv[6] = 1995
argv[3] = jahr          argv[7] = (null)
```

14.5 Der Standarddrucker (stdprn)

Die Übergabe eines einzelnen Wertes vom Programm an das MS-DOS erfolgt mit Hilfe des RETURN-Wertes von main(). Liefert main() einen int-Wert, so ist es entsprechend als

```
int main(int argc,char *argv[])
```

zu deklarieren. Im Fehlerfall wird meist der Wert 0 oder -1 übergeben, in anderen Fällen ein positiver Wert. Dieser Wert kann auch zur Steuerung einer Batch-Datei verwendet werden (siehe Abschnitt 16.7).

14.5 Der Standarddrucker (stdprn)

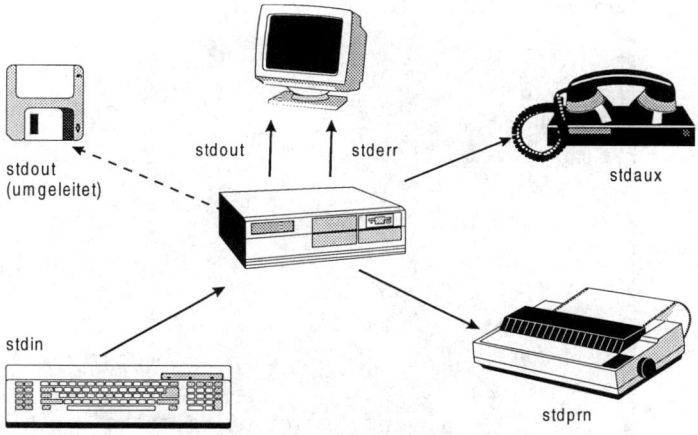

Abb. 14.2: *Standard-Dateien in C*

Der Standarddrucker ist eine der fünf in C unter MS-DOS vordefinierten Standard-Dateien. Diese Dateien sind:

stdin	Standardeingabe (Tastatur)
stdout	Standardausgabe (Bildschirm)
stderr	Standard-Fehlerausgabe (Bildschirm CON)
stdprn	Standarddrucker PRN
stdaux	Standardschnittstelle AUX

14 Dateien und stdin

Diese Standard-Dateien müssen nicht explizit geöffnet bzw. geschlossen werden. Jedoch kann durch Öffnen des Drukkerkanals mittels der Funktion fopen() geprüft werden, ob der Drucker betriebsbereit ist.

```
FILE *drucker;
if ((drucker=fopen("PRN","w"))==NULL)
    fprintf(stderr,"Drucker nicht bereit!\n");
```

Bei einigen Druckern gibt es hier Schwierigkeiten. Insbesondere gilt dies nicht für Netzwerke. Die Druckerausgabe eines Textfiles ermöglicht das folgende Programm. Der Name der auszugebenden Datei ist in der Kommandozeile einzugegeben, z. B. print datei.txt.

```
/* print.c */
/* Ausgabe einer Textdatei am Drucker */
#include <stdio.h>
#define ZEILE 80

void main(int argc,char *argv[])
{
FILE *datei,*drucker;
    char string[ZEILE+1];
    if (argc!=2)
    {
        printf("Eingabe: print datei.txt\n");
        exit();
    }
    if ((datei=fopen(argv[1],"r"))==NULL)
    {
printf("Datei %s kann nicht geoeffnet "
            "werden!\n", argv[1]);
        exit();
    }
    if ((drucker=fopen("PRN","w"))==NULL)
    {
```

Prog. 14.4: *print.c (Fortsetzung auf der nächsten Seite)*

14.5 Der Standarddrucker (stdprn)

```
    printf("Drucker nicht bereit!\n");
    exit();
  }
  while (fgets(string,80,datei))
    fputs(string,drucker);
  fclose(datei);
  fclose(drucker);
  return(1);
}
```

Prog. 14.4: *print.c*

Eine wahlweise Ausgabe am Bildschirm bzw. Drucker erhält man, wenn der File-Pointer entweder auf den Bildschirm (stdout) oder auf den Drucker (PRN) gesetzt wird. Als Programmbeispiel dient die Tilgungsrechnung eines Annuitäten-Darlehens (bei jährlicher Anrechnung der Zinsen).

```
/* tilgung.c */
#include <stdio.h>
#include <conio.h>
#include <ctype.h>
#include <math.h>
FILE *fp;

void tilgung(double,double,int,int);
void main()
{
  FILE *fopen();
  double kap,p;
  int i,n;
  char ch;
  printf("Welches Kapital in DM? ");
  scanf("%lf",&kap);
  printf("Welche Laufzeit in Jahren? ");
  scanf("%d",&n);
  printf("Welcher Zinssatz p.a.in %%? ");
```

Prog. 14.5: *tilgung.c (Fortsetzung auf der nächsten Seite)*

```
   scanf("%lf",&p);
   printf("Wieviele Zinsperioden pro Jahr? ");
   scanf("%d",&i);
   printf("Ausgabe am Drucker(D) oder "
          "Bildschirm(B)? ");
   if (tolower(ch=getche())==100)
     fp= fopen("PRN","w");
   else
     fp = stdout;

   printf("\n");
   tilgung(kap,p,n,i);
   return;
}

void tilgung(double kap,double p,int n,int i)
{
   double annuit,tilg,zins,q;
   int j;
   p /= 100.0*i; /* jaehrl.Verrechnung */
   q = pow(1.0+p,(double)n*i);
   annuit = kap*q*p/(q-1);
   fprintf(fp,"---------------------------------"
              "----------------------\n");
   fprintf(fp,"Periode Annuitaet      Tilgung   "
              "  Zins     Restschuld\n");
   fprintf(fp,"---------------------------------"
              "----------------------\n");

   for (j=1; j<=n*i; j++)
   {
     zins = kap*p;
     tilg = annuit-zins;
     kap -= tilg;
```

Prog. 14.5: *tilgung.c (Fortsetzung auf der nächsten Seite)*

14.5 Der Standarddrucker (stdprn)

```
      fprintf(fp,"%3d %12.2lf %12.2lf "
             "%12.2lf %12.2lf\n",
             j,annuit,tilg,zins,kap);
   }
   fprintf(fp,"----------------------------------"
              "---------------------\n");
   fprintf(fp,"\n");
   return;
}
```

Prog. 14.5: *tilgung.c*

Für die Eingabe

```
Kapital 100000 DM
Laufzeit 12 Jahre
Jahreszins 8.5 %
Zahl der Zinsperioden pro Jahr 1
```

erhält man folgenden Tilgungsplan wahlweise am Bildschirm oder am Drucker

Periode	Annuitaet	Tilgung	Zins	Restschuld
1	13615.29	5115.29	8500.00	94884.71
2	13615.29	5550.09	8065.20	89334.63
3	13615.29	6021.84	7593.44	83312.79
4	13615.29	6533.70	7081.59	76779.09
5	13615.29	7089.06	6526.22	69690.02
6	13615.29	7691.63	5923.65	61998.39
7	13615.29	8345.42	5269.86	53652.97
8	13615.29	9054.78	4560.50	44598.18
9	13615.29	9824.44	3790.85	34773.74
10	13615.29	10659.52	2955.77	24114.23
11	13615.29	11565.58	2049.71	12548.65
12	13615.29	12548.65	1066.64	-0.00

14.6 Arbeiten mit Textdateien

Analog zum Programm print.c kann die Ausgabe eines Textfiles natürlich auch am Bildschirm erfolgen.

```c
/* show.c */
#include <stdio.h>
#define LINE_LEN 255

void main(int argc,char *argv[])
{
    char line[LINE_LEN];
    FILE *fp,*fopen();

    if (argc <= 1)
        printf("Eingabe show file.xxx\n");
    else
    {
        if ((fp=fopen(argv[1],"r"))==NULL)
            printf("Datei kann nicht "
                   "geöffnet werden\n");
        else
        {
            while(fgets(line,LINE_LEN,fp))
                fputs(line,stdout);
            fclose(fp);
        }
    }
    return;
}
```

Prog. 14.6: show.c

Nützlich ist das folgende Programm, das die Ausgabe eines Quellcodes mit Zeilennumerierung ermöglicht:

14.6 Arbeiten mit Textdateien

```
/* numline.c */
#include <stdio.h>
#define LINE_LEN 255

void main(int argc,char *argv[])
{
  char line[LINE_LEN];
  int num=0;
  FILE *fp,*fopen();

  if (argc <= 1)
    printf("File to number lines not specified\n");
  else
  {
    if ((fp=fopen(argv[1],"r"))==NULL)
      printf("File to number lines "
             "cannot be opened\n");
    else
    {
      while(fgets(line,LINE_LEN,fp))
        printf("%d %s",++num,line);
      fclose(fp);
    }
  }
  printf("\n");
  return;
}
```

Prog. 14.7: *numline.c*

Als weiteres Beispiel soll ein Programm gegeben werden, das die Zeichen einer Textdatei verschlüsselt, indem die Byte mit einem bestimmten Schlüssel – hier das Zeichen * – durch das ausschließende Oder (xor) verknüpft werden.

```c
/* encrypt.c */
/* Verschlüsselung eines ASCII-Files
   durch Bitoperationen */
#include <stdio.h>
#include <string.h>
#include <stdlib.h>
const char key='*';
void code(char *,char *);
void decode(char *,char *);
void main(int argc,char *argv[])
{
  if (argc !=4)
  {
    printf("Eingabeformat: encrypt input "
           "output decode|encode \n");
    exit(-1);
  }
  printf("Eingabefile : %s\n",argv[1]);
  printf("Ausgabefile : %s\n",argv[2]);
  if (strcmp(argv[3],"encode")==0)
    code(argv[1],argv[2]);
  else
    decode(argv[1],argv[2]);
}
void code(char *input,char *output)
{
  int ch;
  FILE *fp1,*fp2;
  if ((fp1=fopen(input,"r"))==0)
  {
    printf("Input-Datei kann nicht "
           "geöffnet werden!\n");
    exit(-1);
  }
```

Prog. 14.8: *encrypt.c (Fortsetzung auf der nächsten Seite)*

```c
  if ((fp2=fopen(output,"w"))==0)
  {
    printf("Output-Datei kann nicht "
           "geöffnet werden!\n");
    exit(-1);
  }
  do
  {
    ch = getc(fp1);
    if (ch==EOF) break;
    ch = ch^key;
    if (ch==EOF) ch++;
    putc(ch,fp2);
  } while(1);
  fclose(fp1);fclose(fp2);
  return;
}

void decode(char *input,char *output)
{
  int ch;
  FILE *fp1,*fp2;
  if ((fp1=fopen(input,"r"))==0)
  {
    printf("Input-Datei kann nicht "
           "geöffnet werden!\n");
    exit(-1);
  }
  if ((fp2=fopen(output,"w"))==0)
  {
    printf("Output-Datei kann nicht "
           "geöffnet werden!\n");
    exit(-1);
  }
```

Prog. 14.8: *encrypt.c (Fortsetzung auf der nächsten Seite)*

```
do
{
  ch = getc(fp1);
  if (ch==EOF) break;
  ch = ch^key;
  if (ch==EOF) ch--;
  putc(ch,fp2);
} while(1);

fclose(fp1);fclose(fp2);
return;
}
```

Prog. 14.8: *encrypt.c*

Die Kommandozeile zum Verschlüsseln ist hier

  encrypt eingabefile ausgabefile encode

Zum Entschlüsseln lautet sie

  encrypt eingabefile ausgabefile decode

14.7 Öffnen eines Binärfiles (MS-DOS)

Wie bekannt ist, sind die unter MS-DOS ausführbaren Programme keine Textdateien, sondern Binärdateien. Es ist im Rahmen des Buchs nicht möglich, das Arbeiten mit Binärdateien vollständig darzustellen. Der Leser wird hier auf das Handbuch seines Compilers verwiesen. Als Beispiel für das Arbeiten mit Binärdateien folgt ein Programm, das ein sog. Hexdump ermöglicht.

```
/* dump.c */
/* Hex-Dump eines Binaerfiles */
#include <stdio.h>
#include <stdlib.h>
#include <ctype.h>
#define LENGTH 15
```

Prog. 14.9: *dump.c (Fortsetzung auf der nächsten Seite)*

14.7 Öffnen eines Binärfiles (MS-DOS)

```c
#define TRUE 0
#define FALSE -1

void main(int argc,char *argv[])
{
  FILE *fp;
  int ch;
  int j,not_eof;
  unsigned char buffer[LENGTH+1];

  if (argc !=2)
  {
    printf("Eingabe : dump file.xxx\n");
    exit(-1);
  }
  if ((fp = fopen(argv[1],"rb"))==NULL)
                         /* Binaeres Lesen */
  {
    printf("Datei %s kann nicht geöffnet "
           "werden!\n",argv[1]);
    exit(-1);
  }
  not_eof = TRUE;

  do
  {
    for (j=0; j< LENGTH; j++)
    {
      if ((ch=getc(fp))==EOF)
      {
        not_eof = FALSE;
        printf("   ");
      }
      else
        printf("%02X ",ch);
      *(buffer+j) = (ch>31) ? ch : '.';
```

Prog. 14.9: dump.c (Fortsetzung auf der nächsten Seite)

14 Dateien und stdin

```
       }
       *(buffer+j) = '\0';
       printf(" %s\n",buffer);
    } while(not_eof==TRUE);
    fclose(fp);
    return;
}
```

Prog. 14.9: dump.c

Wie man sieht, unterscheiden sich Binär- und Text-Dateien in einigen Punkten voneinander: Neben den verschiedenen Zeichen für das Zeilen- bzw. Datei-Ende, muß für die Übergabe der Zeichen an einen Puffer gesorgt werden, was bei Textdateien vom System übernommen wird. Wendet man das kompilierte Programm durch den Aufruf

    dump dump.exe

auf sich selbst an, so erhält man als letzten Bildschirm solchen oder ähnlichen Hex-Dump:

```
00 00 00 00 00 00 00 60 06 11 00 45 69 6E 67  .......`...Eing
61 62 65 20 3A 20 64 75 6D 70 20 66 69 6C 65  abe : dump file
2E 78 78 78 0A 00 00 72 62 00 00 44 61 74 65  .xxx...rb..Date
69 20 25 73 20 6B 61 6E 6E 20 6E 69 63 68 74  i %s kann nicht
20 67 65 6F 65 66 66 6E 65 74 20 77 65 72 64   geoeffnet werd
65 6E 21 0A 00 00 25 33 58 20 00 00 20 25 73  en!...%3X .. %s
0A 00 00 3C 3C 4E 4D 53 47 3E 3E 00 00 52 36  ...<<NMSG>>..R6
30 30 30 0D 0A 2D 20 53 74 61 70 65 6C 81 62  0000..- Stapelüb
65 72 6C 61 75 66 0D 0A 00 03 00 52 36 30 30  erlauf.....R600
33 0D 0A 2D 20 47 61 6E 7A 7A 61 68 6C 64 69  3..- Ganzzahldi
76 69 73 69 6F 6E 20 64 75 72 63 68 20 30 0D  vision durch00.
0A 00 9 00 52 36 30 30 39 0D 0A 2D 20 4E 69   ....R6009..- Ni
63 68 74 20 67 65 6E 81 67 65 6E 64 20 53 70  cht genügend Sp
65 69 63 68 65 72 70 6C 61 74 7A 20 66 81 72  eicherplatz für
20 55 6D 67 65 62 75 6E 67 0D 0A 00 FC 00 0D  Umgebung...n..
0A 00 FF 00 4C 61 75 66 7A 65 69 74 2D 46 65  ..._.Laufzeit-Fe
68 6C 65 72 20 00 2 00 52 36 30 30 32 0D 0A  hler ...R6002..
2D 20 47 6C 65 69 74 6B 6F 6D 6D 61 20 6E 69  - Gleitkomma ni
63 68 74 20 67 65 6C 61 64 65 6E 0D 0A 00 1  cht geladen....
00 52 36 30 30 31 0D 0A 2D 20 5A 75 77 65 69  .R6001..- Zuwei
73 75 6E 67 20 64 75 72 63 68 20 4E 75 6C 6C  sung durch Null
2D 5A 65 69 67 65 72 0D 0A                    -Zeiger......
```

15 Programmier-Prinzipien

Stößt man auf eine besonders elegante Formulierung eines Algorithmus, fragt man sich oft, wie der Autor auf die entsprechende Programmidee gekommen ist. Mustert man jedoch eine Vielzahl von Programmen genauer, erkennt man bald, daß es im Grunde nur wenige grundlegende Programmierprinzipien gibt. Einige dieser Programmiertechniken sollen im folgenden dargestellt werden.

15.1 Die Iteration

Die Iteration ist eine der ältesten Programmiertechniken, die insbesondere in der numerischen Mathematik zahlreiche Anwendungen gefunden hat. Ein Problem, z. B. eine nichtlineare Gleichung, wird gelöst, indem man sich – von einem Startpunkt ausgehend – schrittweise der gesuchten Lösung nähert. Dabei wird ein Iterationsschema durchlaufen, das bei jedem Schritt sicherstellt, daß man sich der Lösung nähert oder zumindest nicht entfernt.

Werden Iterationsverfahren bei Problemen verwendet, die mehrere Lösungen haben, so kann im allgemeinen jedoch nicht immer vorausgesagt werden, gegen welche Lösung das Iterationsverfahren konvergiert. Dies ist insbesondere bei der Bestimmung von Nullstellen oder Extremwerten der Fall. Hier muß zusätzlich geprüft werden, ob noch weitere Nullstellen oder Extrema existieren.

Zwei bekannte Iterationsverfahren stellen die in Abschnitt 4.2 besprochene Methode des arithmetischen und geometrischen Mittels (Programm ln.c) und die in Abschnitt 4.3 behandelte NEWTON-Iteration (Programm wurzel.c) dar. Eine weiteres Verfahren ist die Fixpunkt-Iteration, die hier zur Lösung der nichtlinearen Gleichung $x = \cos(x)$ angewendet werden soll.

```
/* fixpunkt.c */
#include <stdio.h>
#include <math.h>
const double epsilon=1.0e-7;

void main()
{
  double x,y;
  y = 1.0;   /* Startwert */
  do
  {
    x = y;
    y = cos(x);
    printf("%8.6lf\n",y);
  } while(fabs(x-y)>epsilon);
  printf("Fixpunkt = %8.6lf\n",y);
  return;
}
```

Prog. 15.1: *fixpunkt.c*

Die Ausgabe des Programms liefert die Lösung:

0.540302	0.857553	0.654290
0.793480	0.701369	0.763960
0.722102	0.750418	0.731404
0.744237	0.735605	0.741425
0.737507	0.740147	0.738369
0.739567	0.738760	0.739304
0.738938	0.739184	0.739018
0.739130	0.739055	0.739106
0.739071	0.739094	0.739079
0.739089	0.739082	0.739087
0.739084	0.739086	0.739085
0.739086	0.739085	0.739085
0.739085	0.739085	0.739085
0.739085		
Fixpunkt = 0.739085		

15.2 Die Rekursion

Ein Objekt bzw. eine Funktion heißt rekursiv, wenn es sich selbst enthält oder auf sich selbst zurückgreift. Die in Abschnitt 10.1 gegebene Definition des Euklidschen Algorithmus zur Bestimmung des größten gemeinsamen Teilers ist ein bekanntes Beispiel einer rekursiv definierten Funktion:

```
ggt(a,b) = ggt(b,a mod b)   für b>0
           a                für b=0
```

Viele Algorithmen und Datenstrukturen wie z. B. die verkettete Liste (vgl. Kapitel 12) sind in natürlicher Weise rekursiv, so daß eine Transformation auf ein iteratives Schema nicht notwendig ist. Die Erzeugung aller 01-Folgen der Länge k – auch 01-k-Tupel genannt – ist ein Beispiel eines einfachen rekursiven Schemas, ähnlich dem im Kapitel 10 gegebenen Permutationsschema (vgl. Abb. 16.1).

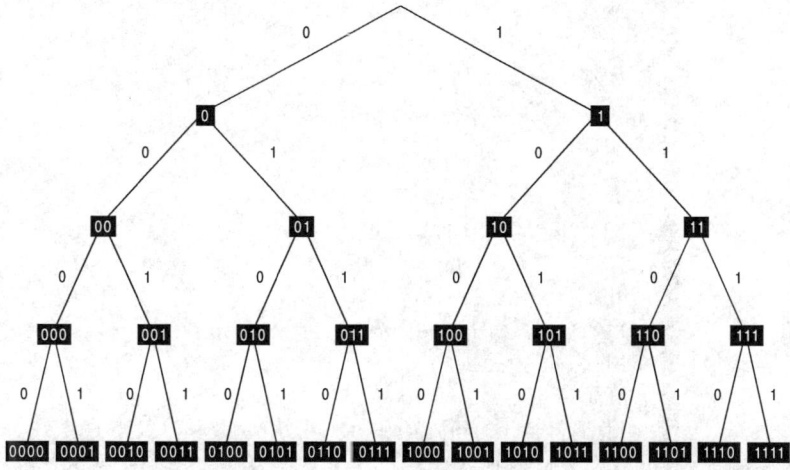

Abb. 15.1: *Binärbaum zur Erzeugung von 01-Folgen. Rekursive Erzeugung der 01-Tupel.*

15 Programmier-Prinzipien

Hieran erkennt man das Rekursionsschema leicht: die Elemente der Tupel werden abwechselnd 0 bzw. 1 gesetzt, und dieses Setzen wird solange fortgesetzt, bis die gewünschte Länge k erreicht ist.

```c
/* 01tupel.c */
#include <stdio.h>
#define MAX 25

int N,tupel=0;
int a[MAX+1];

void erzeuge(int);
void ausgabe(void);

void main()
{
  printf("Welche Länge der 01-Tupel? ");
  scanf("%d",&N);
  erzeuge(1);
  printf("%d 01-Tupel\n",tupel);
  return;
}

void erzeuge(int m)
{
  a[m] = 0;
  if (m<N) erzeuge(m+1);
  else ausgabe();
  a[m] = 1;
  if (m<N) erzeuge(m+1);
  else ausgabe();
  return;
}

void ausgabe()
{
```

Prog. 15.2: *01tupel.c (Fortsetzung auf der nächsten Seite)*

```
   int i;
   tupel++;
   for (i=1; i<=N; i++)
     printf("%d",a[i]);
   printf("\n");
   return;
}
```

Prog. 15.2: *01tupel.c*

Für k=5 liefert das Programm die Ausgabe:

00000	00001	00010
00011	00100	00101
00110	00111	01000
01001	01010	01011
01100	01101	01110
01111	10000	10001
10010	10011	10100
10101	10110	10111
11000	11001	11010
11011	11100	11101
11110	11111	

32 01-Tupel

15.3 Das Teile-und-Herrsche-Prinzip

Das Teile-und-Herrsche-Prinzip (engl. *divide and conquer*) ist eine Programmiertechnik, bei der der jeweilige Problemumfang schrittweise auf die Hälfte oder einen anderen Bruchteil reduziert wird. Diese Reduktion wird dann solange fortgesetzt, bis die verbleibenden Fälle in einfacher Weise gelöst werden können. Die Gesamtlösung setzt sich dann – meist rekursiv – aus den Einzellösungen zusammen.

Genau diese Strategie liegt der Binärsuche zugrunde, die im Abschnitt 5.4 programmiert wurde. Hierbei wird die zu untersuchende Liste jeweils auf die Hälfte reduziert, in der sich das gesuchte Element befindet. Die Binärsuche endet spätestens dann, wenn die Liste nur noch ein Element enthält. Das Prüfen dieses Elements zeigt den Erfolg der Suche.

Auch beim rekursiven Quicksort (siehe Abschnitt 10.6) führte das Teile-und-Herrsche-Prinzip auf immer kleiner werdende Teillisten, die, richtig angeordnet, die Gesamtsortierung der ganzen Liste liefern.

Daß beim Teile-und-Herrsche-Prinzip manchmal der Umfang des Problems auch gedrittelt werden kann, zeigt das bekannte Wägeproblem, bei dem eine schwerere Münze aus 12 anderen mit höchstens 3 Wägungen herausgefunden werden soll. Diese Dreiteilung ist hier sehr effektiv, da sich durch Auswiegen zweier Drittel stets sagen läßt, wo sich die schwerere Kugel befindet. Ist eines der beiden Drittel schwerer, so enthält es die gesuchte Kugel; sind die beiden Drittel gleich schwer, so kann sich die gesuchte Kugel nur im letzten Drittel befinden. Durch fortgesetztes Dritteln wird die schwere Kugel leicht gefunden.

```c
/* waegepro.c */
#include <stdio.h>
#define MAX 100
int kugel[MAX+1];

void auswiegen(int,int *,int *);
void main()
{
    int i,index,anzahl,obgrenze,waegezahl;
    void auswiegen();

    for (i=0; i<=MAX; i++)
        kugel[i]=1;

    printf("Wieviele Kugeln? ");
    scanf("%d",&anzahl);
    printf("Welche Kugel soll schwerer sein? ");
    scanf("%d",&index);
```

Prog. 15.3: *waegepro.c (Fortsetzung auf der nächsten Seite)*

```
    kugel[index]++;
    auswiegen(anzahl,&obgrenze,&waegezahl);

    printf("\nDie schwerere Kugel hatte die Nr.%d\n",
         obgrenze);
    printf("Es waren %d Waegungen nötig\n",
         waegezahl);
    return;
}

void auswiegen(int anzahl,int *obgrenze,
               int *waegezahl)
{
  int i,grenze1,grenze2,laenge,
      gewicht1,gewicht2,untgrenze;
  untgrenze = 1;
  *obgrenze = anzahl;
  *waegezahl=0;

  do
  {
    laenge = (*obgrenze - untgrenze + 2) / 3;
    grenze1 = untgrenze + laenge - 1;
    grenze2 = grenze1 + laenge;
    gewicht1 = 0; gewicht2 = 0;

    for (i = untgrenze; i <= grenze1; i++)
      gewicht1 = gewicht1 + kugel[i];

    for (i = grenze1 + 1; i <= grenze2; i++)
      gewicht2 = gewicht2 + kugel[i];

    (*waegezahl)++;
    if (gewicht1 == gewicht2)
      untgrenze = grenze2+1;
    else
```

Prog. 15.3: *waegepro.c (Fortsetzung auf der nächsten Seite)*

```
        if (gewicht1 > gewicht2)
            *obgrenze = grenze1;
        else
        {
            untgrenze = grenze1+1;
            *obgrenze = grenze2;
        }
    } while (*obgrenze!=untgrenze);

    return;
}
```

Prog. 15.3: *waegepro.c*

Im Programm werden die gewöhnlichen Kugeln durch das Gewicht 1, die schwerere Kugel durch das Gewicht 2 dargestellt. Es kann eingegeben werden, welche der Kugeln die schwerere sein soll. Der Programmlauf zeigt, daß stets die Lösung mit maximal 3 Wägungen gefunden wird.

15.4 Die Simulation

Die Simulation ist ein Programmierprinzip, bei dem ein Experiment oder ein komplexer Vorgang am Rechner nachvollzogen wird. Dies geschieht meist, wenn die Durchführung entweder technisch nicht möglich, zu kostspielig oder gefährlich ist. Die Anwendungen für Simulationen sind vielfältig: Neben Autofahr- und Flugzeug-Simulatoren gibt es sogar solche, bei denen der Betrieb eines Kernkraftwerkes nachgeahmt wird.

Eine weitere wichtige Anwendung findet die Simulation in der dynamischen Systemtheorie, bei denen Auswirkungen in vernetzten Regelkreisen studiert werden können. Das bekannteste Beispiel war wohl die 1972 erschienene Studie Die *Grenzen des Wachstums* von D. MEADOWS (1972), die ein Ende unserer Wirtschaft in den Jahren 2020 - 2060 voraussagte, wenn der Energieverbrauch, die Ausbeutung der Bodenschätze und die Umweltverschmutzung weiterhin exponentiell zunehmen.

15.4 Die Simulation

Bekannt sind ferner Simulationen von Wahrscheinlichkeiten oder Erwartungswerten mit Hilfe von Zufallszahlen, die auch MONTE-CARLO-Simulationen genannt werden. Diese Methode war 1942 in den USA beim Bau der Atombombe entwickelt worden, um die Streuung von Neutronen an einem Modell zu studieren.

Als erstes Beispiel soll die Ausbreitung einer Epidemie unter 1.000 Leuten simuliert werden. Die Zahl der Infizierten wird proportional zur Anzahl der Kontaktmöglichkeiten zwischen Kranken und Gesunden gesetzt. Diese Proportionalitätskonstante heißt *Infektionsrate* und wird hier auf 0.0005 gesetzt. Die Zahl der Gesunden vermindert sich um diese Zahl der Infizierten. Ein gewisser Bruchteil der Kranken wird immun gegen die Krankheit und kann daher nicht mehr infiziert werden. Dieser Bruchteil, *Immunitätsrate* genannt, wird 0.1 gewählt. Die Zahl der Kranken, anfangs 3 gesetzt, ergibt sich entsprechend aus der Gesamtzahl aller Leute, verringert um die Zahl der Gesunden und Immunen. Dies gilt dann, wenn die Krankheit nicht lebensgefährlich ist.

```c
/* epidemie.c */
#include <stdio.h>
void main()
{
  unsigned int p, infizierte, gesamt,
       gesunde=997, kranke=3, immune=0;
  float infektionsrate = 0.0005,
       immunitaetsrate = 0.1;
  gesamt = gesunde + kranke + immune;
  printf("Periode    Gesunde    Kranke    Immune\n");
  printf("-------------------------------------\n");

  for (p=1; p<=50; p++)
  {
    printf("%5d %8u %8u %8u\n",
        p, gesunde, kranke, immune);
```

Prog. 15.4: *epidemie.c (Fortsetzung auf der nächsten Seite)*

```
        infizierte = infektionsrate*gesunde*kranke;
        gesunde -= infizierte;
        immune += immunitaetsrate*kranke;
        if (immune>gesamt) immune=gesamt;
        kranke = gesamt-gesunde-immune;
    }
    return;
}
```

Prog. 15.4: *epidemie.c*

Der Programm-Ausdruck für die ersten 25 Tage lautet:

Periode	Gesunde	Kranke	Immune
1	997	3	0
2	996	4	0
3	995	5	0
4	993	7	0
5	990	10	0
6	986	13	1
7	980	18	2
8	972	25	3
9	960	35	5
10	944	48	8
11	922	66	12
12	892	90	18
13	852	121	27
14	801	160	39
15	737	208	55
16	661	264	75
17	574	325	101
18	481	386	133
19	389	440	171
20	304	481	215
21	231	506	263
22	173	514	313
23	129	507	364
24	97	489	414
25	74	464	462

15.4 Die Simulation

Es zeigt sich, daß fast alle Leute erkranken, davon am 21. bis zum 23. Tag mehr als die Hälfte gleichzeitig. Nur 12 der insgesamt 1.000 bleiben gesund. Dies zeigt deutlich, wie verheerend die Auswirkungen einer solchen Epidemie sein können. Eine Grafik zur der objektorientierten Version des Programms findet sich in Abb. 18.4.

Als Beispiel zur Berechnung eines Erwartungswertes soll das Sammeln von Sammelbildern (engl. *coupon collectors problem*) dienen. Wieviele Bilder, schätzen Sie, muß man sammeln, um eine Bildserie von 50 Stück zu komplettieren? Die sicher überraschende Antwort ist 225 Stück! Diese Werte können mit folgendem Programm simuliert werden:

```
/* collect.c */
/* Warten auf vollständigen Satz von Bildern */
#define SIMULATIONEN 100
#include <stdio.h>
#include <stdlib.h>
#include <time.h>

void auslosen(int,long int *);
void main()
{
   int anzahl;
   long int summe;

   printf("Wieviele Bilder? ");
   scanf("%d",&anzahl);
   auslosen(anzahl,&summe);

   printf("\nZur Erlangung eines vollständigen ");
   printf("Satzes von %d Bildern\nmüssen ",anzahl);
   printf("durchschnittlich %.1f Bilder gesammelt "
          "werden\n",(float)summe/SIMULATIONEN);
   return;
}
```

Prog. 15.5: *collect.c (Fortsetzung auf der nächsten Seite)*

15 Programmier-Prinzipien

```
void auslosen(int N, long int *gesamt)
{
  register int i,bild;
  long now;
  int doub[500];

  *gesamt =0;
  srand(time(&now) % 37L);

  for (i=0; i<SIMULATIONEN; i++)
  {
    for (bild=0; bild<N; bild++)
      doub[bild]=0;
    bild = 0;
    while (bild<=N-1)
    {
      if (doub[bild]>0)
        bild++;
      else doub[rand() % N]++;
    }
    for (bild=0; bild<N; bild++)
      *gesamt += doub[bild];
  }
  return;
}
```

Prog. 15.5: *collect.c*

Die Zahl der Doubletten wird hier im Feld doub gespeichert. Die Summe dieser Feldelemente liefert die Gesamtzahl der jeweils gesammelten Bilder. Dividiert man die Summe durch die Anzahl der Simulationen, erhält man den gesuchten Durchschnittswert, der bei 100 Bildern ungefähr bei 225 liegen wird. Die genauen Ausgabewerte des Programms sind natürlich zufällig und ändern sich bei jedem Programmlauf statistisch.

Als zweites Beispiel zur MONTE-CARLO-Simulation soll eine Wahrscheinlichkeit ermittelt werden:

15.4 Die Simulation

Romeo und Julia wollen sich zwischen 0 und 1 Uhr im Stadtpark treffen. Jeder kommt zufällig und wartet maximal 10 Minuten auf den anderen. Mit welcher Wahrscheinlichkeit treffen sie sich unter diesen Bedingungen?

Die Ankunftszeit der beiden ist eine reelle Zufallszahl zwischen 0 und 1. Zu einer Begegnung kommt es, wenn sich beide Zahlen höchstens um 1/6 (entsprechend 10 Min.) unterscheiden. Ist dies der Fall, wird ein entsprechender Zähler erhöht. Die relative Häufigkeit der Begegnungen ist der simulierte Wert der gesuchten Wahrscheinlichkeit. Die exakte Wahrscheinlichkeit ist 11/36.

```
/* romeo.c */
/* Romeo und Julia treffen sich zufaellig zwischen
   0 und 1 Uhr im Stadtpark. Beide koennen jeweils
   nur 10 Minuten auf den anderen warten. Mit
   welcher Wahrscheinlichkeit treffen sie sich
   unter diesen Bedingungen ? */
#include <stdio.h>
#include <stdlib.h>
#include <time.h>
#define SECHSTEL 1.0/6.0
#define ABS(x) ((x)>=0 ? (x):-(x))

void main()
{
   long int i,now,anzahl,zaehl=0;
   float ankunft1,ankunft2,p;

   printf("Wieviele Simulationen? ");
   scanf("%ld",&anzahl);
   srand(time(&now) % 37L);

   for (i=0; i<anzahl; i++)
   {
      ankunft1 = rand()/(1.+RAND_MAX);
```

Prog. 15.6: *romeo.c (Fortsetzung auf der nächsten Seite)*

```
        ankunft2 = rand()/(1.+RAND_MAX);
        if (ABS(ankunft1-ankunft2) < SECHSTEL)
           zaehl++;
    }
    p = (float) zaehl/anzahl;
    printf("Sie treffen sich mit der "
           "Wahrscheinlichkeit %5.4f\n",p);
    return;
}
```

Prog. 15.6: *romeo.c*

15.5 Das Backtracking

Das Backtracking (deutsch etwa *Rückverfolgung*) ist ein spezielles rekursives Verfahren zur Entwicklung einer „intelligenten" Suchtechnik. Dabei müssen diejenigen Schritte zur Lösung des Problems, die in eine Sackgasse führen, rückgängig gemacht werden und ein neuer Anlauf gestartet werden. Mit Hilfe von Backtracking kann z. B. ein Weg aus einem Labyrinth gesucht werden; es stellt somit eine grundlegende Methode zur Entwicklung von künstlicher Intelligenz dar. In nicht-prozeduralen Programmiersprachen wie Prolog ist das Backtracking sogar Bestandteil der Programmiersprache [8]; d. h. das Programm versucht, selbständig mittels Backtracking alle gegebenen Regeln und Prädikate zu erfüllen.

Nach Wirth [30] kann das Backtracking durch folgende rekursive Prozedur beschrieben werden:

```
versuche(int i)
{ int k=0;
  do
  { k++;
    wähle k-ten Kandidaten;
    if (annehmbar) zeichne ihn auf;
    if (i<n) versuche(i+1);
    if (!erfolgreich) lösche Aufzeichnung;
  } while (!erfolgreich && k<m); }
```

15.5 Das Backtracking

Ein bekanntes Beispiel, das mittels Backtracking gelöst werden kann, ist das Acht-Damen-Problem. Wieviele Möglichkeiten gibt es, 8 Damen so auf ein Schachbrett zu stellen, daß sie sich gegenseitig nicht bedrohen? Da es hier nicht weniger als 92 Stellungen gibt, verwundert es nicht, daß C. F. GAUß 1850 nicht alle Lösungen fand. Wendet man das obengegebene Backtrakking-Schema auf das Damenproblem an, so ergibt sich:

```
versuche(int i)
{
    initialisiere Wahl für i-te Dame;
    do
    {
        wähle nächste Dame;
        if (!bedroht) setze Dame;
        if (i<8) versuche(i+1);
        if (!erfolgreich) entferne Dame;
    } while (!erfolgreich
             && !(alle Positionen probiert)); }
}
```

Um die Bedrohung der Damen in den Diagonalen des Schachbretts geeignet codieren zu können, werden die Diagonalen gemäß Abb. 15.2 numeriert.

```
/* damen.c */
#include <stdio.h>

typedef enum { FALSE,TRUE } BOOLEAN ;
BOOLEAN hpt_diag[16],neb_diag[16],zeil[9];
int spalt[9],c=0;

BOOLEAN versuch(int);
void ausgabe(void);
void main()
{
```

Prog. 15.7: *damen.c (Fortsetzung auf der nächsten Seite)*

15 Programmier-Prinzipien

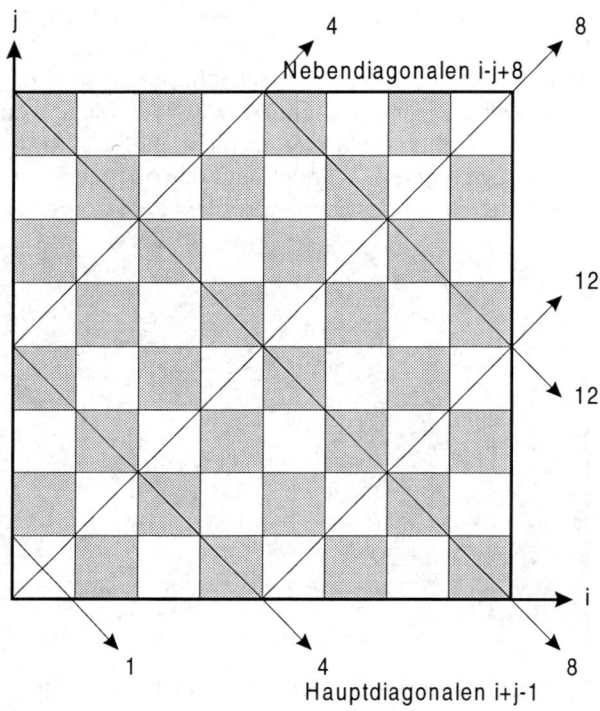

Abb. 15.2: *Koordinatensystem beim 8-Damenproblem*

```
int i;

for (i=1; i < 16; i++)
   hpt_diag[i] = neb_diag[i] = TRUE;

for (i=1; i < 9; zeil[i++]=TRUE);

versuch(1);
printf("\n%d Lösungen gefunden\n",c);
return;
}
```

Prog. 15.7: *damen.c (Fortsetzung auf der nächsten Seite)*

15.5 Das Backtracking

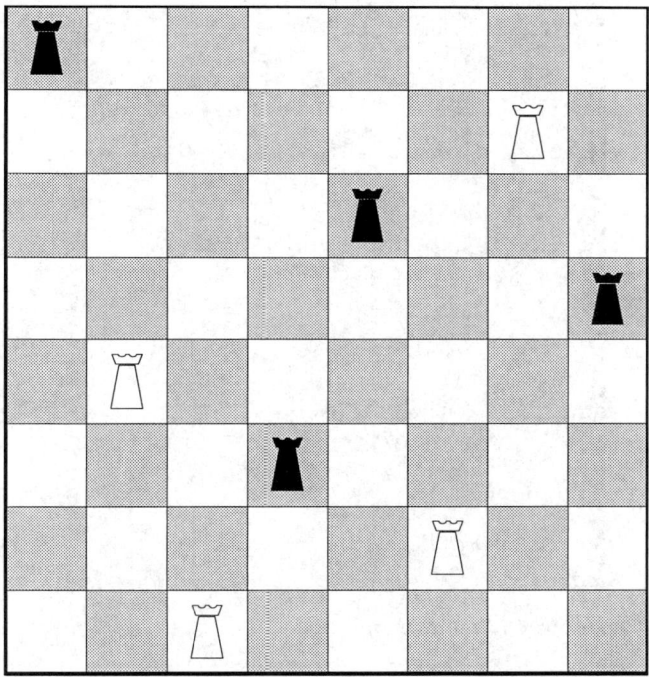

Abb. 15.3: 1. Lösung des 8-Damen-Problems

```
void ausgabe()
{
  int i;
  for (i=1; i<9; printf("%4d",spalt[i++]));
  printf("\n");
  c++;
  return;
}

BOOLEAN versuch(int i)
{
void ausgabe(void);
```

Prog. 15.7: damen.c (Fortsetzung auf der nächsten Seite)

```
int j;

for (j=1; j<9 ; j++)
  if (hpt_diag[i+j-1] && neb_diag[i-j+8]
      && zeil[j])
  {
    spalt[i] = j;
    hpt_diag[i+j-1] = neb_diag[i-j+8] =
        zeil[j] = FALSE;
    if (i < 8)
      versuch(i+1);
    else
      ausgabe();
    hpt_diag[i+j-1] = neb_diag[i-j+8] =
        zeil[j] = TRUE;
  }
  return TRUE;
}
```

Prog. 15.7: *damen.c*

Die erste der 92 Lösungen ist

```
1 5 8 6 3 7 2 4
```

D. h., die erste Dame steht in Zeile 1, die zweite in Zeile 5; entsprechend die restlichen in den Zeilen 8, 6, 3, 7, 2 und 4. Diese Lösung wird in Abb. 15.3 dargestellt.

15.6 Branch & Bound

Das *Branch&Bound*-Verfahren ist ein Spezialfall des Backtrackings, bei dessen Lösungssuche zwar alle Verzweigungen (*branch*) durchlaufen werden, jedoch die Wege nicht länger verfolgt werden, die eine Lösung oberhalb einer bestimmte Grenze (*bound*) liefern.

Als Beispiel wird ein bekanntes Problem des Operations Research, das sog. *Rucksack-Problem*, behandelt. Welche Investitionen soll ein Unternehmer starten, wenn er nur ein beschränktes Kapital zur Verfügung hat und die Ertragssumme maximal sein soll? Anschaulich gesehen ist das Problem gleichbedeutend mit der Aufgabe einen Rucksack von beschränktem Fassungsvermögen mit möglichst vielen Objekten so zu packen, daß die Summe aller eingepackten Werte maximal wird.

Wie beim Backtracking, wird man hier versuchen, eine rekursive Prozedur zur Lösungssuche zu formulieren:

```
void versuche(int i)
{
  if (Einschluß möglich)
    schließe i-tes Objekt ein;
  if (i<n) versuche (i+1);
    else prüfe Optimalität;
  eliminiere i-tes Objekt;
  if (Ausschluß möglich)
    if (i<n) versuche (i+1);
      else prüfe Optimalität;
}
```

Ein Objekt kann eingepackt werden, wenn die Hinzunahme seines Gewichtes nicht die vorgegebene Schranke überschreitet. Ein Objekt wird ausgeschlossen, wenn der mit der gegenwärtigen Auswahl noch erreichbare Wert kleiner ist als das bisherige Optimum.

Als Zahlenbeispiel wird ein Rucksack vom Fassungsvermögen 110 behandelt, in den folgende Objekte gepackt werden sollen:

Gewichte: 10, 11, 12, 13, 14, 15, 16, 17, 18, 19

Werte: 18, 20, 17, 19, 25, 21, 27, 23, 25, 24

15 Programmier-Prinzipien

```c
/* rucksack.c */
#include <stdio.h>
#define N 10
#define HOECHSTGEW 110
#define TRUE 1
#define FALSE 0

typedef struct objekt
{ int v;
  int w; } OBJEKT;
OBJEKT obj[N+1];
static int gewicht[N+1] =
  {0,10,11,12,13,14,15,16,17,18,19};
static int wert[N+1] =
  {0,18,20,17,19,25,21,27,23,25,24};
int s[N+1],opt[N+1],maxv;

void versuche(int,int,int);
void main()
{
  int i,totalv=0,gesv=0,gesw=0;

  maxv = 0;
  for (i=0; i<=N; i++)
  {
    obj[i].w = gewicht[i];
    obj[i].v = wert[i];
    totalv += obj[i].v;
  }
  for (i=0; i<=N; i++) s[i] = opt[i] = FALSE;
  versuche(1,0,totalv);
  printf("Optimale Auswahl Nr.:\n");
  for (i=1; i<=N ; i++)
    if (opt[i])
    {
      gesv += obj[i].v;
```

Prog. 15.8: *rucksack.c (Fortsetzung auf der nächsten Seite)*

```c
      gesw += obj[i].w;
      printf("%-5d",i);
    }
  printf("\noptimaler Wert   : %d\n",gesv);
  printf("erreichtes Gewicht : %d\n",gesw);
  printf("\Höchstgewicht   : %d\n",HOECHSTGEW);
  return;
}
void versuche(int i,int tw, int av)
{
  if (tw+obj[i].w <= HOECHSTGEW)
  {
    s[i] = TRUE;   /* Versuche Objekt Nr.i */
    if (i<N)
      versuche(i+1,tw+obj[i].w,av);
    else
      if (av>maxv) /* neues Maximum erreicht */
      {
        maxv = av;
        for (i=1; i<=N; i++) opt[i]=s[i];
      }
    s[i] = FALSE;  /* Gib Objekt Nr.i auf */
  }
  if (av > maxv+obj[i].v)
  {
    if (i<N)
      versuche(i+1,tw,av-obj[i].v);
    else
    {
      maxv = av-obj[i].v;
      for (i=1; i<=N; i++) opt[i]=s[i];
    }
  }
  return;
}
```

Prog. 15.8: *rucksack.c*

Die Objekte sind als Feld von Verbunden aus Gewicht `obj.w` und Wert `obj.v` definiert. Die Variablen `av` und `maxv` liefern jeweils den aktuellen bzw. den maximalen Gesamtwert (*Bound*). `totalw` gibt das Gesamtgewicht an; die Menge der aktuellen bzw. optimalen Objekte sind in den Feldern `s` bzw. `opt` mit dem Wert 1 gespeichert. Bei einem Fassungsvermögen von 110 Gewichtseinheiten besteht die optimale Auswahl aus den Objekten mit folgenden Gewichten:

> 10, 11, 12, 13, 14, 15, 16, 18

Dadurch erreicht die optimale Rucksackfüllung den Gesamtwert 172.

16 System-Programmierung (MS-DOS)

Obwohl die in diesem Abschnitt verwendeten Schlüsselwörter MS-DOS-spezifisch sind und daher nicht der ANSI C-Norm entsprechen, soll an einigen Beispielen gezeigt werden, wie man in C Zugang zum MS-DOS-Betriebssystem erhält. Eine vollständige Darstellung ist im Rahmen des Buchs natürlich nicht möglich. Es wird hier auf die Literatur [13] bzw. [22] verwiesen.

16.1 Die Register des 8086

Der 8088/8086-Prozessor verwendet 14 Register, in denen die Daten verarbeitet werden, und der Programmablauf gesteuert wird. Diese Register werden wie folgt eingeteilt:

- allgemeine Register,
- Base-Pointer- und Index-Register,
- Segment-Register,
- Spezielle Register.

Die allgemeinen Register werden mit A, B, C und D bezeichnet:

- A   Akkumulator,
- B   Basis-Register,
- C   Count-Register,
- D   Daten-Register.

Alle Register fassen je ein Maschinenwort zu 2 Bytes und können entweder als 16-Bit-Register oder als zwei Byte-Register angesprochen werden. Die beiden Bytes der allgemeinen Register werden durch H für high und L für low gekennzeichnet.

In diesen Registern finden die arithmetischen und Vergleichs-Operationen und die Sprunganweisungen statt. Die

Basispointer- und Index-Register unterstützen die relative Adressierung, den Stack-Pointer und die Block-Befehle. Die Segment-Register realisieren die Segment-Speicherstruktur des Prozessors. Das *CS*-Register enthält das aktuelle Code-Segment, entsprechend *DS* das Datensegment, *ES* das Extra- und *SS* das Stack-Segment.

Diese wahlweise Einteilung der Register (REGS) in Maschinenwörter (WORDREGS) und Bytes (BYTEREGS) kann in C durch den Datentyp UNION realisiert werden, dabei sind WORDREGS und BYTEREGS als Verbund definiert.

```
struct WORDREGS {
    unsigned int ax;
    unsigned int bx;
    unsigned int cx;
    unsigned int dx;
    unsigned int si;
    unsigned int di;
    unsigned int cflag;
};

struct BYTEREGS {
    unsigned char al, ah;
    unsigned char bl, bh;
    unsigned char cl, ch;
    unsigned char dl, dh;
};

union REGS {
    struct WORDREGS x;
    struct BYTEREGS h;
};
```

16.2 Das BIOS

Ein Interrupt ist ein spezieller Befehl, der bewirkt, daß das System anhält, die aktuellen Systemparameter auf den Stack legt und die Interrupt-Routine anspringt, die durch die Nummer des Interrupts gegeben ist. Nach Ausführung der Interrupt-Routine wird die ursprüngliche Aufgabe wieder aufgenommen. Man unterscheidet zwischen den Interrupts, die von Software- bzw. Hardware-Seite bewirkt werden. Hier interessieren natürlich nur die Software-Interrupts.

MS-DOS definiert eine Tabelle (*Interrupt Vector Table*), in der die Interrupt-Vektoren des BIOS (*Basic Input/Output System*) und des DOS (*Disk Operating System*) verzeichnet sind. Alle Betriebssystems-Funktionen werden unter mittels solcher Software-Interrupts ausgeführt.

Jeder Interrupt spricht bestimmte Funktionen an, die durch den Wert des *AH*-Registers unterschieden werden. Werden zusätzliche Informationen benötigt, so werden die Werte an die *AL-*, *BX-*, *CX-* und *DX*-Register übergeben bzw. von diesen übernommen. Beispiele für BIOS-Interrupts sind:

Interrupt-Nr.	Funktion
5H	Print screen
10H	Video I/O
11H	Equipment list
12H	Speichergröße
13H	Disk I/O
14H	Serieller Ausgang
16H	Tastatur I/O
17H	Drucker I/O
18H	ROM-BASIC
19H	Bootstrap Loader
1AH	Zeit-/Datums-Routinen

Die BIOS-Interrupts werden mit Hilfe der `int86()`-Funktion ausgeführt. Ihr Prototyp ist

```
int int86(intnr,inregs,outregs);
```

16 System-Programmierung (MS-DOS)

dabei stellt `intnr` die Nummer des Interrupts dar. `inregs` und `outregs` sind vom Typ `union REGS` und stellen die Registerwerte vor und nach dem Interrupt dar. Als Beispiel soll mittels des 10H-Video-Interrupts der Bildschirm gelöscht werden.

```c
/* cls.c */
#include <stdio.h>
#include <dos.h>
#define VIDEO 0x10

void cls(void);
void main()
{
    cls();
    return;
}

void cls()   /* clear screen */
{
    union REGS inregs;

    inregs.h.ah = 6;
    inregs.h.al = 0;
    inregs.h.ch = 0;
    inregs.h.cl = 0;
    inregs.h.dh = 24;
    inregs.h.dl = 79;
    inregs.h.bh = 7;
    int86(VIDEO,&inregs,&inregs);
    return;
}
```

Prog. 16.1: cls.c

Das C- und D-Register enthält hier die zu löschenden Zeilen und Spalten. Mittels desselben Interrupts kann auch der Cursor an die Bildschirmstelle (x,y) gebracht werden:

16.2 Das BIOS

```c
/* gotoxy.c */
#include <stdio.h>
#include <dos.h>
#define VIDEO 0x10
void gotoxy(int,int);
void main()
{
  gotoxy(13,30);
  printf("Programmieren in C");
  return;
}

void gotoxy(int x,int y)
/* cursor to x,y screen position */
{
  union REGS inregs;
  inregs.h.ah = 2; /* cursor function */
  inregs.h.dl = y; /* Spalte */
  inregs.h.dh = x; /* Zeile */
  inregs.h.bh = 0; /* video page */
  int86(VIDEO,&inregs,&inregs);
  return;
}
```

Prog. 16.2: *gotoxy.c*

Hier enthält das *D*-Register die Bildschirmposition, auf die der Cursor gesetzt wird.

16.3 Die DOS-Funktionen

Die DOS-Funktionen werden über den Interrupt 21H angesprochen. Die Tabelle zeigt einige dieser Funktionen

AH-Register	Funktion
1	Zeichen von Tastatur
2	Zeichen an Bildschirm
3	Zeichen von serieller Schnittstelle
4	Zeichen an serielle Schnittstelle
5	Zeichen an Drucker
8	prüft Tastatur-Status
E	setzt Default-Laufwerk
2A	liest Systemdatum
2B	setzt Systemdatum
2C	liest Systemzeit
2D	setzt Systemzeit

Ein 21H-Interrupt wird mithilfe der Funktionen bdos() und intdos() ausgeführt. Sie haben die Prototypen:

```
int bdos(functno,dx,al);
int intdos(inregs,outregs);
```

Dabei ist functno die Nummer der DOS-Funktion, die Werte dx und al werden dabei in die entsprechenden Register eingelesen. Die Parameter inregs und outregs sind wieder vom Typ union REGS wie bei der Funktion int86(). Als Anwendung der bdos()-Funktion wird die Ausgabe eines Strings an den Drucker (Funktion 5) gezeigt:

```c
/* prints.c */
#include <stdio.h>
#include <dos.h>
void prints(char *);
void main()
{
   static char *string = "Programmieren in C";
   prints(string);
```

Prog. 16.3: *prints.c (Fortsetzung auf der nächsten Seite)*

16.3 Die DOS-Funktionen

```
    prints("\n");
    return;
}

void prints(char *str)
{
    while(*str) bdos(0x5,*str++,0);
    return;
}
```

Prog. 16.3: *prints.c*

Die Funktion 19 liefert das aktuelle Laufwerk:

```
/* drive.c */
#include <stdio.h>
#include <dos.h>

char curr_drive(void);
void main()
{
    printf("Aktuelles Laufwerk : %c\n",curr_drive());
    return;
}

char curr_drive()
{
    char drive;

    drive = bdos(0x19,0,0);
    return(drive-'A');
}
```

Prog. 16.4: *drive.c*

Analog kann mit den Funktionen 1A bzw. 4E der Inhalt des aktuellen Laufwerks ermittelt werden. Für Turbo-C muß hier die Funktion bdos() durch bdosptr() ersetzt werden.

```c
/* direc.c */
#include <stdio.h>
#include <dos.h>

void direc(void);
void main()
{
  direc();
  return;
}

void direc()
{
  char dir_list[44];

  bdos(0x1a,dir_list,0);
  bdos(0x4e,"*.*",0);
/* für TURBO-C
  bdosptr(0x1a,dir_list,0);
  bdosptr(0x4e,"*.*",0); */

  printf("%s\n",&dir_list[30]);
  for ( ; ; )
  {
    if (bdos(0x4f,0,0)==18) break;
    printf("%s\n",&dir_list[30]);
  }
  return;
}
```

Prog. 16.5: *direc.c*

Beispiele für den Einsatz der Funktion intdos() zeigt die Abfrage der Betriebssystems-Versionsnummer mittels der Funktion 30:

16.3 Die DOS-Funktionen

```c
/* dosver.c */
#include <stdio.h>
#include <dos.h>

int dos_version(int *,int *);
void main()
{
  int *minor,*major;
  dos_version(&major,&minor);
  printf("DOS Version %d.%d\n",major,minor);
  return;
}

int dos_version(int *maj,int *min)
{
  union REGS inregs,outregs;
  inregs.h.ah = 0x30;
  intdos(&inregs,&outregs);
  *maj = outregs.h.al;
  *min = outregs.h.ah;
  return 1;
}
```

Prog. 16.6: dosver.c

Die Systemzeit kann mittels der Funktion 2C abgefragt werden:

```c
/* gettime.c */
#include <stdio.h>
#include <dos.h>
int get_time(int *,int *,int *,int *);

void main()
{
  int std,min,sec,hdt;
  get_time(&std,&min,&sec,&hdt);
```

Prog. 16.7: gettime.c (Fortsetzung auf der nächsten Seite)

```c
    printf("Uhrzeit = %02d:%02d:%02d:%02d\n",
            std,min,sec,hdt);
    return;
}
int get_time(int *std,int *min,int *sec,int *hdt)
{
    union REGS inregs,outregs;
    inregs.h.ah = 0x2C;
    intdos(&inregs,&outregs);
    *std = outregs.h.ch;
    *min = outregs.h.cl;
    *sec = outregs.h.dh;
    *hdt = outregs.h.dl;
    return;
}
```

Prog. 16.7: *gettime.c*

Den noch verfügbaren Speicherplatz im aktuellen Laufwerk liefert der Aufruf der Funktion 36:

```c
/* diskfree.c */
#include <stdio.h>
#include <dos.h>

union REGS inreg,outreg;
void get_free_space(void);
void main()
{
    get_free_space();
    return;
}

void get_free_space()
{
    long sectors,clusters,bytes,cpd,
         total,capacity;
```

Prog. 16.8: *diskfree.c (Fortsetzung auf der nächsten Seite)*

16.3 Die DOS-Funktionen

```c
    inreg.h.ah = 0x36;
    inreg.h.dl = 0x0;
    intdos(&inreg,&outreg);

    sectors = outreg.x.ax;
    clusters = outreg.x.bx;
    bytes = outreg.x.cx;
    cpd = outreg.x.dx;

    total = bytes*sectors*clusters;
    capacity = bytes*sectors*cpd;
    printf("Drive Bytes = %ld\n",capacity);
    printf("Bytes free = %ld\n",total);
    return;
}
```

Prog. 16.8: *diskfree.c*

Die Funktion 48 liefert den momentan noch freien Speicherplatz. Das folgende Programm bildet hier ein besonders nützliches Hilfsprogramm, da es unter MS-DOS 3.x keine eigenen Befehl dafür gibt:

```c
/* memfree.c */
#include <stdio.h>
#include <dos.h>

union REGS inregs,outregs;
struct SREGS segregs;

void main()
{
    long int freemem;

    inregs.h.ah = 0x48;
    inregs.x.bx = 65000L;
    intdos(&inregs,&outregs);
```

Prog. 16.9: *memfree.c (Fortsetzung auf der nächsten Seite)*

305

```
freemem = outregs.x.bx;
freemem *= 16L;
freemem /= 1000L;
printf("%ld kB memory free\n",freemem);

inregs.h.ah = 0x49;
segregs.es = outregs.x.ax;
intdosx(&inregs,&outregs,&segregs);
return;
}
```

Prog. 16.9: *memfree.c*

Mit der Funktion 32 wird das Programm-Segment-Präfix (PSP) angesprochen. Im Feld 9 mit dem Offset 2C enthält es das sog. DOS-Environment. Die gesetzten Environment-Variablen können mit folgendem Programm abgefragt werden:

```
/* environ.c */
#include <stdio.h>
#include <dos.h>
/* Ausgabe des DOS-Environment
Offset 2C im Programm-Segment-Praefix */

void main()
{
    union REGS inregs,outregs;
    long int psp,envir;
    int far *ptr;
    char far *cptr;
    int i;

    inregs.x.ax = 0x6200;
    intdos(&inregs,&outregs);
    psp = outregs.x.bx;

    ptr = (int far *)((psp << 16) + 0x2C);
```

Prog. 16.10: *environ.c (Fortsetzung auf der nächsten Seite)*

16.4 Die in/outport-Funktion

```
envir = (int far *) *ptr; /* nur Turbo C */
cptr = (char far *)(envir << 16);
for (i=0; *(cptr+i)||*(cptr+i+1); i++)
    if (*(cptr+i)==0) printf("\n");
    else printf("%c",*(cptr+i));
return;
}
```
Prog. 16.10: *environ.c*

Dies entspricht dem SET-Befehl von MS-DOS. Man erhält eine Ausgabe in der Art von:

```
PROMPT=$P$G
PATH=c:\;c:\util;c:\dos;c:\msc;
COMSPEC=c:\command.com
LIB=C:\LIB;
INCLUDE=C:\INCL
```

16.4 Die in/outport-Funktion

In manchen Büchern wird behauptet, man könne ohne Assembler-Routinen nicht den im PC eingebauten Lautsprecher ansprechen. Um einen Port, z. B. den Lautsprecher, zu adressieren, verwendet man die inport()- bzw. outport()-Funktion mit den Prototypen:

```
int inp(unsigned port);                  /* Microsoft */
int outp(unsigned port,int byte);
int inport(int port);                    /* Turbo-C   */
int outport(int port,char byte);
```

Dabei ist port die Port-Nummer und byte ein int- bzw. char-Wert. Die Deklarationen finden sich beim Microsoft-Compiler in der Datei conio.h und bei Turbo-C in dos.h. Im folgenden Beispiel wird eine Tonfolge mit absteigender Frequenz erzeugt. Dabei wird der 8253-Timer in Zusammenhang mit der internen Oszillatorfrequenz verwendet. Der Port 67 erhält den Wert 182 zum Übernehmen des Signals. Am Port 66 wird dann das L- und H-Byte getrennt ausgegeben.

Da die Funktionen inport() bzw. outport() bei den Compilern nicht übereinstimmen, wird die Microsoft-Version bei Definition von TURBOC mit Hilfe des Präprozessors umgeschrieben:

```c
/* sound.c */
#include <stdio.h>

#ifdef _TURBOC_
#define inp(x) inportb(x)
#define outp(x,y) outportb(x,y)
#endif
#include <dos.h>
#include <conio.h>
#include <stdlib.h>
#define OSZILLATOR 1193180L
#define DELAY 64000
#define RATE 250

void celesta(void);
void main()
{
   printf("Sound\n\n");
   printf("Ende---> Taste\n");
   do celesta();
     while (!kbhit());
   return;
}

void celesta()
{
   unsigned i,freq;
   union
   { long divisor;
     unsigned char c[2]; } signal;
   unsigned char p;
```

Prog. 16.11: *sound.c (Fortsetzung auf der nächsten Seite)*

```
p = inp(97);
outp(97,p | 3); /* Lautsprecher an */
for (freq = 12000; freq>400; freq -= RATE)
{
  signal.divisor = OSZILLATOR/freq;
  outp(67,182);
  outp(66,signal.c[0]);
  outp(66,signal.c[1]);
  for (i=0; i<DELAY; ++i);
}
outp(97,p & 253);   /* Lautsprecher aus */
return;
}
```

Prog. 16.11: sound.c

16.5 Abfragen von Speicherstellen

Da der Speicherbereich des Betriebssystems außerhalb des Code- bzw. Daten-Segments (vergleiche Abschnitt 1.3) liegt, müssen Pointer auf diesen Bereich als far-Pointer definiert werden. Die im Abschnitt 6 verwendeten Pointer werden dagegen als near bezeichnet, da sie im small-Speichermodell nicht aus dem Code/Daten-Segment herauszeigen. Wie eingangs erwähnt, gehören die Schlüsselwörter far bzw. near nicht zum ANSI C-Standard.

Als erstes Beispiel soll das Lesen des ROM- (*Read Only Memory*) Datums erfolgen. Dies geschieht durch Setzen eines far-Pointers auf der Speicherplatz F000FFF5:

16 System-Programmierung (MS-DOS)

```c
/* romdate.c */
#include <stdio.h>
#define ROM_DATE 0xF000FFF5

void main()
{
  char far *ptr;
  int i;

  printf("ROM Datum :");
  /* bei COMPAQ-Rechnern i<=8 */
  for (i=0,ptr = ROM_DATE; i<8; i++)
    printf("%c",*(ptr+i));
  printf("\n");
  return;
}
```

Prog. 16.12: *romdate.c*

Analog kann auch der Bildschirm gefüllt werden, wenn man die Zeichen in die Bildschirmadresse schreibt. Diese Adressen sind:

```
0xB8000000          /* Farb-Adapter      */
0xB0000000          /* Monochrom-Adapter */
```

Diese Adressen sollen benützt werden, um direkt auf den Bildschirm zu schreiben.

```c
/* scrnfill.c */
#include <stdio.h>
#include <conio.h>
#define LENGTH 2000 /* 25 lines x 80 chars       */
#define VIDEO 0xB8000000L
                    /* 0xB0000000L für Monochrom */
void main()
{
```

Prog. 16.13: *scrnfill.c (Fortsetzung auf der nächsten Seite)*

16.5 Abfragen von Speicherstellen

```
int far *ptr;
int addr;
char ch;
printf("Zeichen zum Bildschirmfüllen - "
       "X für Ende ");
ptr = (int far *) VIDEO;
while ((ch=getche()) != 'X')
  for (addr=0; addr<LENGTH; addr++)
    *(ptr+addr) = ch | 0x0700;
return;
}
```
Prog. 16.13: *scrnfill.c*

Aus dem Tastatur-Speicherbereich kann abgefragt werden, ob eine bestimmte Taste gedrückt wurde. Folgende Programme schalten die NUMLOCK- bzw. CAPSLOCK-Taste aus:

```
/* numlock.c */
/* Ausschalten der Numlock-Taste */
void main()
{
  char far *ptr = (char far *)0x400017L;
  *ptr = *ptr & 0xdf;
  return;
}
```
Prog. 16.14: *numlock.c*

```
/* capslock.c */
/* Ausschalten der Capslock-Taste */
void main()
{
  char far *ptr = (char far *)0x400017L;
  *ptr = *ptr & 0xbf;
  return;
}
```
Prog. 16.15: *capslock.c*

16.6 Die Datei ANSI.SYS

Zugang zur Bildschirmsteuerung bietet auch die Datei ansi.sys, die Bestandteil des MS-DOS-Systems ist. Sie wird geladen, indem man der Befehl

```
device = ansi.sys
```

in die Datei config.sys einfügt. Mit Hilfe von ansi.sys kann die Farbe des Bildschirms und die Betriebssystem-Anzeige (prompt) beim Starten des Rechners gewählt werden. Mit Hilfe der ESCAPE-Sequenzen können Bildschirmfarbe, Attribute, Modus, Tastaturbelegung und Promptzeichen gesteuert werden.

ESC-Sequenz	Parameter m	Attribut
ESC[#;.;#m	0	weiß auf schwarz
	1	intensiv
	4	unterstreichen
	5	blinkend
	7	invers
	8	unsichtbar
ESC[#;.;#m	30	schwarz
	31	rot
	32	grün
	33	gelb
	34	blau
	35	türkis
	36	rosa
	37	weiß
ESC[#;.;#m	40	schwarz
	41	rot
	42	grün
	43	gelb
	44	blau
	45	türkis
	46	rosa
	47	weiß

16.6 Die Datei ANSI.SYS

ESC-Sequenz	Funktion
ESC[#;#H	setzt Cursor auf x,y-Position
ESC[#A	Cursor nach oben
ESC[#B	Cursor nach unten
ESC[#C	Cursor nach rechts
ESC[#D	Cursor nach links
ESC[2J	Bildschirm löschen
ESC[K	löscht Zeile links vom Cursor
ESC[s	speichert Cursorposition
ESC[u	setzt auf alte Cursorposition

Da das ESC-Zeichen gleich dezimal 27, oktal 33 oder hex 1B ist, kann das Bildschirmlöschen z.B. mittels

```
puts("\33[2J");
puts("\x1B[2J")
```

erfolgen. Das folgende Programm zeigt eine Vielzahl von Macros, die auf diesen Esc-Sequenzen beruhen. Nützlich ist, wenn man diese Macros in eine eigene Header-Datei, z. B. ansisys.h schreibt und bei Bedarf mittels der #include-Anweisung in die aktuelle Datei einbindet.

```
#define CLEAR_SCREEN printf("\x1B[2J")
#define CURSOR_UP printf("\x1B[A")
#define CURSOR_RIGHT printf("\x1B[C")
#define CURSOR_DOWN printf("\x1B[B")
#define CURSOR_LEFT printf("\x1B[D")
#define CURSOR_HOME printf("\x1B[H")
#define GOTOXY(x,y) printf("\x1B[%d;%dH",x,y)
#define SAVEXY printf("\x1B[s")
#define RECALLXY printf("\x1B[u")
#define NORM_VIDEO printf("\x1B[0m")
#define HIGH_VIDEO printf("\x1B[1m")
#define REVERS_VIDEO printf("\x1B[7m")
#define BLINK_VIDEO printf("\x1B[5m")
```

Prog. 16.16: *ansisys.h*

Diese Datei kann z. B. auf folgende Weise verwendet werden:

```c
/* ansi.c */
/* Bildschirmsteuerung mit ansi.sys
   muß geladen sein ! */

#include <stdio.h>
#include "ansisys.h"

void main()
{
  CLEAR_SCREEN;
  GOTOXY(10,10);
  NORM_VIDEO;
  printf("normale Anzeige\n");

  GOTOXY(12,10);
  REVERS_VIDEO;
  printf("inverse Anzeige\n");

  GOTOXY(14,10);
  BLINK_VIDEO;
  printf("blinkende Anzeige\n");

  GOTOXY(16,10);
  NORM_VIDEO;
  printf("wieder normale Anzeige\n");
  return;
}
```

Prog. 16.17: *ansi.c*

16.7 Werteübergabe an MS-DOS

Genauso wie die main( )-Funktion eines C-Programms über eine Kommandozeile Parameterwerte vom Betriebssystem übernehmen kann, genauso wird der RETURN-Wert von main( ) an das Betriebssystem übergeben. Ein solcher Wert kann beispielsweise in einer Batchdatei als Fehlercode (Errorlevel) auftreten. Folgendes Programm liefert den Status der NUMLOCK-Taste (*ein* = *1; aus* = *0*) und schaltet den Tastenstatus um.

```
/* numlock2.c */
/* Umschalten (Toggle) der Numlock-Taste */

int main()
{
    return
        (* (char far *)0x400017 ^= '\x20') & 0x20 ? 1 : 0;
}
```

Prog. 16.18: *numlock2.c*

Dieser Wert kann in einer Batchdatei (z.B. autoexec.bat) zum Ausschalten der NUMLOCK-Taste benützt werden:

```
:OFF
NUMLOCK
IF ERRORLEVEL 1 GOTO OFF
```

16.8 Erzeugen eines Assembler-Codes

Mit einem C-Compiler kann meist auch direkt ein Assemblerprogramm erzeugt werden. Als Beispiel wird das folgende Programm betrachtet:

```
1  /* mini.c */
2  void main()
3  {
4    int a=2,b=3,c=4,d;
5    d = a*b+c;
6    printf("%d",d);
7  }
```

Der Befehl `cl /Fa /Gs mini.c` für den Microsoft-Compiler bzw. die Option `-S` für Turbo C 2.0 (tcc) erzeugt die Assembler-Datei `mini.asm`.

```
;Static Name Aliases
;
 TITLE    mini.c
 NAME     mini
 .8087
_TEXT  SEGMENT  WORD PUBLIC 'CODE'
_TEXT  ENDS
_DATA  SEGMENT  WORD PUBLIC 'DATA'
_DATA  ENDS
CONST  SEGMENT  WORD PUBLIC 'CONST'
CONST  ENDS
_BSS   SEGMENT  WORD PUBLIC 'BSS'
_BSS   ENDS
DGROUP GROUP CONST, _BSS, _DATA
 ASSUME  CS: _TEXT, DS: DGROUP, SS: DGROUP
 EXTRN   __acrtused:ABS
 EXTRN   _printf:NEAR
CONST          SEGMENT
$SG107 DB '%d', 00H
CONST          ENDS
_TEXT          SEGMENT
```

16.8 Erzeugen eines Assembler-Codes

```
    ASSUME  CS: _TEXT
; Line 3
    PUBLIC  _main
_main PROC NEAR
    push    bp
    mov     bp,sp
    sub     sp,8
; a = -2
; b = -4
; c = -6
; d = -8
; Line 4
    mov     WORD PTR [bp-2],2    ;a
    mov     WORD PTR [bp-4],3    ;b
    mov     WORD PTR [bp-6],4    ;c
; Line 5
    mov     WORD PTR [bp-8],10   ;d
; Line 6
    push    WORD PTR [bp-8]      ;d
    mov     ax,OFFSET DGROUP:$SG107
    push    ax
    call    _printf
; Line 7
    mov     sp,bp
    pop     bp
    ret

_main ENDP
_TEXT ENDS
END
```

Man sieht, daß ein kleines C-Programm bereits zu einem größeren Assembler-Code führt. Nach Definition von Text, Data-, Const- und BSS-Segment werden zwei Funktionen acrtused() und printf() als externe Funktionen deklariert. Das eigentliche Text-Segment beginnt bei Zeile 3, wo zunächst alle Systemparameter auf den Stackpointer gelegt wurden. Sodann werden die vier Werte für a, b, c (Zeile 4) und das

317

Ergebnis "10" (Zeile 5) für d auf den Stapel gelegt. Der letzte Wert wird in das AX-Register gebracht (Zeile 6) und die Funktion printf() aufgerufen. Schließlich wird der alte Zustand wiederhergestellt, indem alle Systemparamter vom Stackpointer auf den Basepointer gebracht werden (Zeile 7).

Da C einen relativ maschinennahen Code erzeugt, erhält man nach manuellem Entfernen aller unnötigen Stackbefehle und dem Compilieren mittels eines Macroassemblers ein schnell ausführbares Maschinenprogramm. Praktisch alle großen Programme unter MS-DOS wie Lotus, dBase usw. wurden auf diese Weise programmiert.

17 C-Programme aus verschiedenen Bereichen

In diesem Abschnitt findet der Leser Programme aus Numerik, Wahrscheinlichkeitsrechnung und Grafik. Da die Grafik unter ANSI C nicht standardisiert ist, lassen sich Grafik-Programme nur für spezielle Compiler schreiben. Hier im Buch wird jeweils die Turbo C / BORLAND C-Version dargestellt. Auf der Diskette finden Sie im Verzeichnis MSGRAF die Version für Microsoft C beziehungsweise Visual C++.

17.1 NEWTON-Iteration

Die Eigenfrequenzen einer Stimmgabel gehorchen der Eigenwertgleichung für Biegeschwingungen eines einseitig eingespannten Stabs

$$f(\lambda) \equiv \cos\lambda \cosh\lambda + 1 = 0$$

Die Eigenwerte λ sollen mit Hilfe der NEWTON-Iteration gelöst werden

$$\lambda_{n+1} = \lambda_n - \frac{f(\lambda_n)}{f'(\lambda_n)}$$

Als Startwert verwendet man am einfachsten die Frequenzen einer *stehenden Welle*

$$\lambda = \frac{2k+1}{2}\pi$$

Um eine Berechnung mit Materialkonstanten wie Elastizitätsmoduln und Flächenträgheitsmomenten zu vermeiden, benützen wir die Tatsache, daß sich die Frequenzen f proportional zu den Quadrate der Eigenwerte $f \propto \lambda^2$ sind. Für die Proportionalitätskonstante C gilt damit die Gleichung

$$f = C\lambda^2 \Rightarrow C = \frac{f}{\lambda^2}$$

17 C-Programme aus verschiedenen Bereichen

Die Konstante läßt bei einem bekannten Eigenwert somit aus der Grundfrequenz (hier $f_0 = 440\,Hz$ berechnen).

```c
/* stimmgab.c */
/* Eigenwertproblem e.Stimmgabel */
#include <stdio.h>
#include <stdlib.h>
#include <math.h>
#define M_PI 3.14159265358979323846

double f(double x) /* Eigenwertgleichung */
{
   return cos(x)*cosh(x)+1.;
}

double df(double x) /* Ableitung */
{
   return -sin(x)*cosh(x)+cos(x)*sinh(x);
}

double newton(double y0) /* Iteration */
{
   double f1,x,y=y0;
   do
   {
     x = y;
     f1 = df(x);
     if (f1==0.)
     {
        printf("Error");
        exit(1);
     }
     y = x -f(x)/f1;
   } while(fabs(x-y)>1e-7);
   return y;
}
```

Prog. 17.1: *stimmgab.c (Fortsetzung auf der nächsten Seite)*

17.1 Newton-Iteration

```c
void eigenwerte()
{
    int i;
    double freq,konst,lambda,x;
    double freq0 = 440.; /* Grundfrequenz */
    x = M_PI/2; /* Startwert f.Iteration */
    lambda = newton(x); /* Grundschwingung */
    printf("%3d %12.6lf %12.11f\n",0,lambda,freq0);
    /* Proportionalitaetskonstante f. Frequenzen */
    konst = freq0/(lambda*lambda);
    for (i=1; i<10 ;i++)
    {
        x = (i+0.5)*M_PI; /* Startwerte f.Iteration */
        lambda = newton(x);  /* Oberschwingungen */
        freq = konst*lambda*lambda;
        printf("%3d %12.6lf %12.11f\n",i,lambda,freq);
    }
    return;
}

void eigenwerte(void);

void main()
{
    printf("Eigenwerte einer Stimmgabel\n");
    printf("  Nr    Eigenwert    Frequenz(Hz)\n");
    eigenwerte();
    return;
}
```

Prog. 17.1: *stimmgab.c*

Die Berechnung der ersten 10 Eigenfrequenzen zeigt, daß bereits die 4. Oberschwingung außerhalb des Hörbarkeitsbereichs (Obergrenze ca.18 *kHz*) liegt. Die Programmausgabe ist:

17 C-Programme aus verschiedenen Bereichen

```
Eigenwerte einer Stimmgabel
Nr   Eigenwert      Frequenz(Hz)
0     1.875104         440.0
1     4.694091        2757.4
2     7.854757        7720.9
3    10.995541       15129.9
4    14.137168       25010.8
5    17.278760       37361.7
6    20.420352       52182.9
7    23.561945       69474.3
8    26.703538       89235.9
9    29.845130      111467.7
```

17.2 RUNGE-KUTTA-FEHLBERG-Verfahren

Das klassische RUNGE-KUTTA-Verfahren wurde 1960 von E. FEHLBERG auf höhere Fehler-Ordnungen erweitert. Neben dem kleineren Verfahrensfehler bietet der Algorithmus von RUNGE-KUTTA-FEHLBERG (RKF) auch eine einfache Abschätzung des lokalen Fehlers. Die genauen Koeffizienten können dem nachfolgenden Quellcode entnommen werden. Weitere Koeffizienten für RKF-Verfahren höherer Ordnung finden sich in jedem Numerikbuch (z.B. G. ENGELN-MÜLLGES / F. REUTER: *Formelsammlung zur Numerischen Mathematik*, Bibliographisches Institut, Mannheim).

```c
/* rkf.c */
/* Runge-Kutta-Fehlberg */
#include <stdio.h>
#include <math.h>
const double h = 0.1; /* Schrittweite */

void rkf(double *,double *,double *);
double f(double,double); /* Diff.gl. */
void main()
{
```

Prog. 17.2: *rkf.c (Fortsetzung auf der nächsten Seite)*

```c
double a,b,x,y,err=0.;
printf("Integrationsintervall a b? ");
scanf("%lf %lf",&a,&b);
printf("Anfangswert d.Differentialgleichung? ");
scanf("%lf",&y);
x = a;
printf("    x           y         lokal.Fehler\n");
while (x<=b+h/2.)
{
   printf("%4.2lf %14.6lf %14.1e\n",x,y,err);
   rkf(&x,&y,&err);
}
return;
}
void rkf(double *x,double *y,double *err)
{
   double k1,k2,k3,k4,k5,k6;
   k1 = h*f(*x,*y);
   k2 = h*f(*x+0.25*h,*y+0.25*k1);
   k3 = h*f(*x+3./8.*h,*y+3./32.*k1+9./32.*k2);
   k4 = h*f(*x+12./13.*h,*y+(1932.*k1-7200.*k2+
            7296.*k3)/2197.);
   k5 = h*f(*x+h,*y+439./216.*k1-8.*k2+
            3680./513.*k3-845./4104.*k4);
   k6 = h*f(*x+0.5*h,*y-8./27.*k1+2.*k2-
            3544./2565.*k3+
            1859./4104.*k4-11./40.*k5);
   *err = *y +16./135.*k1+6656./12825.*k3+
            28561./56430.*k4-0.18*k5+2./55*k6;
   *x += h;
   *y += 25./216.*k1+1408./2565.*k3+
            2197./4104.*k4-0.2*k5;
   *err -= *y;
   return;
}
```

Prog. 17.2: *rkf.c (Fortsetzung auf der nächsten Seite)*

```
double f(double x,double y)
/* exakte Loesung 1/(1+x^2) */
{
    return -2.*x*y/(1.+x*x);
}
```

Prog. 17.2: *rkf.c*

Als numerisches Beispiel wird die Differentialgleichung

$$y' = -\frac{2xy}{1+x^2}$$

gewählt. Mit der Anfangsbedingung $y=1$ ergibt sich die folgende Lösung im Intervall $[0;2]$

x	y	lokal.Fehler
0.00	1.000000	0.0e+00
0.10	0.990099	-1.1e-09
0.20	0.961538	-1.9e-08
0.30	0.917431	-2.9e-08
0.40	0.862069	-3.0e-08
0.50	0.800000	-2.4e-08
0.60	0.735294	-1.5e-08
0.70	0.671141	-6.6e-09
0.80	0.609756	-3.1e-10
0.90	0.552486	3.5e-09
1.00	0.500000	5.3e-09
1.10	0.452489	5.7e-09
1.20	0.409836	5.4e-09
1.30	0.371747	4.8e-09
1.40	0.337838	4.0e-09
1.50	0.307692	3.3e-09
1.60	0.280899	2.6e-09
1.70	0.257069	2.1e-09
1.80	0.235849	1.7e-09
1.90	0.216920	1.3e-09
2.00	0.200000	1.0e-09

Der Vergleich mit der exakten Lösung zeigt eine sehr gute Übereinstimmung. Zu beachten ist, daß der angegebene Fehler nur lokal ist, d. h. er gilt nur für den jeweiligen Integrationsschritt. Gut zu beobachten ist die monotone Abnahme des lokalen Fehlers. Er zeigt, daß der Algorithmus bei dieser Differentialgleichung stabil ist.

17.3 Mehrschrittverfahren von ADAMS-MOULTON

Das RUNGE-KUTTA-Verfahren des vorhergehenden Abschnitts wertet eine Differentialgleichung jeweils an einer Stelle aus; man spricht daher von einem *Einschrittverfahren*. Im Gegensatz dazu, benötigt ein *Mehrschrittverfahren* gleichzeitig mehrere Funktionswerte von verschiedenen Argumenten. Daher tritt hier das Problem auf, daß nicht genügend Startwerte bekannt sind. Beim folgenden Verfahren nach ADAMS-MOULTON (AM) wird daher das gewöhnliche Runge-Kutta verwendet, um die benötigten Startwerte zu beschaffen.

Das hier verwendete AM-Verfahren benötigt außer dem gegebenen Anfangswert f_0 drei zusätzliche Startwerte f_1, f_2, f_3 und läuft in zwei Schritten ab. *Zunächst wird mit Hilfe des* Prädiktors *der nächste Funktionswert vorhergesagt*

$$P = y_3 + \tfrac{h}{24}(55f_3 - 59f_2 + 37f_1 + 9f_0)$$

Dann wird dieser Wert mittels Korrektor *korrigiert.*

$$C = y_3 + \tfrac{h}{24}(9f(x,P) + 19f_3 - 5f_2 + f_1)$$

Dieser Wert ist dann der nächste Funktionswert.

```
/* am.c */
/* Integration einer Diff.gl 1.Ordnung
   nach Adams-Moulton */
#include <stdio.h>
#include <math.h>
#define M_PI 3.14159265358979323846
double x[5],y[5];
double f(double,double);  /* Diff.gl */
```

Prog. 17.3: am.c *(Fortsetzung auf der nächsten Seite)*

17 C-Programme aus verschiedenen Bereichen

```c
double rk(double,double,double);
double am(double);
void main()
{
  double a,b,h,x0,y0;
  int i;
  printf("Eingabe Integrationsintervall a b ");
  scanf("%lf %lf",&a,&b);
  printf("Eingabe Anfangswert y0 der Diff.gl ");
  scanf("%lf",&y0);
  printf("Eingabe Schrittweite h ");
  scanf("%lf",&h);

  x0 = a;
  x[0] = x0;
  y[0] = y0;
  printf("%4.2lf %12.6lf\n",x0,y0);
  for (i=1; i<4; i++) /* 3 Schritte Runge-Kutta */
  {
    x[i] = x0+h;
    y[i] = rk(x0,y0,h);
    x0 = x[i];
    y0 = y[i];
    printf("%4.2lf %12.6lf\n",x0,y0);
  }
  do
  {
    x[4] = x[3]+h;
    y[4] = am(h);
    printf("%4.2lf %12.6lf\n",x[4],y[4]);
    for (i=0; i<4; i++)
    {
      x[i] = x[i+1];
      y[i] = y[i+1];
    }
```

Prog. 17.3: am.c *(Fortsetzung auf der nächsten Seite)*

17.3 Mehrschrittverfahren von Adams-Moulton

```
    } while(x[4]<b-h/2.);
    return;
}
double f(double x,double y)
{
    /* exakte Loesung sqrt(2*x^2+1) */
    return 2.*x/y;
}
double rk(double x,double y,double h)
{
    double k1,k2,k3,k4;
    k1 = h*f(x,y);
    k2 = h*f(x+0.5*h,y+0.5*k1);
    k3 = h*f(x+0.5*h,y+0.5*k2);
    k4 = h*f(x+h,y+k3);
    return y+(k1+2.*k2+2.*k3+k4)/6.;
}
double am(double h)
{
    double pred,corr,f3,f2,f1;
    f1 = f(x[1],y[1]);
    f2 = f(x[2],y[2]);
    f3 = f(x[3],y[3]);
    pred = y[3]+ h*(55.*f3 - 59.*f2 +
           37.*f1 - 9.*f(x[0],y[0]))/24.;
    corr = y[3]+ h*(9.*f(x[4],pred) +
           19.*f3 - 5.*f2 + f1)/24.;
    return corr;
}
```

Prog. 17.3: am.c

Die Integration der Differentialgleichung $y' = \dfrac{2x}{y}$ mit dem Anfangswert $y(0) = 1$ auf dem Intervall $[0;2]$ und der Schrittweite $h = 0,1$ liefert folgende numerische Lösung:

0.00	1.000000
0.10	1.009951
0.20	1.039231
0.30	1.086279
0.40	1.148927
0.50	1.224769
0.60	1.311516
0.70	1.407153
0.80	1.509993
0.90	1.618664
1.00	1.732070
1.10	1.849341
1.20	1.969786
1.30	2.092858
1.40	2.218118
1.50	2.345218
1.60	2.473872
1.70	2.603851
1.80	2.734966
1.90	2.867061
2.00	3.000006

Der Vergleich der numerischen Werts $y(2) = 3.000006$ mit dem exakten Wert der Lösung $y = \sqrt{2x^2 + 1}$ zeigt einen absoluten Fehler von $6.0 \cdot 10^{-6}$.

17.4 GAUß-Integration

Die GAUß-Integration ist ein Fall von einer ganzen Klasse von Methoden, die zur numerischen Integration von speziellen Integralen der Form

$$\int_{-\infty}^{\infty} f(x)e^{-x^2} dx \quad \text{GAUß-HERMITE-Integration}$$

$$\int_{0}^{\infty} f(x)e^{-x} dx \quad \text{GAUß-LAGUERRE-Integration}$$

17.4 Gauß-Integration

$$\int_{-1}^{1}\frac{f(x)dx}{\sqrt{1-x^2}} \quad \text{GAUß-TSCHEBYSCHEW-Integration}$$

entwickelt wurden. Die GAUß-Integration berechnet ein Integral nach der Formel

$$\int_{-1}^{1} f(x)dx = \sum_{i=1}^{n} g \cdot f(x_i)$$

als gewichtete Summe von gewissen Funktionswerte. Die Funktionswerte sind hier genau die Nullstellen des LEGENDRE-Polynoms der Ordnung n. Da eine Fehlerrechnung für die GAUß-Integration schwierig ist, werden hier zur Kontrolle die 9- bzw. 10-Punkte GAUß-Formel gleichzeitig angewandt.

```c
/* gint.c */
/* Integration nach Gauss mit
   der 9- bzw. 10-Punkte-Formel */
#include <stdio.h>
#include <math.h>
#define M_PI 3.14159265358979323846

double gint9(double,double);
double gint10(double,double);
void main()
{
   double a=0.,b=M_PI; /* Integrationsgrenzen */
   printf("Integration nach Gauss-9-Punkte %.8lf\n",
          gint9(a,b));
   printf("Integration nach Gauss-10-Punkte %.8lf\n",
          gint10(a,b));
   return;
}
double gint9(double a,double b)
{
   int i;
```

Prog. 17.4: *gint.c (Fortsetzung auf der nächsten Seite)*

```
    double c,d,sum,xi;
    double f(double);
    double x[5] = { 0.,
                    0.324253423,
                    0.613371433,
                    0.836031107,
                    0.968160239};
    double w[5] = { 0.330239355,
                    0.312347077,
                    0.260610696,
                    0.180648161,
                    0.081274388 };
    c = (b-a)/2.;
    d = (b+a)/2.;
    sum = w[0]*f(d);
    for (i=1; i<5; i++)
    {
      xi = x[i];
      sum += w[i]*(f(d+c*xi)+f(d-c*xi));
    }
    return c*sum;
}
double gint10(double a,double b)
{
    int i;
    double c,d,xi,sum=0.;
    double f();
    double x[5] = { 0.148874339,
                    0.433395394,
                    0.679409568,
                    0.865063367,
                    0.973906529};
    double w[5] = { 0.295524225,
                    0.269266719,
                    0.219086363,
```

Prog. 17.4: *gint.c (Fortsetzung auf der nächsten Seite)*

```
                       0.149451349,
                       0.066671344 };
   c = (b-a)/2.;
   d = (b+a)/2.;
   for (i=0; i<5; i++)
   {
      xi = x[i];
      sum += w[i]*(f(d+c*xi)+f(d-c*xi));
   }
   return c*sum;
}

double f(double x)
{
   return cos(sin(x)-x);
}
```

Prog. 17.4: gint.c

Als Beispiel eines Integrals, das keine elementare Funktion als Stammfunktion hat, wird

$$\int_0^\pi \cos(\sin(x)-x)dx$$

gewählt. Das Programm liefert die Werte

Integration nach Gauss-9-Punkte 1.38245973
Integration nach Gauss-10-Punkte 1.38245969

Der exakte Wert ist ein Vielfaches der BESSEL-Funktion 1.Ordnung $\pi J_1(1) = 1.382459687$. Die absolute Differenz zwischen den numerischen Werten ist $4 \cdot 10^{-8}$, die Abweichung der 10-Punkte-Formel zum exakten Wert $3 \cdot 10^{-9}$. Aus der Differenz zwischen den numerischen Werten kann jedoch nicht immer auf den absoluten Fehler des Integrals geschlossen werden.

17.5 ROMBERG-Integration

Eine weitere bekannte Integrationsmethode ist die Integration nach ROMBERG. Hier versucht man durch fortgesetzte Extrapolation den Verfahrenfehler beliebig klein zu machen.

```c
/* romberg.c */
#include <stdio.h>
#include <math.h>
#define M_PI 3.14159265358979323846

void main()
{
  int err;
  double a=0.,b=M_PI/2.,eps=2.0e-8,v;
  void romberg();
  romberg(a,b,eps,&v,&err);
  if (!err) printf("Integral = %.8lf\n",v);
  else printf("Keine Konvergenz!\n");
}

void romberg(double a,double b,double eps,
             double *v,int *err)
{
  int i,j,k,m;
  double g=10.,p,h,x,sum;
  static double t[10][10] = {0.};
  double f();

  *err = 1;
  h = (b-a)/10.;
  sum = f(a)+f(b);
  x = a;
  for (i=2; i<=10; i++)
  {
    x += h;
    sum += 2.*f(x);
```

Prog. 17.5: romberg.c (Fortsetzung auf der nächsten Seite)

```c
      }
      t[1][1] = sum*h/2.;
      for (i=1; i<=8; i++)
      {
        h *= 0.5;
        x = h;
        g *= 2.;
        for (j=2; j<=g; j+=2)
        {
          sum += 2.*f(x);
          x += 2.*h;
        }
        t[1][i+1] =sum*h/2.;
        p = 1.;
        for (k=1; k<=i; k++)
        {
          p *= 4.;
          t[k+1][i+1] = t[k][i+1]+(t[k][i+1]-
                        t[k][i])/(p-1.);
        }
        m = i+1;
        if (fabs(t[i+1][i+1]-t[i][i+1])<eps)
        {
          *err=0;
          break;
        }
      }
      for (i=1; i<=m; i++)
      {
        for (j=1; j<=i; j++) printf("%11.8lf",t[j][i]);
        printf("\n");
      }
      *v = t[m][m];
      return;
    }
```

Prog. 17.5: *romberg.c (Fortsetzung auf der nächsten Seite)*

```
double f(double x)
{
    return 1./sqrt(1.-0.81*sin(x)*sin(x));
}
```

Prog. 17.5: romberg.c

Als Beispiel wird hier das nicht elementar integrierbare vollständige Elliptische Integral 2. Ordnung gewählt

$$\int_0^\pi \frac{dx}{\sqrt{1-0.81\sin^2 x}} = K(0.9)$$

Das Extrapolationsschema kommt hier bei der gewählten Genauigkeit von bereits nach zwei Schritten zur Konvergenz. Die Ausgabe ist

```
2.28054914
2.28054914  2.28054914
Integral =  2.28054914
```

Der Vergleich mit dem exakten Wert

$K(0.9) = 2.2805491384$

zeigt, daß die geforderte Genauigkeit eingehalten wurde.

17.6 Das VON-MISES-Verfahren

Die VON-MISES-Iteration ist ein Verfahren zur Berechnung des dominanten reellen Eigenwerts einer nichtsymmetrischen Matrix.

```
/* mises.c */
#include <stdio.h>
#include <math.h>
#define N 4
double a[N][N] = { {3.8,1.8,-2.,-0.6},
                   {5.4,6.2,-7.2,-1.},
                   {2.,2.4,-2.,0.},
                   {1.8,1.,0.,1.} };
```

Prog. 17.6: mises.c (Fortsetzung auf der nächsten Seite)

17.6 Das von-Mises-Verfahren

```c
double x[N];
void mises(double *,int *);
void main()
{
  int i,err;
  double lambda;

  mises(&lambda,&err);
  if (!err)
  {
    printf("betragsgroesster Eigenwert %.8lf\n",
            lambda);
    printf("Eigenvektor\n");
    for (i=0; i<N; i++) printf("%lf\n",x[i]);
  }
  else printf("Keine Konvergenz nach "
              "50 Iterationen\n");
}
void mises(double *lambda,int *err)
{
  int i,it,k;
  double s,lmax=0.,eps=1.0e-8;
  double y[N];
  *err = 1;
  *lambda = 0.
  for (i=0; i<N; i++) x[i]=1.;
  for (it=0; it<=100; it++)
  {
    lmax = *lambda;
    for (i=0; i<N; i++)
    {
      s = 0.;
      for (k=0; k<N; k++)
        s += a[i][k]*x[k];
    }
```

Prog. 17.6: mises.c *(Fortsetzung auf der nächsten Seite)*

```
        y[i] = s;
    *lambda = y[0];
    for (i=1; i<N; i++)
        if (fabs(y[i])>*lambda)
            *lambda = y[i];
    for (i=0; i<N; i++)
        x[i] = y[i]/(*lambda);
    if (fabs(lmax-(*lambda))<eps*fabs(lmax))
    {
        *err=0;
        break;
    }
    }
    return;
}
```

Prog. 17.6: mises.c

Als numerisches Beispiel wurde die (nichtsymmetrische) Matrix gewählt:

$$A = \begin{pmatrix} 3.8 & 1.8 & -2 & -0.6 \\ 5.4 & 6.2 & -7.2 & -1 \\ 2 & 2.4 & -2 & 0 \\ 1.8 & 1 & 0 & 1 \end{pmatrix}$$

Das Programm liefert die Ausgabe

```
Betragsgroesster Eigenwert 4.79999996
Eigenvektor
0.500000
1.000000
0.500000
0.500000
```

Der exakte betragsgrößte Eigenwert ist $\lambda = 4.8$. Da die Matrix keine betragsgleichen maximalen Eigenwerte hat (wie es stets bei komplexen Werten der Fall ist) gibt es hier keine Konvergenzprobleme.

17.7 Das HOUSEHOLDER-Verfahren

Das HOUSEHOLDER-Verfahren ist eine Standardmethode zur Berechnung der Eigenwerte einer symmetrischen Matrix.

```c
/* househ.c */
/* Householder-Verfahren mit Bisektion */
#include <stdio.h>
#include <math.h>
#define N 5
double d[N][N] = {{10.,1.,2.,3.,4.},
                  {1.,9.,-1.,2.,-3.},
                  {2.,-1.,7.,3.,-5.},
                  {3.,2.,3.,12.,-1.},
                  {4.,-3.,-5.,-1.,15.}};
void househ(int, int *);
void bisect(int, double *);
int sgn(double);
void main()
{
  int i,j,n=N,err;
  double eps;

  househ(n,&err);
  if (err)
    printf("Householder-Transformation "
           "nicht moeglich!\n");
  else
  {
    printf("Householder-Transformatierte\n");
    for (i=0; i<N; i++)
    {
      for (j=0; j<N; j++)
        printf("%10.6lf",d[i][j]);
      printf("\n");
    }
    printf("\n");
```

Prog. 17.7: househ.c (Fortsetzung auf der nächsten Seite)

```c
        bisect(n,&eps);
        printf("theoretische Genauigkeit %.11e\n",eps);
    }
    return;
}
void househ(int n,int *err)
{
    int i,j,k,t;
    double g,h,s,sigma;
    static double p[N+1],q[N+1],w[N+1];
    *err = 0;
    for (t=0; t<n-2; t++)
    {
        sigma = 0.;
        for (k=t+1; k<n; k++)
            sigma += d[t][k]*d[t][k];
        if (sigma==0.)
        {
            *err=1;
            return;
        }
        s = (d[t][t+1]>0.)? sqrt(sigma) : -sqrt(sigma);
        w[t] = 0.;
        w[t+1] = sqrt(0.5*(1.+d[t][t+1]/s));
        h = s*w[t+1];
        for (k = t+2; k<n; k++)
            w[k] = d[t][k]/(2.*h);
        p[t] = h;
        for (j=t+1; j<n; j++)
        {
            p[j] = 0.;
            for (k=t+1; k<=j; k++)
                p[j] += w[k]*d[k][j];
            for (k=j+1; k<n; k++)
                p[j] += w[k]*d[j][k];
```

Prog. 17.7: *househ.c (Fortsetzung auf der nächsten Seite)*

17.7 Das Householder-Verfahren

```
    }
    g = 0.;
    for (k=t+1; k<n; k++)
      g += p[k]*w[k];
    for (i=t; i<n; i++)
      q[i] = 2.*(p[i]-g*w[i]);
    for (i=t; i<n; i++)
      for (j=i; j<n; j++)
        d[i][j] += -w[i]*q[j]-w[j]*q[i];
  }
  return;
}
void bisect(int n,double *eps)
{
  int i,j,k,v,t=30;
  double eig,min,max,lambda,p,q,r;
  double a[N+1],b[N+1],c[N+1];
  for (i=0; i<n-1; i++)
  {
    a[i] = d[i][i];
    b[i] = d[i][i+1];
  }
  a[n-1] = d[n-1][n-1];
  *eps = fabs(a[0]+b[0]);
  for (k=1; k<=n; k++)
  {
    min = a[0]-fabs(b[0]);
    max = a[0]+fabs(b[0]);
    c[0] = b[0]*b[0];
    for (i=1; i<n; i++)
    {
      c[i] = b[i]*b[i];
      r = fabs(b[i-1])+fabs(b[i]);
      if (a[i]-r<min) min = a[i]-r;
      if (a[i]+r>max) max = a[i]+r;
```

Prog. 17.7: househ.c *(Fortsetzung auf der nächsten Seite)*

```
      }
   for (j=0; j<t; j++)
   {
      lambda = (min+max)/2.;
      p = 1.; q = lambda-a[0];
      v = abs(sgn(p)-sgn(q));
      for (i=1; i<n; i++)
      {
         r = (lambda-a[i])*q-c[i-1]*p;
         v += abs(sgn(q)-sgn(r));
         p = q; q = r;
      }
      v = (int)(v/2);
      if (v>=k) min = lambda;
      else max = lambda;
   }
   eig = (min+max)/2.;
   printf("Eigenwert Nr.%d %lf\n",k,eig);
   }
   *eps *= pow(0.5,30.);
   return;
}

int sgn(double x)
{
   if (x>0.) return 1;
   else
      if (x<0.) return -1;
      else return 0;
}
```

Prog. 17.7: *househ.c*

Als Beispiel eines symmetrischen Eigenwertproblems wird folgende Matrix gewählt.

$$A = \begin{pmatrix} 10 & 1 & 2 & 3 & 4 \\ 1 & 9 & -1 & 2 & -3 \\ 2 & -1 & 7 & 3 & -5 \\ 3 & 2 & 3 & 12 & -1 \\ 4 & -3 & -5 & -1 & 15 \end{pmatrix}$$

Das Programm liefert neben der HOUSEHOLDER-Transformierten folgende Eigenwerte

```
Eigenwert Nr.1  19.175420
Eigenwert Nr.2  15.808921
Eigenwert Nr.3   9.365555
Eigenwert Nr.4   6.994838
Eigenwert Nr.5   1.655266
theoretische Genauigkeit 4.2e-09
```

Die angegebenen theoretische Genauigkeit ist diejenigen des Bisektionsverfahren, das auf die Tridiagonalmatrix ausgeübt wird. Etwaige Rundungsfehler sind nicht eingeschlossen.

17.8 Berechnung der Normalverteilung

Als Beispiel aus der Wahrscheinlichkeitsrechnung bzw. der Statistik wird die Berechnung der Normalverteilung gewählt. Der Wert der Normalverteilung $\Phi(x)$ ist gegeben durch das nicht elementar lösbare Integral (vergleiche die Formel auf einem neuen 10 DM-Schein!)

$$\Phi(x) = \frac{1}{\sqrt{2\pi}} \int_{-\infty}^{x} e^{-t^2/2} dt$$

Neben der numerischen Integration besteht oft die Möglichkeit, spezielle Funktionen wie die Normalverteilung über eine Approximation zu berechnen. Das Programm benützt eine von HASTINGS angebene Näherung, die einen maximalen absoluter Fehler von nur $7.5 \cdot 10^{-8}$ aufweist.

17 C-Programme aus verschiedenen Bereichen

```c
/* normvrt.c */
/* Berechnung der Normalverteilung */
#include <stdio.h>
#include <math.h>
#define M_PI 3.1415926535898
double normvrt(double z)
/* Approximation der Normalverteilung
   nach Hastings, max.Fehler 7.5e-8 */
{
  const double p =0.2316419;
  double t,f,dichte;
  int i;
  static double b[] = { 0.,
                        0.319381530,
                       -0.356563782,
                        1.781477937,
                       -1.821255978,
                        1.330274429 };
  t = 1./(1.+p*fabs(z));

  dichte = exp(-z*z/2.)/sqrt(2.*M_PI);
  f = b[5]; /* Start Hornerschema */
  for (i=4; i>=0; i--)
    f = f*t+b[i];
  f *= dichte;
  return (z<0)? f:1.-f;
}

double ws(double x,double mue,double sigma)
/* Wahrscheinlichkeit */
{ return normvrt((x-mue)/sigma); }

int main()
{
/* Musterung normalverteilt N(173,7) */
```

Prog. 17.8: normvrt.c (Fortsetzung auf der nächsten Seite)

17.8 Berechnung der Normalverteilung

```
    printf("Wahrscheinlichkeit,daß ein Rekrut "
           "größer als 1,85 Meter\n");
    printf("%lf\n",ws(185.,173.,7.));

    /* Zuckerpackungen normalverteilt N(1000,12): */
    printf("Wahrscheinlichkeit,daß eine "
           "Zuckerpackung weniger als "
           "980 g enthält\n");
    printf("%lf\n",1.-ws(980.,1000.,12.));

    /* Widerstaende normalverteilt N(100,6) */
    printf("Wahrscheinlichkeit,daß ein Widerstand "
           "höchstens 10 Ohm abweicht\n");
    printf("%lf\n",2*ws(110.,100.,6.)-1);
    return 0;
}
```

Prog. 17.8: *normvrt.c*

Berechnet werden folgende drei Wahrscheinlichkeiten:

- Bei einer Musterung wird festgestellt, daß die Größe der Rekruten normalverteilt ist mit dem Mittelwert $\mu = 173 cm$ und der Standardabweichung $\sigma = 7 cm$. Gesucht ist die Wahrscheinlichkeit, daß ein Rekrut größer als 185 cm ist.

- Die Füllgewichte von 1 kg-Zuckerpackungen sollen normalverteilt zum Mittelwert $\mu = 1000 g$ und Standardabweichung $\sigma = 12 g$. Gesucht ist die Wahrscheinlichkeit, daß eine Zuckerpackung ein Füllgewicht kleiner als 980g aufweist.

- Elektrische Widerstände stammen aus einer Produktionsreihe mit dem Mittelwert $\mu = 100\Omega$ und Standardabweichung $\sigma = 10\Omega$. Gesucht ist die Wahrscheinlichkeit, daß ein Widerstand Ausschuß ist, d. h. mehr als 10% vom Normwert 100Ω abweicht.

Das Programm liefert folgende Wahrscheinlichkeiten:

```
Wahrscheinlichkeit,daß ein Rekrut größer als 1.85
Meter : 0.956762
Wahrscheinlichkeit,daß eine Zuckerpackung weniger als
980 g enthält : 0.952210 :
Wahrscheinlichkeit,daß ein Widerstand höchstens 10
Ohm abweicht : 0.904419
```

17.9 Grafik für Iterierte Funktionssysteme

Iterierte Funktionsysteme wurden 1985 durch M. BARNSLEY auf der SIGGRAPH (Special Interest Group for Graphics) populär gemacht. Er konnte zeigen, daß so komplizierte Bilder, wie das des Farns (Abb. 17.1) mit Hilfe von nur 4 affinen Abbildungen erzeugt werden kann.

Eine affine Abbildung ist linear in (x,y) und läßt sich in Matrixform darstellen

$$\begin{pmatrix} x' \\ y' \end{pmatrix} = \begin{pmatrix} a & b \\ c & d \end{pmatrix} \begin{pmatrix} x \\ y \end{pmatrix} + \begin{pmatrix} e \\ f \end{pmatrix}$$

dabei muß die Determinante kleiner Eins sein

$$D = \begin{vmatrix} a & b \\ c & d \end{vmatrix} = ad - bc < 1$$

Eine solche Abbildung heißt *kontrahierend*. Die Koeffizienten der affinen Abbildung lassen sich vereinfacht in Tabellenform darstellen (hier die Werte für den Farn)

a	b	c	d	e	f
0.849	0.037	-0.037	0.849	0.075	0.183
0.197	-0.226	9.226	0.197	0.4	0.049
-0.15	0.283	0.263	0.237	0.575	-0.084
0	0	0	0.16	0.5	0

17.9 Grafik für Iterierte Funktionssysteme

Abb. 17.1: Farn nach M. Barnsley

Diese Abbildungen werden nun iteriert, d.h. wiederholt hintereinander ausgeführt. Man startet zunächst mit $x=0, y=0$, wählt eine der 4 Abbildungen zufällig aus, berechnet die zugehörigen Bildpunkte *(x1,y1)*. Diese Punkte dienen dann als Startwerte für die nächste Iteration. Da die Auswahl der auszuführenden affinen Abbildung mittels Zufallszahlen geschieht, kann der Algorithmus als *stochastisch* aufgefaßt werden. Da diese affinen Abbildungen – wegen der fehlenden Symmetrie – nicht mit gleicher Wahrscheinlichkeit aufgerufen werden, wird hier die Wahrscheinlichkeiten als Vektor $\vec{p}$ gegeben

$$\vec{p} = (0.73, 0.13, 0.11, 0.03)$$

Dieser Vektor und die Tabelle der Konstanten werden im Programm als statische Reihung definiert. Damit ergibt sich das folgende Programm als Borland-Version (die Microsoft-Version finden Sie auf der Diskette im Verzeichnis MSGRAF).

17 C-Programme aus verschiedenen Bereichen

```c
/* farn.c */
/* Farn nach Michael Barnley
   Fractals Eyerywhere, Academic Press 1988 */

#include <graphics.h>
#include <conio.h>
#include <stdlib.h>
#include <time.h>
static double a[4] = {0,0.197,-0.15,0.849};
static double b[4] = {0,-0.226,0.283,0.037};
static double c[4] = {0,0.226,0.26,-0.037};
static double d[4] = {0.16,0.197,0.237,0.849};
static double e[4] = {0,0,0,0};
static double f[4] = {0,1.6,0.44,1.6};
static double p[4] = {0.03,0.16,0.27,1.0};

int main()
{
  register int k;
  register long int i;
  double x,x1,y,pk;
  int gdriver,gmode;
  gdriver = 9;
  gmode = VGAHI;/* VGA-Modus 640x480*/
  initgraph(&gdriver,&gmode,"\\bc\\bgi");
  rectangle(0,0,639,479);
  moveto(8,8);outtext("Farn nach M.Barnsley");
  randomize(); /* nur Turbo/Borland C */
  x = y = 0.;
  for (i= 1; i<=75000; i++)
  {
    pk = rand()/32767.;
    if (pk <= p[0])   k = 0;
    else
       if (pk <= p[1]) k = 1;
```

Prog. 17.9: *farn.c (Fortsetzung auf der nächsten Seite)*

```
        else
           if (pk <= p[2]) k = 2;
           else k = 3;
        x1 = a[k]*x + b[k]*y + e[k];
        y = c[k]*x + d[k]*y + f[k];
        x = x1;
        putpixel(300+(int)(x*50),430-(int)(y*40),10);
     }
     do {} while(!(kbhit()));
     closegraph();
     return 0;
}
```

Prog. 17.9: *farn.c*

Neben dem Farn gibt es zahlreiche andere Iterierte Funktionsysteme. Zahlreiche weitere Abbildungen finden sich in dem Buch: D. HERRMANN, *Algorithmen für Chaos und Fraktale,* Addison-Wesley 1994.

17.10 Grafik von Zykloidenkurven

Als weiteres Grafikbeispiel soll das Plotten von Zykloiden-Kurven gegeben werden. Eine Kurve *(x,y)* mit der Parameterdarstellung

$$x = (a + b)\cos\varphi - \lambda a \cos\left(\frac{(a+b)\varphi}{a}\right)$$

$$y = (a + b)\sin\varphi - \lambda a \sin\left(\frac{(a+b)\varphi}{a}\right)$$

heißt – je nach Wertebereich von *a* und *b* – *Epi-* bzw. *Hypozykloide.* Diese Kurve entstehen durch Abrollen eines Kreises auf oder innerhalb eines zweiten Kreises. Die Parameter der Kurve sind im Programm gegenüber der obenstehenden Formel geändert, da die Größe der Grafik durch den Bildschirm normiert wird.

17 C-Programme aus verschiedenen Bereichen

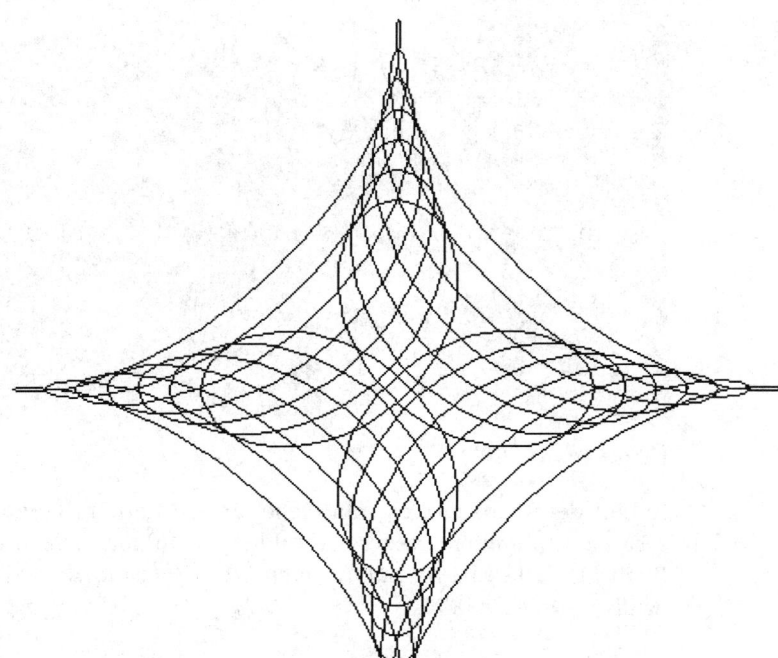

Abb. 17.2: *Überlagerung von Epi- /Hypozykloiden*

17.10 Grafik von Zykloidenkurven

```
/* zykloid.c */
/* Graphik von Hypozykloiden und Epizykloiden
   fuer Turbo C/Borland C */

#include <math.h>
#include <graphics.h>
#include <conio.h>
#include <dos.h>

const double dt = 0.1; /* Schrittweite f. Argument */

void graphinit(void);
void graphclose(void);
int ggt(int,int);
void zykloid(int a,int b,int c)
{
  register int x1,y1;
  double x,y,r,s,t1,t=0.;
  int g = ggt(a,b);
  r = (double)a/b; s = c*r/10;
  t1 = 2*M_PI*a/g;
  x1 = 320+(int)((1-r+s)*230); y1 = 240;
  setcolor(10+c % 5);
  rectangle(0,0,639,479);
  moveto(x1,y1);

  while (t<=t1)
  {
    t += dt;
    /* Parameterform der Zykloidengleichung */
    x = (1-r)*cos(t)+s*cos((1-1/r)*t);
    y = (1-r)*sin(t)+s*sin((1-1/r)*t);
    /* Bildschirmkoordinaten */
    x1 = 320+(int)(230*x);
    y1 = 240-(int)(230*y);
```

Prog. 17.10: *zykloid.c (Fortsetzung auf der nächsten Seite)*

```
    lineto(x1,y1);
  }
  delay(500);
  return;
}
int ggt(int a,int b)
{
  int r=b;
  while(r>0) { r = a % b; a = b; b = r; }
  return a;
}

void main()
{
  int j,k;
  graphinit();
  for (k=44; k<=51; k++)
  {
    cleardevice();
    zykloid(k,64,1+k % 8);
  }
  for (k=64; k<=69; k++)
  {
    cleardevice();
    for (j=9; j>=5; j--) zykloid(k,96,j);
  }
  graphclose();
  return;
}
void graphinit()
{
  int gdriver,gmode;
  gdriver = DETECT;
  initgraph(&gdriver,&gmode,"\\bc\\bgi");
  setgraphmode(gmode);
```

Prog. 17.10: *zykloid.c (Fortsetzung auf der nächsten Seite)*

17.10 Grafik von Zykloidenkurven

```
  cleardevice();
  rectangle(0,0,639,479);
return;
}

void graphclose()
{
  do {}while(!kbhit());
  closegraph();
  return;
}
```

Prog. 17.10: zykloid.c

17 C-Programme aus verschiedenen Bereichen

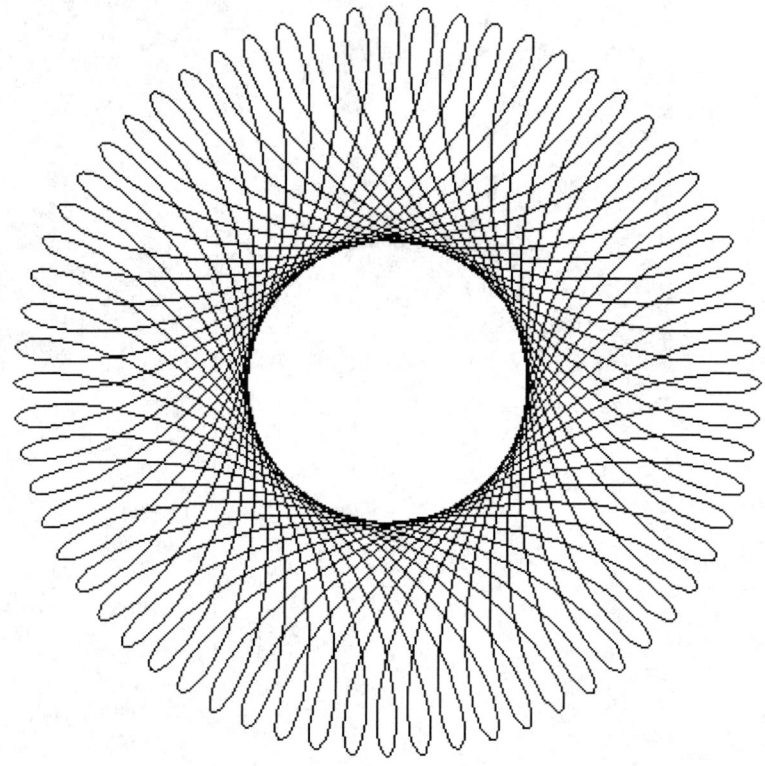

Abb. 17.3: *Epizykloide*

18 Von C nach C++

In diesem Abschnitt sollen einige wichtige Änderungen besprochen werden, die sich beim Übergang von C nach C++ ergeben. Dabei sollen die objektorientierten Sprachelemente von C++ noch ausgeklammert, diese werden Inhalt des nächsten Kapitels sein.

18.1 Warum C++?

C++ ist heute die weltweit am meisten verwendete Programmiersprache der objektorientierten Programmierung (OOP). Das objektorientierte Programmieren ist die Weiterführung des strukturierten Programmierens, wo die programmierer lernten „Spaghetti"-Code durch Verwendung von überschaubaren Funktionen und Prozeduren zu vermeiden. Es zeigt sich aber, daß die separate Optimierung von Algorithmen und Datenstrukturen für große Programmierprojekte mit mehreren Hunderttausend Zeilen nicht mehr praktikabel waren. Die Datenstrukturen und die auf ihnen operierenden Algorithmen mußten als Einheit gesehen werden. Dieses Zusammenwirken wurde nach außen abgeschirmt, so daß ein ungewolltes Verändern des Variablenzustands durch globale Variable usw. verhindert wurde. Durch die Einführung von „internen" Daten wurde auch der erhebliche Aufwand der Parameterübergabe bei einer Vielzahl von Prozeduren stark reduziert. Das Objekt war geboren, in den meisten Programmiersprachen als „Klassen" realisiert.

In vielen Computerzeitschriften wird das objektorientierte Programmieren einseitig als Hilfsmittel dargestellt, um schöne "Fenster" in einer Graphikumgebung GUI (Graphical Uster Interface) an den Bildschirm zu bringen. So feierte die Zeitschrift BYTE in ihrer Mai-Ausgabe von 1994 das Erscheinen von Visual BASIC 3.0 als Untergang des objektorientiertes Programmierens!. Das war es natürlich nicht!

Die Grundlagen von C++ (damals noch unter dem Namen *C mit Klassen*) wurde in den Jahren 1979-1984 von dem dänischen Informatiker Bjarne STROUSTRUP bei den BELL Laboratories von AT&T geschaffen. Er wählte bewußt die Programmiersprache C als Ausgangspunkt für eine objektorientierte Programmiersprache aus, da für C sehr effektive Compiler gab und C auf allen Betriebssystemen und Plattformen verfügbar war. Ein Schwachpunkt von C – die fehlende Typenprüfung – sollte durch ein striktes *Type Checking* in C++ überwunden werden.

Obwohl die Firma AT&T die Fortentwicklung von C++ nicht sonderlich unterstützte, entwickelte sich die Programmiersprache stetig weiter. Da AT&T keine profitorientierte Lizenzierung betrieb, kam es hier zu einer Zusammenarbeit von namhaften Firmen wie HEWLETT-PACKARD, SUN u.a. und den Universitäten. Die Verbreitung einer Programmiersprache läßt sich insbesondere an den Verkaufszahlen entsprechender Compiler ablesen. So hat allein die Firma Borland bis Oktober 92 eine halbe Million C++-Compiler verschickt, bis zur COMDEX 93 wurde die Millionengrenze überschritten. Das in Dezember 89 ins leben gerufene ANSI C++-Komitee sorgte für eine gute Abstimmung mit dem gleichzeitig entstehenden ANSI C-Standard. Die Version 3.0 brachte Neuerungen wie

- Templates (Datentyp-Schablonen)
- Exception Handling (Ausnahme-Behandlung)
- verbesserte Ein-/Ausgabe mit `iostream`-Klasse

Damit war die Entwicklung von C++ noch keineswegs am Ende. Der Dezember 1993 brachte eine neue Flut von Änderungsvorschlägen, u.a.

- Erweiterter Zeichenssatz (auch Umlaute)
- (Expliziter) Boolescher Datentyp
- Vordefinierte Operatoren für ENUMs
- Benutzerdefinierte Operatoren

18.2 Kommentare

Diese Vorschläge sind alle nicht realisiert worden, für Boolesche Werte ist nur zur Reservierung der Schlüsselworte `bool`, `true`, `false` gekommen. Auch für die Booleschen und Bit-Operatoren sind neue Schlüsselwörter vorgesehen

`and`, `or`, `not`, `not_eq`, `and_eq`, `bitand` usw.

1994 wurden durch Schaffung des Namensraums (`namespace`) die Basis für die Anwendung der Standard Template Library (STL), die in Kapitel 21 ausführlich behandelt wird.

Dagegen sind seit 1995 noch folgende neuen Inhalte aufgenommen worden:

- RTTI (run time type identification)
- `dynamic_cast<>`, `reinterpret_cast<>` usw.
- `typeid()`-Operator

STROUSTRUP wollte jedenfalls vermeiden, daß der Sprachumfang so umfangreich wird, daß er nur noch von Spezialisten überblickt wird. Aus diesem Grund hat das ISO-Komitee im November 1997 den letzten Entwurf *„Final Draft Information Standard"* (FDIS) für C++ für endgültig erklärt. Bis zum Sommer 98 können Einsprüche in Form von Defect Reports (DR) gemacht werden, die ebenfalls dokumentiert werden. Nach 8 Jahren kontinuierlicher Arbeit sagte der ISO-Beauftragte von Canada, Josee LaJoie *„We are done"*.

Leider hat sich aus Zeitgründen die von JAVA kommenden Anregung zur Verwendung des Uni-Codes zur Internationalisierung nicht mehr realisieren lassen. Auch eine vordefinierte die Hash-Klasse wie in JAVA ließ sich nicht mehr ausführen.

18.2 Kommentare

C++ kennt zusätzlich zu den Kommentarsymbolen `/* */` in der Form

```
/* Dies ist ein Kommentar */
```

von C das Symbol `//`, das den Rest der Zeile als Kommentar kennzeichnet. Ein Beispiel für einen Kommentar am Programmkopf ist

```
// operator.cpp
// Ueberladen eines Operators
```

Ein Kommentar zu einer Funktion ist:

```
int ggt(int a, int b)
// groesster gemeinsamer Teiler
// nach dem Euklidschen Algorithmus
{
  int rest=b;
  while (rest>0)
  {
    rest = a % b; a = b; b = rest;
  }
  return a;
}
```

18.3 Schlüsselwort Const

Das Schüsselwort const deklariert in C++ Konstanten im Sinne anderer Programmersprachen; wie z.B. PASCAL.

```
const int = 4711;
const double PI = 3.141529653;
```

Eine spätere Wertzuweisung an eine Konstante wird dadurch vom Compiler verhindert. Daher müssen Konstanten mit ihrer Deklarationen gleichzeitig initialisiert werden.

Ebenfalls lassen sich damit nun Obergrenzen von Reihungen (englisch *arrays*) deklarieren:

```
const int size = 16;
double matrix[size][size];
```

Im Gegensatz zu C können nun auch Argumente von Klassenfunktionen bzw. ganze Klassenfunktionen als Konstanten deklariert werden. Dies wird bei den Beispielen zu den Klassen gezeigt.

18.4 Mathematische Konstanten

Wichtige mathematische Konstanten sind nun in der Headerdatei <math.h> vordefiniert, z. B.:

```
#define M_E      2.71828182845904523536  //e
#define M_LN2    0.69314718055994530941  //ln(2)
#define M_LN10   2.30258509299404568402  //ln(10)
#define M_PI     3.14159265358979323846  // Pi
#define M_PI_2   1.57079632679489661923  // Pi/2
#define M_PI_4   0.78539816339744830961  // Pi/4
#define M_1_PI   0.31830988618379067153  // 1/Pi
#define M_SQRT2  1.41421356237309504880  //sqrt(2)
```

Diese Definitionen finden sich leider nicht beim Microsoft C++-Compiler bis zur Version 8.0 (Visual C++ 1.5).

18.5 Deklaration innerhalb eines Blocks

In C++ können Variablen an jeder Stelle innerhalb eines Blocks deklariert werden, an der eine Anweisung stehen kann (spätestens natürlich beim ersten Erscheinen). Die Lebensdauer einer solchen Variable ist damit auf diesen Block beschränkt. Beispielsweise können Laufvariablen einer FOR-Schleife innerhalb der Schleifenanweisung deklariert werden.

```
for (int i=0; i<100; i++)
```

Der Gültigkeitsbereich (englisch *scope*) dieser Variablen ist dann der Block der FOR-Schleife. In einem anderen Block muß die Variable dann neu deklariert werden.

Bei gekoppelten Schleifen verhält sich der Borland C++-Compiler 4.0 nicht korrekt. So wird der Schleifenkopf

```
for (int i=0; i<100; i++)
  for (int j=0; j<100; j++);
```

mit der Fehlermeldung *Mehrfache Variablendeklaration* als fehlerhaft gewertet. Schließt man die innere FOR-Schleife explizit durch ein geschweiftes Klammerpaar, so erkennt der Compiler die Deklaration als korrekt.

18 Von C nach C++

```
for (int i=0; i<100; i++)
{
    for (int j=0; j<100; j++);
}
```

18.6 Geltungsbereich-Operator ::

Mit Hilfe des Geltungsbereich-Operators „::" (engl. *Scope resolution operator*) kann der Geltungsbereich einer Variable erweitert werden.

Existiert eine globale Variable gleichen Namens, so kann mit diesem Operator in einem lokalen Block der Wert der globalen Variablen ausgedruckt oder mittels Wertzuweisung geändert werden. Dies gilt auch, wenn es lokale Bezeichner gleichen Namens gibt. Ein Programmausschnitt dazu ist:

```
int x = 1; // global
{
    int x= 2;
    printf("%d\n",::x); // Ausgabe x=1
}
```

Die Ausgabe liefert hier den Wert x=1 der globalen Variable. Dabei wurde der Scope-Operator einstellig verwendet. Er kann auch zweistellig verwendet werden, um Zusammengehörigkeit einer Funktion zu einer Klasse zu zeigen.

18.7 Verkürzte Strukturnamen

Die Namen von Aufzählungstypen (ENUM) und Verbunden (STRUCT) sind nun eigenständige Datentypbezeichner. Bei der Deklaration entsprechender Variablen werden die Schlüsselwörter ENUM usw. nicht mehr benötigt. Dies entspricht dem Fall in C, bei dem eine TYPEDEF-Anweisung verwendet wurde.

```
enum BOOL { false,true };
struct COMPLEX { double real,imag };
```

Daraus ergeben sich Bezeichnerdeklaration wie

```
BOOL found;
COMPLEX z;
```

Der in C noch notwendige Strukturnamen wie

```
enum BOOL found;
```

entfällt.

18.8 Inline-Funktionen

In C++ besteht die Möglichkeit, eine einfache und kurze Funktion als `inline` zu erklären. Bei einer `Inline`-Funktion wird der Maschinencode für die Funktionsabarbeitung direkt an der Aufrufstelle eingefügt. Dies hat den Vorteil, daß der zum Funktionsaufruf notwendige Aufwand wie Variablenübergabe und Aufbau des Funktionsstacks vermieden wird. Hierdurch steigert sich die Ausführungsgeschwindigkeit.

Dieser Vorteil eines effizienten Codes wird hinfällig, wenn die `Inline`-Funktion an sehr vielen Stellen des Programms aufgerufen wird, da sich der Maschinencode dann entsprechend aufbläht. Ein Beispiel einer Funktion ist:

```
inline int Max(int a, int b)
{   return (a>=b) ? a : b; }
```

Solche `Inline`-Funktionen sind als Ersatz für die fehleranfälligen Funktions-Macros von C gedacht.

```
#define Max(a,b) ((a>=b) ? (a):(b))
```

Ein anderes Beispiel einer häufig verwendeten `Inline`-Funktion ist

```
inline double Abs(double x)
{
   return (x>=0) ? x:-x;
}
```

Die beiden Funktionsnamen beginnen hier mit einem Großbuchstaben, um eine Kollision mit den BORLAND-Funktionen zu vermeiden.

18.9 Default-Parameter bei Funktionen

Bei Funktionen läßt C++ Default-Parameter zu. Dies bedeutet, daß eine Variable, die nicht explizit beim Wertaufruf erscheint, einen vordefinierten Wert erhalten kann. Die folgende Funktion besitzt den Default-Wert c=1.

```
float inhalt(float a,float b,float c=1.)
{
    return a*b*c;
}
```

liefert beim Aufruf

```
inhalt(8.9.10)
```

den Rauminhalt des Quaders den Wert 720, dagegen beim Aufruf

```
inhalt(8.9)
```

den Wert 72 als Flächeninhalt des zugehörigen Rechtecks. Default-Werte in Funktionen sollten nur gezielt in bestimmten Fällen werden, da sonst die Gefahr besteht, einen Default-Wert ohne Wissen zu verwenden.

18.10 Überladen von Funktionen

Während in C das Auftreten von mehreren Funktionen gleichen Namens einen Fehler hervorruft, ist dies in C++ erlaubt, solange sich die zugehörigen Datentypen in den Parameterlisten unterscheiden. Ein mögliches Beispiel ist:

```
int Max(int a,int b)
{
    return (a>=b)? a : b;
}
float Max(float a,float b)
{
    return (a>=b)? a : b;
}
```

Der Compiler kann hier anhand des Datentyps des Arguments die korrekte Funktion ermitteln.

```
int a = 17,b = 13;
float x = -12.5,y = 17.2;
m1 = Max(a,b);          // OK
m2 = Max(x,y);          // OK
m3 = Max(a,y);          // Falsch!
m4 = Max(x,float(b));   // OK wegen Typwandlung
```

18.11 Referenzen

In C++ ist es möglich, daß eine Variable eine Referenz ist. Die Referenz wird durch den Adreß-Operator gekennzeichnet.

```
int i = 11;
int &j = i;
```

Referenzen müssen stets initialisiert werden. Die Variable *j* wird damit zum Alias für *i*. Dies kann u. U. zu nichtgewünschten Effekten führen.

```
// alias.cpp
// Aliasing durch Referenzen
#include <iostream.h>

int main()
{
  int i=13;
  int &ref = i;  // Referenz auf i
  cout << i << endl;
  ref = 17; // Vorsicht!
  cout << i << endl;
  return 0;
}
```

Prog. 18.1: *alias.cpp*

Die Ausgabe 13 bzw. 17 zeigt, daß mit ref auch i geändert wurde(!). In Abschnitt 6.6 konnte der *Aliasing*-Effekt bereits mit Pointern beobachtet. werden. Dies funktioniert auch unter C++.

```cpp
// alias2.cpp
// Aliasing durch Pointer
#include <iostream.h>

int main()
{
    int i=13;
    int *ptr = &i; // Pointer auf i
    cout << i << endl;
    *ptr = 17; // Vorsicht!
    cout << i << endl;
    return 0;
}
```

Prog. 18.2: *alias2.cpp*

Auch hier ist die Ausgabe wieder 13 bzw. 17. Referenz-Variablen können auch an Funktionen und Prozeduren übergeben werden.

```cpp
void procedure(int &a,float b)
```

Analog können Funktionen Referenzen als Funktionswerte zurückgeben.

```cpp
double &element(int i,int j)
```

Das Vertauschen zweier int-Werte läßt sich mit Referenzübergabe eleganter formulieren:

```cpp
void swap(int &a,int &b) // Referenzübergabe
{
    int h;
    h = a; a = b; b = h;
    return;
}

// Übergabe mittels Pointern
void swap(int *a,int *b)
```

18.11 Referenzen

```
{
    int h;
    h = *a; *a = *b; *b = h;
    return;
}
```

In C++ stellen Referenzen L-Values dar; d. h. sie können auf der linken Seite einer Wertanweisung stehen. Liefert nun eine Funktion eine Referenz, so kann der Funktionsname auf der linken Seite stehen! Diese etwas gewöhnungsbedürftige Schreibweise zeigt das Programm

```cpp
// lvalue.cpp
// Referenzen sind Lvalues !!
#include <iostream.h>

int &element(void);
int a[5] = {0,1,2,3,4};
int index = 0; // global

int main()
{
    for (int i=0; i<5; i++)
        cout << a[i] << " "; cout << endl;
    element() = 13;
    index = 4;
    element() = 17;
    for (i=0; i<5; i++)
        cout << a[i] << " "; cout << endl;
    return 0;
}
int &element()
{
    return a[index];
}
```

Prog. 18.3: *lvalue.cpp*

Das Programm liefert die Ausgabe

```
0  1  2  3  4
13 1  2  3  17
```

Das folgende Programmbeispiel zeigt die drei möglichen Übergabe von Variablen.

```cpp
// uebergabe in C++
#include <iostream.h>

int square1(int);  // Prototypen
void square2(int *);
void square3(int &);

int main()
{
  int x,y,z;
  x = y = z = 11;
  square2(&y);
  square3(z);
  cout << square1(x) << " " << y << " "
       << z << endl;
  return 0;
}

int square1(int a) { return a*a; }
void square2(int *b) { *b *= *b; return; }
void square3(int &c) { c *= c; return; }
```

Prog. 18.4: *call.cpp*

18.12 Leere Parameterliste einer Funktion

Eine leere Parameterliste einer Funktion bedeutet in C++, daß die Funktion kein Argument hat. In C wird dies durch das Schlüsselwort void gekennzeichnet. In C bedeutet dagegen die leere Parameterliste, daß die Anzahl und der Typ der Variablen unbestimmt ist, was im Sinne des strikten Funktions-Prototyping unerwünscht ist.

```
double f()        // Funktion mit leerer
                  //Parameterliste in C++
double f(void)    // Funktion mit leerer
                  //Parameterliste in C
```

18.13 Überladen von Operatoren

Eine sehr wichtige Eigenschaft C++ ist die Möglichkeit, die Bedeutung der Operatoren von C neu festzulegen. Man spricht hier vom Überladen von Operatoren. Beispielsweise lassen sich die Addition und Multiplikationen von Vektoren und Matrizen (innerhalb einer Klasse) so definieren, daß die herkömmlichen Zeichen + bzw. * verwendet werden können. Dies erleichtert die Lesbarkeit solcher Programme wesentlich.

Allerdings kann die Wertigkeit und Priorität des C-Operators nicht geändert werden. Dies bedeutet, daß ein zweistelliger Operator auch nach dem Überladen seine Wertigkeit behält und alle Ausdrücke, die den überladenen Operator enthalten, gemäß der Priorität in C ausgewertet werden. Würde man den (zweistelligen) Operator ^ für das Exclusiv-Oder von Bitwerten überladen als Potenzoperator, so geschieht die Auswertung eines Terms wie

```
x = a^b+3;
```

nicht im mathematischen Sinn, da der Additionsoperator größere Priorität als ein Bitoperator hat.

18.14 Ausgabe/Eingabeströme in C++

Eine wesentliche Änderung gegenüber C erfuhr die objektorientierte Neugestaltung der Ein-/Ausgabe in C++. Auch in C++ ist die Ein-/Ausgabe nicht eigentlicher Teil des Sprachstandards. Daher ist es nach wie vor möglich die C-Funktionen:

```
printf(),scanf()
```

aus der Header-Datei <stdio.h> zu verwenden.

Zur Ein-/Ausgabe wurden die Bitverschiebungsoperatoren >> bzw. << überladen im Zusammenhang mit den Schlüsselwörtern

```
cout, cin
```

deren Prototypen in der Headerdatei <iostream.h> zu finden sind. Bei älteren C++-Compilern findet dafür die Datei <stream.h>, die jedoch nicht kompatibel ist.

Die Eingabe einer Ganzzahl über die Tastatur

```
printf("Geben eine ganze Zahl ein ");
scanf("%d",&i);
printf("Sie haben die Zahl %d eingeben\n",i);
```

wird in C++ nun eleganter

```
cout << "Geben eine ganze Zahl ein ";
cin >> i;
cout << "Sie haben die Zahl " << i
     << " eingegeben" << endl;
```

Damit werden auch die alten Relikte aus der C-Zeit – wie das Auftreten des Adreß-Operators & bei der Eingabe – überwunden. Dies konnte man einem Programmieranfänger sowie kaum klarmachen.

Die zur Formatierung notwendigen Befehle finden sich weitgehend in der Header-Datei

    <iomanip.h>

Beispiele formatierter Ausgaben sind

```
cout << setprecision(6) << M_PI ;
       // Pi auf 6 Kommastellen bei Festkommaformat
cout << setw(12) << x; // Ausgabebreite 12 Stellen
cout << setw(12) << setfill('*') << x;
       // Auffüllen mit Sternchen
```

In dieser Datei finden sich auch die Schlüsselwörter zur Umrechnung in andere Stellensysteme

```
int i = 1000;
cout << "Dezimal  "  <<       x
     << "Oktal "     << oct << x
     << "Hexadezimal" << hex << x << endl;
```

wobei die Dezimaldarstellung der Defaultwert (Voreinstellung) der Stellenwertbasis ist.

Das bekannte *Hello-World*-Programm von Kernighan-Ritchie (K & R) lautet in der C++-Version

```
// hello.cpp
#include <iostream.h>

void main()
{
    cout << "Hello, world! " << endl;
    return;
}
```

Prog. 18.5: *hello.cpp*

18.15 Linken mit C-Objektcode

Der C++-Compiler codiert beim Übersetzen die Funktionsnamen in spezieller Weise, um das Linken auf typensichere Art durchführen zu können. Bei Linken mit einem von einem C-Compiler erzeugten Objektcode kommt es hier in der Regel zu einer Fehlermeldung. Mit Hilfe der Anweisung

```
extern "C" Funktions-Prototyp // Einzelfunktion
```

bzw.

```
extern "C" // mehrere Funktionen
{
// Funktions-Prototypen
}
```

kann dem C++-Compiler mitgeteilt werden, daß der Code von einem C-Compiler übersetzt wurde.

18 Von C nach C++

Verwendet man denselben C++-Compiler auch zum Übersetzen von C-Programmen, die gemäß den ANSI C-Regeln geschrieben wurden, gibt es normalerweise keine Probleme.

18.16 Template-Funktionen

Seit der Version 3.0 besteht die Möglichkeit, in C++ eine *Template*-Funktion (auch *parametrisierte Funktion* genannt) zu schreiben. Statt für jeden Datentyp separat eine Funktionen zu schreiben in der Art

```
int Max(int a, int b)
{
    return (a>=b) ? a:b;
}
float Max(float a, float b)
{
    return (a>=b) ? a:b;
}
```

verwendet man eine Datentyp unabhängige Template-Funktion der Form

```
template <class T>
T Max(T a, T b)
{
    return (a>=b) ? a:b;
}
```

Als vollständiges Programmbeispiel soll noch eine Template-Funktion zur Array-Ausgabe angegeben werden:

```
// tmpfkt2.cpp
// Template Funktion fuer Array-Ausgabe
#include <iostream.h>

template <class T>
void print(T *array, const int n)
{
```

Prog. 18.6: *tmpfkt2.cpp (Fortsetzung auf der nächsten Seite)*

```
    for (int i=0; i<n; i++) cout << array[i] << " ";
    cout << endl;
    return;
}
int main()
{
    const int n=7,m=8,k=14;
    int a[n] = {1,2,3,4,5,6,7};
    float b[m] = {1.1,2.2,3.3,4.4,5.5,6.6,7.7,8.8};
    char c[k] = "AlbertEinstein";

    print(a,n); // Int-Array
    print(b,m); // Float-Array
    print(c,k); // Char-Array
    return 0;
}
```

Prog. 18.6: *tmpfkt2.cpp*

Die Ausgabe ist entsprechend

```
1   2   3   4   5   6   7
1.1 2.2 3.3 4.4 5.5 6.6 7.7 8.8
A l b e r t E i n s t e i n
```

18.17 Zusammenfassung

Ergänzend und zusammenfassend folgen einige Bemerkungen und Empfehlungen

- C++ erlaubt Deklarationen überall dort, wo auch Anweisungen stehen können, dies kann auch der Kopf einer FOR-Schleife sein.

- Für alle Funktionen, die deklariert, aber nicht definiert werden, verlangt C++ – wie ANSI-C – ein vollständiges Prototyping.

- Inline-Funktionen sollen einfach und kurz sein. In Borland C++ darf eine Inline-Funktion keine FOR- oder WHILE-Anweisung enthalten. Der Compiler kann den Inline-Modifikator ignorieren. Makros in Sinne von C sollten durch eine Inline-Funktion ersetzt werden.

- Die Konstanten-Deklaration const verhindert, daß eine Variable ihren Wert mittels einer Wertzuweisung ändert. Sie ersetzen die symbolischen Konstanten von C in der Form #define...

- In C++ gibt es drei Möglichkeiten für die Wertübergabe an eine Funktion bzw. Prozedur. Um den Funktions-Overhead beim Kopieren zu vermeiden, sollte man Strukturen sollen stets als konstante Referenz übergeben.

- Der (einstellige) Geltungsbereich-Operator ermöglicht den Zugriff auf globale Variablen. Dies sollte aber mit Vorsicht geschehen.

- Parameter einer Funktions-Parameterliste können mit einem Defaultwert belegt werden. Dies wird man nur in Einzelfällen durchführen.

- Es ist möglich für gleichartige Funktionen denselben Namen zu wählen (Überladen von Funktionen), solange sie sich durch Typen in den Parameterlisten unterscheiden. Der Compiler wählt dann die typenrichtige Funktion aus.

- Template-Funktionen ermöglichen dieselbe Aufgabe für mehrere Datentypen mittels einer einzigen Funktion zu realisieren.

19 Einführung in OOP

Was ist eigentlich ein Objekt? Ein Objekt in Sinne der objektorientierten Programmierung (OOP) ein materieller oder geistiger Gegenstand, der jeweils einen vorgegebenen, änderbaren Zustand hat und mit genau definierten Aktionen mit seiner Umgebung kommuniziert. Diese Kommunikation besteht aus dem Austausch von „Nachrichten", auf die das Objekt mittels seiner vorgegebenen Methoden reagiert. Präziser als durch diese allgemeine Beschreibung, wird das Verhalten von Objekten wird in der OOP durch folgende Begriffe (unabhängig von speziellen Programmiersprachen) charakterisiert

- *Datenkapselung*, d.h. Abschirmung der internen Eigenschaften nach außen.
- *Datenabstraktion*, d.h. Unterstützung abstrakter Modellierungen eines Problembereichs.
- *Modularität*, d.h. Zerlegbarkeit in wiederverwendbare und erweitbare Einheiten.
- *Vererbung*, d.h. Objekte können selbst Methoden erben oder an andere weitergeben.
- *Polymorphismus*, d.h. Objekte können in mehreren Formen auftreten.

In diesem Abschnitt sollen einige Eigenschaften von C++ vorgestellt werden, mit denen objektorientiertes Verhalten programmiert werden kann. Der zentrale Punkt der objektorientierten Programmierung ist die Darstellung von Objekten mit Hilfen von Klassen. Realisierungen einer Klasse heißen Instanzen der Klasse. Eine *Klasse* besteht aus

- Daten-Elementen (member data), die die internen Eigenschaften repräsentieren.
- Element-Funktionen (member functions).

19 Einführung in OOP

Dabei stellen die Element-Funktionen die Menge aller Methoden dar, über die das Objekt verfügt. Dies sind die Funktionen, Prozeduren und Operatoren, die auf den Daten-Elementen operieren.

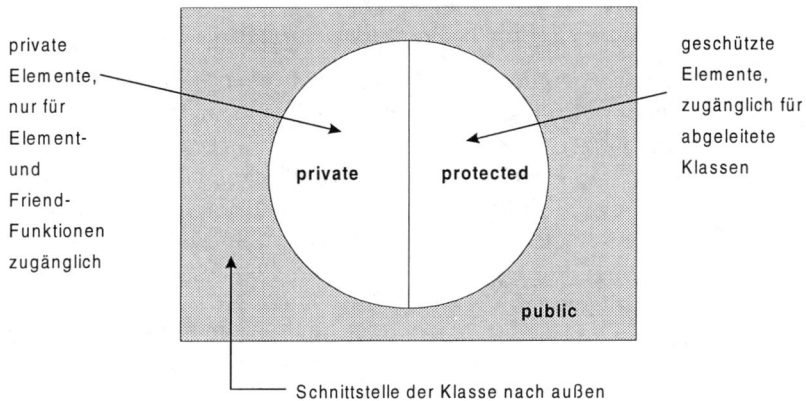

Abb. 19.1: *Zugriffskontrolle auf eine Klasse*

C++ ist keine rein objektorientierte Sprache wie SMALLTALK oder EIFFEL, wo alle Zahlen, Zeichenketten usw. automatisch Objekte in einer Vererbungshierarchie sind. In C++ ist das nicht der Fall. In JAVA, das die Datentypen int, double von C kennt, existieren spezielle Methoden, die int und double in die Integer und Double umwandeln, die alle Eigenschaften der Klasse Objekte erben. Die Datenkapselung wird in C++ durch die Zugriffsspezifizierer private, protected und public geregelt. Nur auf public-Elemente kann von außen zugegriffen werden, protected-Elemente dürfen nur geerbt werden

19.1 Eine Klasse mit Operator-Überladen

Als einführendes Beispiel soll eine Klasse Bruch zum Bruchrechnung definiert werden. Ein Bruch besteht aus einem Paar von ganzen Zahlen, dem Zähler bzw. Nenner. Diese stellen hier die Daten-Elemente dar. Damit nicht ein Daten-Element von außen, d. h. durch eine Nicht-Element-Funktion mittels direkter Wertzuweisung geändert werden kann, werden die Daten-Elemente als privat erklärt. Unsere Klasse ergibt sich damit zu:

```
class Bruch
{
private:
int zaehl; // Zaehler
unsigned int nenn; // Nenner
/* weitere Element-Funktionen */
};
```

Da man das Vorzeichen eines Bruchs stets in den Zähler ziehen kann, ist hier der Nenner als vorzeichenlose Zahl erklärt. Eine Klasse stellt formal einen um Element-Funktionen erweiterten Verbund (struct) dar. Es muß daher die Syntax eines Verbunds befolgt werden (Semikolon am Ende!).

Da mit der Deklaration einer Klasse noch kein Objekt existiert, muß eine Element-Funktion existieren, die ein Klassenobjekt erzeugt. Eine solche Funktion nennt man daher einen *Konstruktor*. Man erkennt ihn daran, daß er den Namen der Klasse trägt. Ein möglicher Konstruktor für unsere Bruchklasse ist

```
Bruch(int Z, int N) { zaehl = Z; nenn = N; }
```

Dabei besteht aber die Möglichkeit für den Nenner eine negative Zahl einzugeben. Außerdem ist es wünschenswert, eine eindeutige Bruchdarstellung zu erhalten, bei der nicht mehr zwischen wertgleichen Brüchen wie

$$\tfrac{2}{3} = \tfrac{4}{6} = \tfrac{6}{9} = \tfrac{8}{12} = \ldots$$

unterschieden werden muß. Zum Kürzen des Bruchs wird daher eine Funktion zur Berechnung des größten gemeinsamen Teilers (ggT) definieren. Der Konstruktor wird somit modifiziert zu

373

19 Einführung in OOP

```
Bruch(int N, int Z)  // Konstruktor
{
  if (N == 0)
  { cout << „Nenner Null" << endl; exit(1); }
  if (N<0) { N = -N; Z = -Z; }
  int t = ggt(Z,N);
  if (t>1) { Z /= t; N /= t; }
  nenn = N; zaehl = Z;
}
```

Für den Fall des verschwindenden Nenners wurde noch eine Fallunterscheidung eingebaut. Damit der Konstruktor von außerhalb der Klasse angesprochen werden kann, muß er als öffentlich deklariert werden. Zur Ausgabe und Wertermittlung eines Bruchs wird man weitere Element-Funktionen deklarieren.

```
void ausgabe()
{ cout << zaehl << „/" << nenn << endl; }
double wert()
{ return double(zaehl)/double(nenn); }
```

Was noch fehlt, sind geeignete Rechenoperationen. Dazu definieren wir geeignete Methoden, z.B. zur Addition.

```
Bruch Bruch::add(const Bruch& B)
{
  int z = zaehl*B.nenn+nenn*B.zaehl;
  int n = nenn*B.nenn;
  return Bruch(z,n);
}
```

Damit erhält unsere Klasse folgendes Aussehen

```
class Bruch
{
  private:
    int zaehl,nenn;
```

Fortsetzung auf der nächsten Seite

19.1 Eine Klasse mit Operator-Überladen

```
public:
  Bruch(int,int);
  Bruch(Bruch& B) {zaehl = B.zaehl; nenn = B.nenn;}
  Bruch add(const Bruch&);
  Bruch sub(const Bruch&);
  Bruch mult(const Bruch&);
  Bruch div(const Bruch&);

  void kuerzen();
  int nenner()const { return nenn;}
  int zaehler()const {return zaehl;}
  int ggT(int,int);
  double wert(){return (double)zaehl/nenn;}
  void ausgabe();
};
Bruch::Bruch(int Z=0,int N=1)
{
  zaehl = Z; nenn = N;
  assert(nenn!=0);
  if (nenn<0)
  {nenn = -nenn; zaehl = -zaehl;}
  int t = ggT(zaehl,nenn);
  if (t>1) {zaehl /= t; nenn /= t;} // kuerzen
}
Bruch Bruch::add(const Bruch& B)
{
  int z = zaehl*B.nenn+nenn*B.zaehl;
  int n = nenn*B.nenn;
  return Bruch(z,n);
}
Bruch Bruch::sub(const Bruch& B)
{
  int z = zaehl*B.nenn-nenn*B.zaehl;
  int n = nenn*B.nenn;
  return Bruch(z,n);
```

Fortsetzung auf der nächsten Seite

19 Einführung in OOP

```
}
Bruch Bruch::mult(const Bruch& B)
{
    int z = zaehl*B.zaehl;
    int n = nenn*B.nenn;
    return Bruch(z,n);
}
Bruch Bruch::div(const Bruch& B)
{
    int z = zaehl*B.nenn;
    int n = nenn*B.zaehl;
    return Bruch(z,n);
}
```

Im Sinne der Abstraktion wäre es wünschenswert, wenn zwei Brücke direkt durch + addiert könnten. Dies ist in C++ möglich durch das Operator-Überladen.. Dieses Überladen eines Operators (*operator overloading*) geschieht in Form einer Funktion. Zu beachten ist, daß nur der zweite Summand bzw. Faktor explizit auftritt, der erste Summand bzw. Faktor ist implizit durch sein Objekt gegeben.

```
Bruch operator+(Bruch &b)
{
    return Bruch(zaehl*b.nenn+nenn*b.zaehl,
                 nenn*b.nenn);
}
Bruch operator*(Bruch &b)
{
    return Bruch(zaehl*b.zaehl,nenn*b.nenn);
}
```

Der zweite Summand bzw. Faktor wird hier als Referenz übergeben, damit er nicht bei der Werteübergabe (*Call-by-Value*) kopiert werden muß. Will man sichergehen, daß die Referenzvariable nicht geändert wird, kann man sie als *readonly* mittels const-Anweisung deklarieren.

19.1 Eine Klasse mit Operator-Überladen

Die Ausdrücke

```
a+b
a*b
```

sind durch die Definition der Operatoren gleichbedeutend mit den Operatoraufrufen

```
a.operator+(b)
a.operator*(b)
```

Um den Wert der Summe bzw. des Produkts an eine Variable zuweisen können, muß eine dritte Bruchvariable c (ohne Wertzuweisung) erklärt werden. Dafür benötigen wir einen Konstruktor, der nur eine Variable erzeugt. Dies macht der sog. *Default-Konstruktor*

```
Bruch(){}  // Default-Konstruktor
```

Bei den Wertzuweisungen

```
c = a+b;  // Copy-Konstruktor
c = a*b;
```

tritt ein weiterer Konstruktor auf. Dieser sog. *Copy-Konstruktor* wird bei einfachen Datentypen bereits vom Compiler erzeugt.

Da alle Element-Funktionen, deren Funktionsblock innerhalb der Klasse erscheint, automatisch `inline`-Funktionen sind, werden wir Konstruktor und Operatoren außerhalb der Klasse definieren, der Prototyp muß jedoch - wie bei allen Funktionen - innerhalb der Klasse erscheinen. Die Zugehörigkeit zur Klasse Bruch wird dabei durch den Geltungsbereich-Operator angedeutet

```
Bruch::Bruch(int Z, int N)  // Konstruktor
Bruch Bruch::operator+(Bruch &b)
Bruch Bruch::operator*(Bruch &b)
```

Fügt man noch die benötigte *ggT*-Funktion hinzu und, bindet die benötigten Header-Dateien, so erhält man mit einem Hauptprogramm das vollständige C++-Programm.

19 Einführung in OOP

```cpp
// bruch.cpp

#include <iostream.h>
#include <assert.h>
#include <stdlib.h>

class Bruch
{
private:
int zaehl,nenn;
public:
Bruch(int,int);
Bruch(Bruch& B) { zaehl = B.zaehl; nenn = B.nenn; }
Bruch add(const Bruch&);
Bruch sub(const Bruch&);
Bruch mult(const Bruch&);
Bruch div(const Bruch&);
void kuerzen();
int nenner()const { return nenn;}
int zaehler()const {return zaehl;}
int ggT(int,int);
double wert(){return (double)zaehl/nenn;}
void ausgabe();
};

Bruch::Bruch(int Z=0,int N=1)
{
zaehl = Z; nenn = N;
assert(nenn!=0);
if (nenn<0)
{nenn = -nenn; zaehl = -zaehl;}
int t = ggT(zaehl,nenn);
if (t>1) {zaehl /= t; nenn /= t;} // kuerzen
}
int Bruch::ggT(int a,int b)
```

Prog. 19.1: bruch.cpp (Fortsetzung auf der nächsten Seite

19.1 Eine Klasse mit Operator-Überladen

```cpp
{
  a = abs(a); b = abs(b);
  int r=b;
  while(r>0) { r = a % b; a = b; b = r; }
  return a;
}
void Bruch::ausgabe()
{
  cout << zaehl << "/" << nenn << endl;
}
Bruch Bruch::add(const Bruch& B)
{
  int z = zaehl*B.nenn+nenn*B.zaehl;
  int n = nenn*B.nenn;
  return Bruch(z,n);
}
Bruch Bruch::sub(const Bruch& B)
{
  int z = zaehl*B.nenn-nenn*B.zaehl;
  int n = nenn*B.nenn;
  return Bruch(z,n);
}
Bruch Bruch::mult(const Bruch& B)
{
  int z = zaehl*B.zaehl;
  int n = nenn*B.nenn;
  return Bruch(z,n);
}
Bruch Bruch::div(const Bruch& B)
{
  int z = zaehl*B.nenn;
  int n = nenn*B.zaehl;
  return Bruch(z,n);
}
int main()
```

Prog. 19.1: *bruch.cpp (Fortsetzung auf der nächsten Seite*

19 Einführung in OOP

```
{
Bruch a(5,3);
Bruch b(3,4);
cout << "Gegebener Bruch a = "; a.ausgabe();
cout << "Gegebener Bruch b = "; b.ausgabe();
cout << "Zaehler von a = " << a.zaehler() << endl;
cout << "Nenner von b = " <<b.nenner() << endl;
cout << "Wert von a = "; cout << a.wert() << endl;
cout << "Wert von b = "; cout << b.wert() << endl;
Bruch c = a.add(b);
cout << "Summe = "; c.ausgabe();
Bruch d = a.sub(b);
cout << "Differenz = "; d.ausgabe();
Bruch e = a.mult(b);
cout << "Produkt = "; e.ausgabe();
Bruch f = a.div(b);
cout << "Quotient = "; f.ausgabe();
return 0;
}
```

Prog. 19.1: *bruch.cpp*

Die Ausgabe des hier gewählten Hauptprogramms ist

```
Gegebener Bruch a = 5/3
Gegebener Bruch b = 3/4
Zaehler von a = 5
Nenner von b = 4
Wert von a = 1.66667
Wert von b = 0.75
a+b = 29/12
a-b = 11/12
a*b = 5/4
a/b = 20/9
```

Man beachte, daß die Rechenergebnisse bei Ausgabe bereits gekürzt sind. Dem Leser wird empfohlen die fehlenden Rechenoperationen für Brüche als Übung zu implementieren. Für Terme wie

```
-a+b
```

muß gegebenfalls noch ein Vorzeichenoperator (einstelliger Minus-Operator) definiert werden.

19.2 Eine Klasse mit einfacher Vererbung

Von einfacher Vererbung (*simple heritance*) spricht man, wenn jede abgeleitete Klasse nur von einer (Basis)-Klasse erbt. Dabei kann auch jede ableitete Klasse wiederum als Basis für eine weitere Klasse dienen.

Als Beispiel für Vererbung sollen die Rotationskörper Kugel, Zylinder und Kegel dienen, die von der Basisklasse Kreis die Eigenschaften eines Kreises erben, z.B. Radius, Fläche und Umfang. Die Klasse Kreis läßt sich schreiben als

```
class Kreis
{
  protected:
    double rad; // Radius
  public:
    Kreis(double r): rad(r) {}
    double flaeche() { return M_PI*rad*rad; }
    double umfang() { return 2.*M_PI*rad; }
};
```

Hierbei wurde der Kreisradius als protected (geschützt) deklariert, damit die Größe auch für abgeleitete Klasse sichtbar wird. Beim Konstruktor

```
Kreis(double r): rad(r) {}
```

wird hier eine Schreibweise des Initialisierens verwendet (vgl. Beispiel von 19.1). Die abgeleitete Klasse Kugel soll nun alle öffentlichen Element-Funktionen von Kreis erben. Dazu dient folgende Syntax

```
class Kugel : public Kreis
```

19 Einführung in OOP

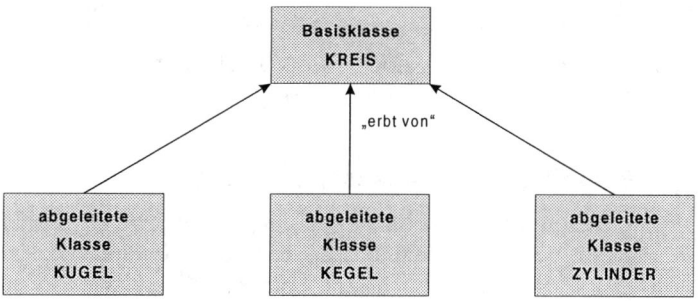

Abb. 19.2: Vererbung

Für die Formulierung der Klasse Kugel wird man die Tatsache verwenden, daß die Oberfläche einer Kugel gleich der vierfachen Fläche des Äquatorkreises ist. Die vollständige Klasse Kugel ergibt sich damit zu

```
class Kugel: public Kreis
{
public:
Kugel(double r):Kreis(r) {}
double volumen() { return 4./3.*rad*flaeche(); }
double oberflaeche() { return 4.*flaeche(); }
};
```

Der Konstruktor der abgeleiteten Klasse ruft hier den Konstruktor der Basisklasse auf. Für die Konstruktoren der Klassen Kegel und Zylinder muß zusätzlich noch die Höhe der Körper eingebracht werden. Dies geschieht in der Form

```
Zylinder(double r,double hoehe):Kreis(r),h(hoehe){}
```

Mit den Klassen Kegel und Zylinder ergibt sich das vollständige Programm.

19.2 Eine Klasse mit einfacher Vererbung

```cpp
// rotkoerp.cpp
// Rotationskoerper(einfache Vererbung)
#include <iostream.h>
#include <math.h>
//fuer Microsoft Kreiszahl M_PI def.

class Kreis
{
protected:
    double rad; // Radius
public:
    Kreis(double r): rad(r) {}
    double flaeche() { return M_PI*rad*rad; }
    double umfang() { return 2.*M_PI*rad; }
};

class Kugel: public Kreis
{
public:
    Kugel(double r):Kreis(r) {}
    double volumen() { return 4./3.*rad*flaeche(); }
    double oberflaeche()
    { return 4.*flaeche();}
};

class Zylinder: public Kreis
{
private:
    double h; // Hoehe
public:
    Zylinder(double r,double hoehe):
                    Kreis(r),h(hoehe) {}
    double volumen() { return h*flaeche(); }
    double oberflaeche() { return
2.*flaeche() + h* umfang(); }
```

Prog. 19.2: *rotkoerp.cpp (Fortsetzung auf der nächsten Seite)*

```
};

class Kegel: public Kreis
{
private:
  double h;  // Hoehe
public:
  Kegel(double r,double hoehe):Kreis(r),h(hoehe) {}
  double volumen() {return h/3.*flaeche();}
  double oberflaeche()
  { double m=sqrt(h*h+rad*rad);
    return flaeche()+0.5*m*umfang(); }
};

int main()
{
Kugel kug(5.0);
cout << "Kugel: " << endl;
cout << "Oberflaeche " << kug.oberflaeche() << endl;
cout << "Volumen " << kug.volumen() << endl;

Zylinder zyl(5.0,4.0);
cout << "Zylinder: " << endl;
cout << "Oberflaeche " << zyl.oberflaeche() << endl;
cout << "Volumen " << zyl.volumen() << endl;

Kegel keg(5.0,4.0);
cout << "Kegel: " << endl;
cout << "Oberflaeche " << keg.oberflaeche() << endl;
cout << "Volumen " << keg.volumen() << endl;
return 0;
}
```

Prog. 19.2:   rotkoerp.cpp

Das Hauptprogramm liefert hier für den Radius 5 und Höhe 4 die Ausgabe

```
Kugel:
Oberflaeche 314.159
Volumen 523.599
Zylinder:
Oberflaeche 282.743
Volumen 314.159
Kegel:
Oberflaeche 179.12
Volumen 104.72
```

19.3 Eine Klasse mit Friend-Funktionen

Als Beispiel einer Klasse mit Friend-Funktionen (auch befreundete Funktionen genannt), soll eine Klasse für komplexe Arithmetik geschrieben werden.

Damit es die Bezeichner nicht mit dem eingebauten Datentyp complex aus der Header-Datei aus <complex.h> übereinstimmen, soll die Klasse Complex genannt werden.

Real- und Imaginärteil der komplexen Zahl wird man als Privat deklarieren.

```cpp
class Complex
{
private:
    double real;  // Realteil
    double imag;  // Imaginärteil
    /* weitere Element-Funktionen */
};
```

Die weiteren Element-Funktionen werden öffentlich gemacht. Dazu gehören insbesondere die Konstruktoren und die Funktionen, die den Real-/Imaginärteil, den Betrag, das Negative und das Konjugiert-Komplexe der komplexen Zahl liefern. Für letztere Funktion wird der Bit-Negation-Operator ~ überladen.

385

19 Einführung in OOP

```
public:
  Complex(){ real = imag = 0.;} // Default
  Complex(double r,double i) { real=r; imag = i;}
  double realpart() { return real; }
  double imagpart() { return imag; }
  double betrag()
    {return sqrt(real*real+imag*imag); }
  Complex operator-() // Vorzeichen
    { return Complex(-real,-imag); }
  Complex operator~() // Konjugiert-Komplexes
    { return Complex(real,-imag); }
```

In C++ können bestimmte Nicht-Element-Funktionen ebenfalls auf private Element zugreifen, wenn man sie als Friend-Funktionen erklärt. Dieser Fall tritt z. B. dann auf, wenn eine Funktion auf zwei Klassen zugreifen soll. Vergleicht man den Element-Operator für die Addition der Klasse Bruch von Abschnitt 19.1:

```
Bruch operator+(const Bruch &b);
```

so fällt auf, daß nur ein explizites Argument erscheint. Der erste (d. h. linke) Summand ist hier implizit gegeben. Um diese Unsymmetrie zu beseitigen, kann ebenfalls eine Friend-Funktion bzw. Operator erklärt werden, die explizit auf zwei komplexe Zahlen als Parameter übernimmt.

Die Prototypen der Arithmetik-Operatoren sind damit

```
friend Complex operator+(Complex &a,Complex &b);
friend Complex operator-(Complex &a,Complex &b);
friend Complex operator*(Complex &a,Complex &b);
friend Complex operator/(Complex &a,Complex &b);
```

Die ersten beiden Friend-Operatoren können als inline-Funktionen erklärt werden

19.3 Eine Klasse mit Friend-Funktionen

```
friend Complex operator+(Complex &a,Complex &b)
{ return Complex (a.real+b.real, a.imag+ b.imag );
}
friend Complex operator-(Complex &a,Complex &b)
{ return Complex(a.real-b.real,a.imag-b.imag);
```

Die fehlenden Rechenoperatoren ergeben sich aus

```
Complex operator*(Complex &a,Complex &b)
{
    return Complex(a.real*b.real-a.imag*b.imag,
    a.real*b.imag+a.imag*b.real);
}

Complex operator/(Complex &a,Complex &b)
{
    double re = a.imag*b.imag+a.real*b.real;
    double im = a.imag*b.real-a.real*b.imag;
    double nenn = b.real*b.real+b.imag*b.imag;
    assert(nenn>0.);
    return Complex(re/nenn,im/nenn);
}
```

Um die Division durch das Nullement zu verhindern, verwendet man das ANSI C-Makro

```
assert(Bedingung)
```

aus der Header-Datei <assert.h>. Ist die Bedingung des assert-Makros nicht erfüllt, so wird das Programm beendet und eine entsprechende Meldung am Bildschirm bzw. Fehlerkanal ausgeben.

Zur Aus-/Eingabe des strukturierten Datentyps sollen separate Prozedur geschrieben werden. Dazu wird die abgeleitete Klasse ostream der allgemeinen Ausgabe-Klasse ios verwendet. Dazu muß eine Referenz an ostream zurückgeben werden.

19 Einführung in OOP

```
ostream& operator<<(ostream& s,Complex &a)
{
  s << "(" << a.realpart() << ","
    << a.imagpart() << ")";
  return s;
}
```

Um das Programm interaktiv zu gestalten, soll auch eine analoge Eingabeprozedur gestaltet werden. Da die Eingabe im Format *(x,y)* erfolgen soll, gelingt die Eingabe nur, wenn die Klammern, das Komma und die beiden Zahlen in der angebenen Reihenfolge erfolgen. Die abgeleitete Klasse zur Eingabe ist istream, auch hier muß eine Referenz zurückgegeben werden.

```
istream& operator>>(istream& s,Complex &a)
{
  double real=0.,imag=0.;
  char c;
  cout << "Gib komplexe Zahl in der Form (x,y) ein!";
  s >> c;
  if (c=='(')
  {
    s >> real >> c;
    if (c==',') s >> imag >> c;
    if (c!=')') s.clear(ios::badbit); // Fehler
  }
  if (s) a = Complex(real,imag);
  return s;
}
```

Mit einem geeigneten Hauptprogramm erhält man das vollständige Programm complex.cpp

19.3 Eine Klasse mit Friend-Funktionen

```cpp
// complex.cpp
#include <iostream.h>
#include <math.h>

class Complex
{
private:
  float real; // Realteil
  float imag; // Imaginärteil

public:
  Complex(){ real = imag = 0.;}
  Complex(float r,float i) { real=r; imag = i;}
  float realpart() { return real; }
  float imagpart() { return imag; }
  float betrag() {return real*real+imag*imag; }

  Complex operator+(Complex &c)
    { return Complex(real+c.real,imag+c.imag); }
  Complex operator-(Complex &c)
    { return Complex(real-c.real,imag-c.imag); }
  Complex operator-() // Vorzeichen
    { return Complex(-real,-imag); }
  Complex operator*(Complex &c)
    { return Complex(real*c.real-imag*c.imag,
        real*c.imag+imag*c.real); }
  Complex operator/(Complex &c)
    {float r = imag*c.imag+real*c.real;
     float i = imag*c.real-real*c.imag;
     return Complex(r/betrag(),i/betrag()); }
  Complex operator~()
    { return Complex(real,-imag); }
};
```

Prog. 19.3: *complex.cpp (Fortsetzung a.d. nächsten Seite)*

```
ostream& operator<<(ostream &s,Complex &c)
  { s << "(" << c.realpart() << ","
      << c.imagpart() << ")";
    return s; }

int main()
{
  Complex a(4.,7.);
  Complex b(5.,-2.);
  cout << "Gegeben a " << a << endl;
  cout << "Gegeben b " << b << endl;
  Complex c = a+b;
  cout << "Summe     = " << c << endl;
  c = a-b;
  cout << "Differenz= " << c << endl;
  c = a*b;
  cout << "Produkt   = " << c << endl;
  c = a/b;
  cout << "Quotient = " << c << endl;
  cout << "Betragsquadrat von a = "
       << a.betrag() << endl;
  cout << "Realteil von a = " << a.realpart()
       << endl;
  cout << "Imaginaerteil von b = "
       << b.imagpart() << endl;
  cout << "Konjugiert-Komplexes von b = "
       << ~b << endl;
  return 0;
}
```

Prog. 19.3: *complex.cpp*

Mit der Eingabe (4,7) und (5,-2) erhält man folgende Programmausgabe

```
Gegeben a (4,7)
Gegeben b (5,-2)
Summe    = (9,5)
Differenz= (-1,9)
Produkt  = (34,27)
Quotient = (0.0923077,0.661538)
Betrag a = 65
Realteil von a = 4
Imaginärteil vor b = -2
Konjugiert-Komplexes von b = (5,2)
```

19.4 Eine Klasse aus der Zahlentheorie

Zum Vergleich mit dem C-Programm zum Primzahlsieb des ERATOSTHENES aus Abschnitt 5.6 soll hier eine Klasse zum Primzahlsieb angegeben werden. Die C++-Version siebt jedoch die geraden Zahlen aus.

Das Sieb ist bestimmt durch die Reihung (*array*), die aus Speicherplatzgründen vom Typ Char ist und der Obergrenze. Diese Daten-Elemente wird man als privat erklären.

Als öffentlich deklariert werden die Element-Funktionen aussieben, ausgeben und zaehlen. Da die Reihung hier dynamisch erzeugt wird, empfiehlt es sich, den nicht mehr benötigten Speicherplatz wieder freizugeben. Dies macht der sog. *Destruktor*, das Gegenstück zum Konstruktor. Er wird gekennzeichnet durch den überladenen Bit-Negationsoperator und dem Schlüsselwort delete. Damit erhält man die Klasse

```
class Sieve
{
  private:
    unsigned maxprim; // max.Element
    char *p; // Sieb
  public:
    Sieve(unsigned M); // Konstruktor
    ~Sieve() {delete [] p;} // Destruktor
```

Fortsetzung auf der nächsten Seite

19 Einführung in OOP

```
    void aussieben();
    void ausgeben();
    void zaehlen();
};
```

Der Konstruktor der dynamisch erzeugten Reihung verwendet das Schlüsselwort new, das die C-Funktion malloc() ersetzt. Leider gibt es in C++ kein Gegenstück zur C-Funktion calloc(), die gleichzeitig den Speicherblock initialisiert.

```
Sieve::Sieve(unsigned M)
{
    p = new char[maxprim = M];
    for (unsigned i=0; i<=M; i++) *(p+i)=0;
                // initialisieren
}
```

Die Implementation der Element-Funktion kann dem vollständigen Programm entnommen werden. Für Zahlen größer als 2*MAXINT wird man im ganzen Programm den int-Typ unsigned long verwenden. Auf die Ausgabe aller Primzahlen wird man dann wohl verzichten. Für sehr große Sieb-Obergrenzen muß geprüft werden, ob genügend Speicher alloziert werden kann. Der Konstruktor muß in diesem Fall noch ergänzt werden durch

```
if (!p) { cout << "Nicht genuegend Speicher! "
              << endl; exit(1); }
```

Ebenfalls muß die entsprechende Headerdatei <stdlib.h> eingebunden werden. Unter MS-DOS muß ein entsprechendes Speichermodell gewählt werden.

```
// sieb.cpp
// Primzahlsieb nach Eratosthenes
#include <iostream.h>
#include <iomanip.h>
#include <stdlib.h>
#include <assert.h>
```

Prog. 19.4: *sieb.cpp (Fortsetzung auf der nächsten Seite)*

19.4 Eine Klasse aus der Zahlentheorie

```cpp
class Sieve
{
private:
  unsigned maxprim; // max.Element
  char *p; // Sieb
public:
  Sieve(unsigned M); // Konstruktor
  ~Sieve() {delete [] p;} // Destruktor
  void aussieben();
  void ausgeben();
  void zaehlen();
};
Sieve::Sieve(unsigned M)
{
  p = new char[maxprim = M];
  if (!p) { cerr << "Nicht genügend Speicher! "
                 << endl; exit(1); }
  for (unsigned i=0; i<=M; i++) *(p+i)=0;
}
void Sieve::aussieben()
{
  unsigned i,k;
  for (i=2; i<=maxprim; i++)
    if (!(*(p+i)))
      for (k=i+i; k<=maxprim; k+=i) *(p+k)=1;
}
void Sieve::ausgeben()
{
  for (unsigned i=2; i<=maxprim; i++)
    if (!(*(p+i))) cout << setw(5) << i;
  cout << endl
}
void Sieve::zaehlen()
{
  unsigned count=0;
```

Prog. 19.4: *sieb.cpp (Fortsetzung auf der nächsten Seite)*

19 Einführung in OOP

```
    for (unsigned i=2; i<=maxprim; i++)
        if (!(*(p+i))) count++;
    cout << count << " Primzahlen gefunden" << endl;
}
int main()
{
    unsigned grenz;
    cout << "Obergrenze des Siebs? ";
    cin >> grenz;
    Sieve sieb(grenz);
    sieb.aussieben();
//  sieb.ausgeben();
    sieb.zaehlen();
    return 0;
}
```

Prog. 19.4: sieb.cpp

19.5 Eine Klasse aus der Biologie

Als weiteres Beispiel soll eine Klasse zur Simulation einer Epidemie einer (nicht-tödlichen) Krankheit gegeben. Der Leser findet das entsprechende C-Programm im Abschnitt 15.4.

Die Anzahl der Kranken, Gesunden, Immunen, Aller und die Parameter Infektionsrate bzw. Immunitätsrate des Modell wird man als die privaten Daten-Elemente erklären. Die Initialisierung des Modells erfolgt über den Konstruktor. Die Parameter werden durch die Funktion parameter() gesetzt. Die öffentlichen Element-Funktionen ausgabe() bzw. verlauf(int p) übernehmen die Ausgabe und die Berechnung des Epidemieverlaufs. Damit erhält man die Klasse:

```
class Modell
{
    private:
        int gesunde;
        int kranke;
```

Fortsetzung auf der nächsten Seite

19.5 Eine Klasse aus der Biologie

```
    int immune;
    float a; // Infektionsrate
    float b; // Immunitaetsrate

public:
    Modell(int g,int k,int i)
    { gesunde = g;
      kranke = k;
      immune = i;
      gesamt = g+k+i; }
    void parameter(float inf,float im);
    void ausgabe();
    void verlauf(int p);
};
```

Die Element-Funktionen können dem vollständigen Programm entnommen werden. Eine Schwierigkeit bleibt noch. Die Vorausetzungen des Modells, daß alle Variablenwerte nichtnegativ sind, kann jedoch durch unglückliche Wahl der Parameter verletzt werden. Daher wurde die Zusicherung eingebaut:

```
assert(gesunde>=0 && gesunde<=gesamt);
```

```
// epidemie.cpp
// Ausbreitung einer nichttoedlichen Epidemie
#include <iostream.h>
#include <iomarip.h>
#include <assert.h>
class Modell
{
private:
    const float a; // Infektionsrate
    const float b; // Immunitaetsrate
    int gesunde;
    int kranke;
    int immune;
```

Prog. 19.5: *epidemie.cpp (Fortsetzung auf der nächsten Seite)*

```
    int gesamt;
public:
    Modell(float A,float B,int G,int K,int I):
        a(A),b(B)
        {gesunde = G; kranke = K;
         immune = I; gesamt = G+K+I;}
    void parameter(float inf,float im);
    void ausgabe() const;
    void verlauf(int p);
};
void Modell::ausgabe() const
{
    static int count = 0;
    count++;
    cout << setw(7) << count << setw(12) << gesunde
         << setw(12) << kranke << setw(12) << immune
         << endl;
}
void Modell::verlauf(int p)
{
    int infizierte;
    cout << setw(7) << "Periode" << setw(12)
         << "Gesunde" << setw(12) << "Kranke"
         << setw(12) << "Immune" << endl;
    for (int i=1; i<=p; i++)
    {
       ausgabe();
       assert(gesunde>=0 && gesunde<=gesamt);
       infizierte = a*gesunde*kranke;
       gesunde -= infizierte;
       immune += b*kranke;
       kranke = gesamt-gesunde-immune;
    }
}
```

Prog. 19.5: *epidemie.cpp (Fortsetzung auf der nächsten Seite)*

```
int main()
{
  Modell epidemie(0.0005,0.1,997,3,0);
  epidemie.verlauf(50);
  return 0;
}
```

Prog. 19.4: *epidemie.cpp*

Die grafische Ausgabe der Epidemie-Daten liefert Abb. 19.4:

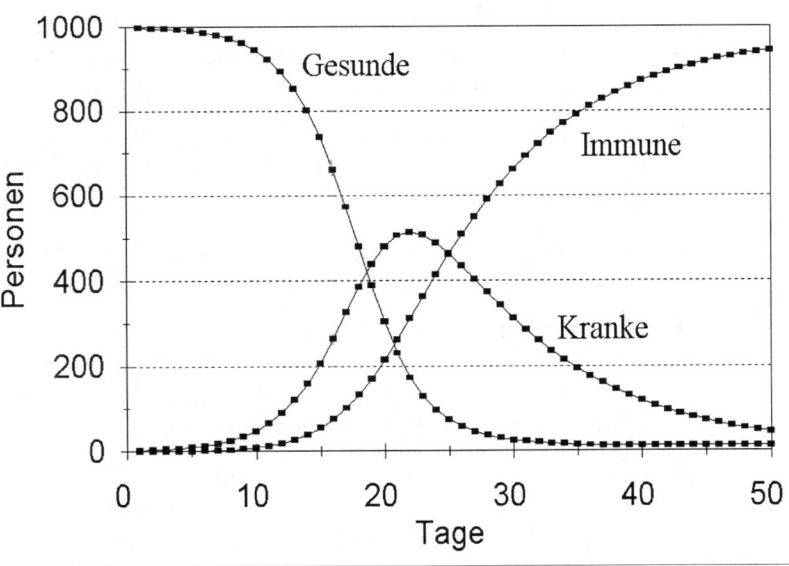

Abb. 19.3:   *Grafische Darstellung der Epidemie-Daten*

19.6 Zusammenfassung

In diesem Abschnitt sollen noch einmal einige wichtige Regeln zur Klassenbildung zusammengestellt werden.

19 Einführung in OOP

- Dynamische Arrays können mit den Operatoren `new` und `delete` erzeugt werden. `delete` darf nur auf Variablen angewandt werden, die auch mit `new` erzeugt wurden.

- Eine Klasse ist eine Verallgemeinerung des Verbundes `struc`. Jedoch sind die Daten-Elemente und Element-Funktionen durch eine Zugriffskontrolle geschützt. Es gibt die Zugriffsrechte privat, geschützt und öffentlich. Ersetzt man das Schlüsselwort `class` durch `struc`, so werden alle Daten öffentlich.

- Das objektorientierte Programmieren verringert den Funktions-Overhead, da Element-Funktionen implizit über die Daten-Elemente verfügen und diese nicht explizit übergeben werden müssen.

- Das Default-Zugriffrecht ist privat. Daten-Elemente, die vor dem ersten Zugriffs-Spezifizierer stehen, sind daher privat.

- Daten-Elemente können in einer Klasse nicht initialisiert werden. Dies wird in der Regel vom Konstruktor durchgeführt.

- Konstruktoren können überladen werden, d. h. eine Klasse kann über mehrere Konstruktoren verfügen.

- Destruktoren löschen automatisch alle Objekte, wenn der entsprechende Gültigkeitsbereich verlassen wird. Der Speicherplatz von dynamisch erzeugten Objekten sollte mit Hilfe des Destruktors freigegeben werden.

- Element- und Friend-Funktionen müssen dafür sorgen, daß die Daten-Elemente der Klasse ihren Wertebereich nicht verlassen. Insbesondere müssen Konstruktoren Daten-Elemente in geeigneter Weise initialisieren.

- Daten-Elemente sollten in der Regel als privat spezifiziert werden. Die Datenkapselung erfordert, daß öffentliche Element-Funktionen den Zugriff auf private Daten schützen.

- **Wichtig:** Eine öffentliche Element-Funktion darf niemals einen Pointer oder eine nichtkonstante Referenz zurückgeben, da sonst die Datenkapselung verletzt wird.

20 C++-Programme aus verschiedenen Bereichen

Im folgenden Abschnitt demonstrieren zehn weitere C++-Programme die Vielfalt der objektorientieren Programmierung. Sie stammen aus verschiedenen Bereichen wie Wirtschaft, Informatik, Numerik, Statistik und Physik und zeigen die Spannweite der anzutreffenden Anwendungstypen.

20.1 Eine Datums-Klasse

Eine Klasse aus dem praktischen Leben ist die folgende Datumsklasse. Sie dient hier nur als (knappes) Beispiel für die von den Softwarefirmen gelieferten sehr viel umfangreicheren Klassenbibliotheken wie MFC (*Microsoft Foundation Classes*) und OWL (*Object Windows Library*) von BORLAND.

```cpp
// datum.cpp
#include <iostream.h>

class Date
{
private:
   int tag,mon,jhr;
public:
   Date() { tag = 1; mon = 1; jhr = 1990; }
           // Default
   Date(int t, int m, int j)
           { tag = t; mon = m; jhr = j;}
   void print()
   void wochtag();
   void juldat();
};
```

Prog. 20.1: *datum.cpp (Fortsetzung auf der nächsten Seite)*

```cpp
void Date::print()
{
  static char monat[13][4] =
  {"","Jan","Feb","Mrz","Apr","Mai","Jun",
     "Jul","Aug","Sep","Okt","Nov","Dez"};
  cout << "Datum: " << tag << '.'
       << monat[mon] << '.' << jhr << endl;
}

void Date::wochtag()
// Berechnung des Wochentags
// nach dem Algorithmus von Chr.Zeller
{
  static char *name[7] =
     {"Son","Mon","Die","Mit","Don","Fre","Sam"};
  if (mon > 2) mon -= 2;
  else { mon += 10; jhr--; }
  int c = jhr/100;
  jhr %= 100;
  int wt = (jhr/4+c/4+(13*mon-1)/5+tag+
           jhr-2*c) % 7;
  if (wt<0) wt +=7;
  cout << "Wochentag : " << name[wt] << endl;
}

void Date::juldat() // Julianisches Datum
{
  long int jd;
  if (mon<3) { mon += 12; jhr--;}
  int a = 2-jhr/100 + jhr/400;
  jd = 1720994L+long(365.25*jhr)+
       long(30.6001*(mon+1))+tag+a;
  cout << "Julianisches Datum " << jd << endl;
  return;
}

int main()
```

Prog. 20.1: *datum.cpp (Fortsetzung auf der nächsten Seite)*

```
{
    Date weltkrieg2(3,9,1939);
    Date brd(23,5,1949);
    Date ewg(25,3,1957);
    Date lennon(8,12,1980);
    cout << "Beginn des 2. Weltkriegs:" << endl;
    weltkrieg2.print();
    weltkrieg2.wochtag();
    weltkrieg2.juldat();
    cout << endl
         << "Inkrafttreten des Grundgesetzes der BRD:"
         << endl;
    brd.print();
    brd.wochtag();
    brd.juldat()
    cout << endl
         << "Gruendung der EWG (Roemische Vertraege):"
         << endl;
    ewg.print();
    ewg.wochtag();
    ewg.juldat()
    cout << endl << "Tod von John Lennon:" << endl;
    lennon.print();
    lennon.wochtag();
    lennon.juldat();
    return 0;
}
```

Prog. 20.1: *datum.cpp*

Die Datumsklasse wird verwendet, um zu vier bekannten Daten die entsprechenden Wochentage und Julianischen Daten zu bestimmen und auszugeben.

20.2 Eine Klasse zur Hypothekentilgung

Das C++-Programm tilgung.cpp kann zur Berechnung eines Annuitäten-Tilgungsplans verwendet werden. Das entsprechende C-Programm findet der Leser im Abschnitt 14.5.

```cpp
// tilgung.cpp
// Berechnung einer Annuitaetentilgung
#include <iostream.h>
#include <iomanip.h>
#include <math.h>
class Tilgung
{
private:
   double kap;   // Kapital in DM
   int n;        // Laufzeit in Jahren
   double p;     // Jahreszinsfuss in %
   int i;        // Anzahl von Zinsperioden pro Jahr
   double q;  // Aufzinsfaktor
public:
   Tilgung(double K,int N,double P,int I)
         { kap = K; n = N; p = P*0.01; i = I;
           q = pow(1.+p,(double)n*i);}
   double annuitaet() const
         { return kap*p/i*q/(q-1.); }
   void monatsrate() const
      { cout << "Monatsrate DM "
             << annuitaet()/(12./i) << endl; }
   void tilgungsplan() const;
};
void Tilgung::tilgungsplan() const
{
   double zins,tilg,k=kap,sum=0.;
   double annuit=annuitaet();
   cout << setw(7)<< "Periode" << setw(12)
        << "Annuität" << setw(12) << "Tilgung"
```

Prog. 20.2: *tilgung.cpp (Fortsetzung auf der nächsten Seite)*

20.2 Eine Klasse zur Hypothekentilgung

```
              << setw(12) << "Zins"   << setw(12)
          << "Restschuld" << endl;
    cout.setf(ios::fixed);cout.precision(2);
    for (int j=1; j<= n*i; j++)
    {
      zins = k*p/i;
      sum += zins;
      tilg = annuit-zins;
      k -= tilg;
      cout << setw(7) << j << setw(12)<< annuit
           << setw(12) << tilg << setw(12) << zins
           << setw(12) << k << endl;
    }
    cout << "Summe aller Zinsen DM " << sum << endl;
}
int main()
{
  Tilgung t(250000.,20,8.5,1);
  t.tilgungsplan();
  t.monatsrate();
  return 0;
}
```

Prog. 20.2: *tilgung.cpp*

Für eine Hypothek über 250.000 DM bei 8,5% Zins, einer Laufzeit von 20 Jahren und jährlicher Tilgung liefert das Programm folgenden Tilgungsplan:

```
Periode Annuität    Tilgung       Zins   Restschuld
   1     26417.74   5167.74   21250.00   244832.26
   2     26417.74   5607.00   20810.74   239225.25
   3     26417.74   6083.60   20334.15   233141.66
   4     26417.74   6600.70   19817.04   226540.95
   ..........................................
  19     26417.74  22440.69    3977.05    24348.15
  20     26417.74  24348.15    2069.59        0.00
Summe aller Zinsen DM 278354.87
Monatsrate DM 2201.48
```

403

20.3 Eine Klasse zum Datentyp Stack

Der Datentyp *Stack* wird als Template-Klasse implementiert und in der Header-Datei stack.h gespeichert.

```cpp
// stack.h
// Headerdatei für Template Stack
template<class T>
class Stack
{
public:
   Stack(int = 10); // Default Size
   ~Stack() { delete [] stackPtr; } // Destruktor
   int push(const T&);
   int pop(T&);
   int isEmpty() const { return top==-1; }
                                           // 1 if empty
   int isFull() const { return top==size-1; }
                                           // 1 if full
private:
   int size;
   int top;
   T *stackPtr;
};

template <class T>
Stack<T>::Stack(int s) // Constructor
{
   size = s;
   top = -1; // empty
   stackPtr = new T[size];
}

template <class T>
int Stack<T>::push(const T &item)
{
   if (!isFull())
```

Prog. 20.3: stack.h (Fortsetzung auf der nächsten Seite)

20.3 Eine Klasse zum Datentyp Stack

```
   {
      stackPtr[++top] = item;
      return 1; // success
   }
   return 0; // No success
}

template <class T>
int Stack<T>::pop(T &item)
{
   if (!isEmpty())
   {
      item = stackPtr[top--];
      return 1; // success
   }
   return 0; // No success
}
```

Prog. 20.3: *stack.h*

Das folgende Programm stack.cpp dient zum Testen der besprochenen Header-Datei. Es werden sowohl Ganz- wie Kommazahlen auf den Stack gepackt und entnommen.

```
// stack.cpp
// Testprogramm Template stack.h
#include <iostream.h>
#include "stack.h"

int main()
{
   Stack<int> intstack; // Default size
   int i=1;
   cout << "Pushing integers onto stack" << endl;
   while (intstack.push(i)) // while not full
   {
      cout << i << ' ';
```

Prog. 20.4: *stack.cpp (Fortsetzung auf der nächsten Seite)*

405

```cpp
    i++;
  }
  cout << "\nStack is full!" << endl;

  cout << "\nPopping integers off stack" << endl;
  while (intstack.pop(i))  // while not empty
    cout << i << ' ';
  cout << "\nStack is empty!" << endl;

  Stack<float> floatstack(7);
  float f=1.1;
  cout << "\nPushing floats onto stack" << endl;
  while (floatstack.push(f))  // success
  {
    cout << f << ' ';
    f += 1.1;
  }
  cout << "\nStack is full!" << endl;

  cout << "\nPopping floats off stack" << endl;
  while (floatstack.pop(f))  // success
    cout << f << ' ';
  cout << "\nStack is empty!" << endl;
  return 0;
}
```

Prog. 20.4:   *stack.cpp*

Das Programm liefert die Ausgabe

```
Pushing integers onto stack
1  2  3  4  5  6  7  8  9  10
Stack is full!
Popping integers off stack
10  9  8  7  6  5  4  3  2  1
Stack ist empty!
Pushing floats onto stack
1.1  2.2  3.3  4.4  5.5  6.6  7.7
Stack is full!
Popping floats off stack
7.7  6.6  5.5  4.4  3.3  2.1  1.1
Stack is empty!
```

20.4 Eine Klasse zur Dreiecksberechnung

Das folgende C++-Programm stammt aus der Geometrie und liefert eine (fast) vollständige Dreiecksberechnung. Dabei ist ein Dreieck mittels der 3 Seiten einzugeben.

```cpp
// dreieck.cpp
// Berechnung e Dreiecks aus den Seiten
#include <iostream.h>
#include <math.h>
#ifdef _MSC_VER
   const double M_PI = 3.1415926535898;
#endif
enum BOOL {false,true};

class Dreieck
{
private:
   double a,b,c;   // Seiten
   double s;       // halber Umfang
   double f;       // Flaeche
```

Prog. 20.5: *dreieck.cpp (Fortsetzung auf der nächsten Seite)*

20 C++-Programme aus verschiedenen Bereichen

```cpp
public:
  Dreieck(double A,double B,
          double C):a(A),b(B),c(C)
  { s = (a+b+c)/2.;
    double d = s*(s-a)*(s-b)*(s-c); //Heronsche Formel
    f = (d>0)? sqrt(d):0.;}
  Dreieck(){}
  double umkreisradius() const;
  double inkreisradius() const;
  double hoehe_a() const;
  double hoehe_b() const;
  double hoehe_c() const;
  double alpha() const;
  double beta() const;
  double gamma() const;
  void ausgabe() const;
  BOOL exists() const;
};

double Dreieck::umkreisradius() const
{ return a*b*c/(4.*f); }

double Dreieck::inkreisradius() const
{ return f/s; }

double Dreieck::hoehe_a() const
{ return 2.*f/a; }

double Dreieck::hoehe_b() const
{ return 2.*f/b; }

double Dreieck::hoehe_c() const
{ return 2.*f/c; }

double Dreieck::alpha() const
{
  double d = (s-b)*(s-c)/(s*(s-a)); //Halbwinkelsatz
  return (d>=0.)? 2.*atan(sqrt(d)):0.;
```

Prog. 20.5: *dreieck.cpp (Fortsetzung auf der nächsten Seite)*

20.4 Eine Klasse zur Dreiecksberechnung

```cpp
}
double Dreieck::beta() const
{
  double d = (s-a)*(s-c)/(s*(s-b));  //Halbwinkelsatz
  return (d>=0.)? 2.*atan(sqrt(d)):0.;
}
double Dreieck::gamma() const
{ return M_PI-alpha()-beta(); } // Winkelsumme
BOOL Dreieck::exists() const
{
  if ((a>0. && b>0. && c>0.) &&
  (a+b>c && a+c>b && b+c>a)) // Dreiecksungleichung
  return true;
  else return false;
}
void Dreieck::ausgabe() const
{
  if (!exists())
    cout << "Dreieck existiert nicht!!" << endl;
  else
  {
    cout << "Flaeche = " << f << endl;
    cout << "Umkreisradius = "
         << umkreisradius() << endl;
    cout << "Inkreisradius = "
         << inkreisradius() << endl;
    cout << "alpha = "
         << 180.*alpha()/M_PI << endl;
    cout << "beta = " << 180.*beta()/M_PI << endl;
    cout << "gamma = " << 180*gamma()/M_PI << endl;
    cout << "Hoehe_a = " << hoehe_a() << endl;
    cout << "Hoehe_b = " << hoehe_b() << endl;
    cout << "Hoehe_c = " << hoehe_c() << endl;
```

Prog. 20.5: *dreieck.cpp (Fortsetzung auf der nächsten Seite)*

```
   }
   return;
}

int main()
{
  double a,b,c;
  cout << "Gib die Seiten a b c ein! ";
  cin >> a >> b >> c;
  Dreieck d(a,b,c);
  d.ausgabe();
  return 0;
}
```

Prog. 20.5: *dreieck.cpp*

Zur Berechnung der Winkel verwendet das Programm den Halbwinkelsatz

$$\tan\frac{\alpha}{2} = \sqrt{\frac{(s-b)(s-c)}{s(s-a)}}$$

Die Fläche wird mittels der HERONschen Formel

$$F = \sqrt{s(s-a)(s-b)(s-c)}$$

ermittelt. Dabei ist s der halbe Dreiecksumfang.

Für die Seiten $a = 3, b = 4$ und $c = 5$ ergibt das Programm die Ausgabe:

```
Flaeche = 6
Umkreisradius = 2.5
Inkreisradius = 1
alpha = 36.8699
beta = 53.1301
gamma = 90
Hoehe_a = 4
Hoehe_b = 3
Hoehe_c = 2.4
```

Es ist dies das – schon den Ägyptern bekannte – rechtwinklige Dreieck mit den kleinsten ganzzahligen Seiten.

20.5 Eine Klasse zum Bisektionsverfahren

Das folgende C++-Programm liefert eine Klasse zur Lösung einer nichtlinearen Gleichung mittels Bisektionsverfahren, das Nullstellen bestimmt mit Hilfe von fortgesetzter Intervallhalbierung. Als Beispiel werden hier die Lösungen der Gleichungen

$x^2 - 2 = 0 \Rightarrow x = \sqrt{2}$ *Intervall* $[1;2]$

$10^x - 2 = 0 \Rightarrow x = \log_{10} 2$ *Intervall* $[0;1]$

bestimmt. Das Bisektionsverfahren beruht auf dem Zwischenwertsatz für stetige Funktionen. Es läßt sich zeigen, daß der Algorithmus sicher konvergiert, wenn er auf einem Intervall mit Vorzeichenwechsel startet. Es muß daher ein Start-Intervall angeben werden, an dessen Endpunkten die Funktion einen Vorzeichenwechsel erfährt.

```cpp
// bisect.cpp
// Bisektionsverfahren (Intervallhalbierung
// fuer Nullstellen-Suche)
#include <iostream.h>
#include <iomanip.h>
#include <math.h>

double F1(double x)
{ return x*x-2.; }

double F2(double x)
{ return pow(10.,x)-2.; }

class Bisektion
{
private:
double a,b; // Intervall
   double (*fkt)(double);
public:
```

Prog. 20.6: *bisect.cpp (Fortsetzung auf der nächsten Seite)*

20 C++-Programme aus verschiedenen Bereichen

```cpp
  Bisektion(double A,double B,double (*f)(double))
    { a = A; b = B; fkt = f; }
  void bisect();
};

void Bisektion::bisect()
{
  const double eps = 1e-8; // abs.Genauigkeit
  double mid;
  int i=0;
  cout << setprecision(8);cout.setf(ios::fixed);
  do
  {
    if (fkt(a)*fkt(b)>0.)
    { cerr << "Kein Vorzeichenwechsel"; break; }
    cout << a << setw(20) << setfill(' ') << b
         << endl;
    mid = (a+b)/2.;
    if (fkt(a)*fkt(mid)<=0.) b = mid; else a= mid;
    i++;
  } while (i<=100 && fabs(a-b)>eps);
  if (i==100) cerr << "Keine Konvergenz" << endl;
  else cerr << "Fixpunkt gefunden" << endl;
  return;
}

int main()
{
  Bisektion wurzel2(1.,2.,F1);
  wurzel2.bisect();
  Bisektion zehnlog2(0.,1.,F2);
  zehnlog2.bisect();
  return 0;
}
```

Prog. 20.6: *bisect.cpp*

20.6 Eine Klasse zur numerischen Integration

Neben der im Abschnitt 17.7 verwendeten GAUß-Methode ist die SIMPSON-Integration das am häufigsten verwendete Verfahren zur numerischen Integration. Es beruht auf der Approximation

$$\int_a^b f(x)dx = \frac{h}{3}\bigl(f(a) + 4f(a+h) + 2f(a+2h) + \cdots 4f(b-h) + f(b)\bigr)$$

wobei die Intervallänge h sich ergibt aus $h = \dfrac{b-a}{n}$. Die Zahl n der Teilintervalle muß hier gerade sein.

```cpp
// simpson.cpp
// Numerische Funktion mit der Simpson-Formel
#include <iostream.h>
#include <math.h>
#ifdef _MSC_VER
   const double M_PI = 3.1415926535898;
#endif
double normvrt(double x)
               // Dichtefunktion der Normalverteilung
{ return exp(-0.5*x*x)/sqrt(2.*M_PI); }

double atan1(double x)  // Ableitung von atan()
{ return 1./(1.+x*x); }

class Simpson
{
private:
  const double a,b;       // Intervall
  double (*fkt)(double);  // Pointer auf Funktion
public:
  Simpson(double A, double B,
        double (*f)(double)):a(A),b(B){ fkt = f;}
  double integral()const;
};
```

Prog. 20.7: *simpson.cpp (Fortsetzung auf der nächsten Seite)*

```
double Simpson::integral()const
{
  const double eps=1e-6; // abs.Genauigkeit
  double simp_alt,simp_neu=0.;
  int n=16;
  do
  {
    simp_alt = simp_neu;
    double h=(b-a)/n;
    simp_neu = fkt(a)+fkt(b);
    for (long int i=1; i<n; i++)
      simp_neu += ((i%2==0)? 2 : 4)*fkt(a+i*h);
    simp_neu *=h/3.;
    n *= 2;
  } while (fabs(simp_neu-simp_alt)>=eps);
  return simp_neu;
};

int main()
{
  Simpson Normvrt(-6.,0.,normvrt);
  cout << Normvrt.integral() << endl;

  Simpson arctan(0.,1.,atan1);
  cout << arctan.integral() << endl;
  return 0;
}
```

Prog. 20.7: *simpson.cpp*

Als Beispiel werden die Integrale

$$\frac{1}{\sqrt{2\pi}} \int_0^{-\infty} e^{-x^2/2} dx = \frac{1}{2}$$

und

$$\int_0^1 \frac{dx}{1+x^2} = \frac{\pi}{4}$$

berechnet. Die ausgegebene Intergral-Werte sind auf die angegebene Stellenzahl korrekt.

Die SIMPSON-Integration beginnt automatisch mit 16 Teilintervallen und verdoppelt die Anzahl der Intervalle solange, bis die vorgegebene absolute Genauigkeit errreicht ist. Das Verfahren kann u. U. versagen, wenn das SIMPSON-Verfahren keinen guten Näherungswert liefert.

20.7 Eine Klasse zur Wahrscheinlichkeitsrechnung

Ein häufig verwendetes Wahrscheinlichkeitsmodell ist die BERNOULLI-Kette. Sie besteht aus einer Reihe von n gleichartigen, unabhängigen Zufallsexperimenten, bei denen nur nach Treffer oder Mißerfolg gefragt ist. Die Wahrscheinlichkeit p für einen Treffer ist hierbei als konstant vorausgesetzt. Die Wahrscheinlichkeit bei einer BERNOULLI-Kette der Länge n genau k Treffer bei der Trefferwahrscheinlichkeit p zu erzielen, wird durch folgende mathematische Formel gegeben.

$$B(n,k,p) = \binom{n}{k} p^k (1-p)^{n-k}$$

Diese Wahrscheinlichkeiten heißen – wegen der auftretenden Binomialkoeffizienten – die Binomial-Wahrscheinlichkeiten. Sie werden im Programm logarithmisch berechnet, um möglichst exakte numerische Ergebnisse zu erhalten.

Wegen der auftretenden Logarithmen versagt der Algorithmus, falls die eingebene Wahrscheinlichkeit nicht der Bedingung

$$0 < p < 1$$

genügt. Diese Bedingung wird mittels des assert-Makros aus der Header-Datei <assert.h> kontrolliert.

```cpp
// binom.cpp
// Berechnung der Binomialwahrscheinlichkeiten
#include <iostream.h>
#include <iomanip.h>
#include <math.h>
#include <assert.h>

class Binomial
{
private:
  int n; // Laenge der Bernoullikette
  int k; // Anzahl der Treffer
  double p; // Trefferwahrscheinlichkeit
public:
  Binomial(int N,int K,double P): n(N),k(K),p(P){ }
  void tabelle() const;
               // Tabelle aller Wahrscheinlichkeiten
  double ws() const; // Einzelwahrscheinlichkeit
};

void Binomial::tabelle() const
{
  double b,r,q=1.-p;
  int m=n+1;
  assert (0 < p && p < 1);
  r = log(p/q);
  b = n*log(q);
  cout.setf(ios::fixed);
  cout.precision(8);
  cout << "Tabelle der "
       << "Binomialwahrscheinlichkeiten: " << endl;
  cout << setw(5) << "0" << setw(15)
       << exp(b) << endl;
  for (int i=1; i<=n; i++)
  {
    b += r + log((double)m/i-1.);
```

Prog. 20.8: binom.cpp (Fortsetzung auf der nächsten Seite)

20.7 Eine Klasse zur Wahrscheinlichkeitsrechnung

```cpp
    cout << setw(5) << i << setw(15)
         << exp(b) << endl;
  }
  return;
}

double Binomial::ws() const
{
  double b,r,q=1.-p;
  int m=n+1;
  assert(0 < p && p < 1 && k <= n);
  r = log(p/q);
  b = n*log(q);
  for (int i=1; i<=k; i++)
    b += r + log((double)m/i-1.);
  return exp(b);
}

int main()
{
  Binomial wuerfeln(10,2,0.1666667);
  wuerfeln.tabelle();
  cout << "Wahrscheinlichkeit für 2 Sechsen "
       << "in 10 Wuerfen " << wuerfeln.ws() << endl;
  return 0;
}
```

Prog. 20.8: binom.cpp

Für die Wahrscheinlichkeit „*Genau 2 Sechsen bei 10 mal Würfeln*" ist

$$n = 10, k = 2, p = \tfrac{1}{6}$$

einzugeben. Das Programm liefert dafür die Tabelle

```
Tabelle der Binomialwahrscheinlichkeiten:
0    0.16150552
1    0.32301111
2    0.29071007
3    0.15504541
4    0.05426591
5    0.01302382
6    0.00217064
7    0.00024807
8    0.00001861
9    0.00000083
10   0.00000002
```

Für $k = 2$ ergibt sich die gesuchte Wahrscheinlichkeit

$B(10, 2, \frac{1}{6}) = 0.29071007$.

20.8 Eine Klasse aus der Statistik

Eine wichtiger Teil der Statistik ist die *Prüf-Statistik*, bei der durch einen geeigneten Test geprüft wird, ob das vorliegenden Zahlenmaterial mit einer vorgegebenen Hypothese – Nullhypothese genannt – vereinbar ist.

Werden die Meßwerte b_i gemessen und aufgrund der Nullhypothese die Werte e_i erwartet, so läßt die Prüfgröße χ^2 (*Chi-Quadrat* genannt) gemäß folgender Formel ermitteln.

$$\chi^2 = \sum_{i=1}^{n} \frac{(b_i - e_i)^2}{e_i}$$

Mit Hilfe der χ^2-Verteilung läßt sich prüfen, ob die Meßwerte b_i mit der vorgebenen Verteilung vereinbar sind. Die zugehörige Verteilungsfunktion wird innerhalb des Programms berechnet und das entsprechende Testergebnis ausgegeben.

20.8 Eine Klasse aus der Statistik

```cpp
// chivrt.cpp
// Chi-Quadrat-Verteilung
#include <iostream.h>
#include <math.h>
#include <stdlib.h>
#include <time.h>
#ifdef _MSC_VER
  const double M_PI = 3.1415926535898;
#endif

class Chiquad
{
private:
  double chi; // Chi^2-Wert
  int f;      // Freiheitsgrade
public:
  Chiquad(double C,int F) { chi = C; f = F; }
  void getparameter() const
  { cout << "Chi^2-Wert " << chi << endl;
    cout << f << " Freiheitsgrade" << endl; }
  double lngamma(double x) const;
  double chivrt() const;
};

double Chiquad::lngamma(double x) const
// Logarithmus der Gammafunktion
{
  double a,sum=0.;
  a = log(sqrt(M_PI));
  x -= 1.;
  while(x>0.)
  { sum += log(x);
    x -= 1.;
  }
  return (x<0.)? sum+a : sum;
}
```

Prog. 20.9: *chivrt.cpp (Fortsetzung auf der nächsten Seite)*

```cpp
double Chiquad::chivrt() const  // Chi^2-Verteilung
{
  const double eps = 1e-6;
  double x = chi/2.,k = f/2.;
  double g,term,factor,sum=0.;
  g = lngamma(k+1.);
  factor = exp(k*log(x)-g-x);
  if (factor>0)
  {
    term = sum = 1.;
    do
    {
      k += 1.;
      term *= x/k;
      sum += term;
    } while(term/sum > eps);
  }
  return sum*factor;
}
class Test // auf Gleichverteilung
{
private:
  enum {size=7}; // Wuerfelaugen+1
  int n;
  int beob[size];
  int erwart[size];
public:
  Test(int N) { n = N;}
  void wuerfeln();
  double testgroesse();
  void auswertung();
};

void Test::auswertung()
{
```

Prog. 20.9: *chivrt.cpp (Fortsetzung auf der nächsten Seite)*

20.8 Eine Klasse aus der Statistik

```cpp
  wuerfeln();
  double chi = testgroesse();
  cout << "Chi^2 Wert = " << chi << endl;
  Chiquad ws(chi,5);
  double w = ws.chivrt();
  cout << "Wert der Chi^2-Verteilung " << w << endl;
  char *s = (w<=0.95)? "nicht" : " ";
  cout << "Die Nullhypothese der "
       << "Gleichverteilung kann mit " << endl
       << "5% Irrtumswahrscheinlichkeit " << s
       << " verworfen werden "<< endl;
}
double Test::testgroesse()
{
  int i;
  double d,chi=0.;
  cout << "Erwartet" << endl;
  for (i=1; i<size; i++)
  {
    erwart[i] = n/(size-1); // Erwartungswerte
    cout << i << "\t" << erwart[i] << endl;
  }
  for (i=1; i<size; i++)
  {
    d = double(beob[i]-erwart[i]);
    chi += d*d/erwart[i];
  }
  return chi;
}
void Test::wuerfeln()
{
  int i,z;
  srand((unsigned)time(NULL));
                    // Start Zufallsgenerator
```

Prog. 20.9: *chivrt.cpp (Fortsetzung auf der nächsten Seite)*

```
    for (i=1; i<size; i++) beob[i]=0;
    for (i=0; i<n; i++)
    {
        z = 1+rand()% (size-1);
        beob[z]++;
    }
    cout << "Beobachtet" << endl;
    for (i=1; i<size; i++)
        cout << i << "\t" << beob[i] << endl;
    return;
}

int main()
{
    Test wurf(12000);
    wurf.auswertung();
    return 0;
}
```

Prog. 20.9: *chivrt.cpp*

Als Beispiel sollen die vom Rechner erzeugten ganzzahligen Zufallszahlen aus den Intervall [1;6] – als Würfelzahlen interpretiert – auf ihre Gleichverteilung getestet werden. Es werden dazu 12.000 Würfelzahlen erzeugt und auf gleiche Häufigkeit getestet. Eine typische Programmausgabe (die aufgrund des Zufalls stets variiert) ist die folgende

```
Beobachtet
1       1989
2       1986
............
6       2036
Erwartet
1       2000
2       2000
............
6       2000
```

```
Chi^2 Wert = 0.857
Wert der Chi^2-Verteilung 0.0267438
Die Nullhypothese der Gleichverteilung kann mit bei 5%
Irrtumswahrscheinlichkeit nicht verworfen werden.
```

20.9 Eine Klasse aus der Atomphysik

Als physikalische Anwendung wird hier die Theorie des Wasserstoffspektrums gewählt, wie es sich aus dem BOHRschen Atommodell ergibt.

Nach diesem Modell lassen sich die Wellenlängen λ des Wasserstoff-Spektrums nach folgender Spektralformel berechnen

$$\frac{1}{\lambda} = Rh\left(\frac{1}{n^2} - \frac{1}{m^2}\right)$$

Die Quantenzahlen m, n kennzeichnen hier die Niveaus der Energieübergänge.

```cpp
// spektrum.cpp
#include <iostream.h>

// Rydbergkonstante für Wasserstoff
const double Rydberg = 3.28805e15;
// Lichtgeschwindigkeit
const double c = 2.99792e8;
// Plancksches Wirkungsquantum
const double h = 6.62618e-34;
// Elementarladung
const double e = 1.60219e-19;

enum Serie
     {Lyman=1,Balmer,Paschen,Brackett,Pfund};
class spektrum
{
  Serie n; // Spektralserie
  int m; // Niveau
```

Prog. 20.10: *spektrum.cpp (Fortsetzung auf nächster Seite)*

```cpp
public:
  spektrum(Serie nn,int mm) { n=nn; m=mm;}
  double frequenz() // Wellenlaenge in Nanometer
    {return 1e-9*Rydberg*(1./(n*n)-1./(m*m)); }
  double wellenlaenge() // Frequenz in GHz
    {return c/frequenz(); }
  double energie() // Energie in Elektronenvolt
    {return h*1e9*frequenz()/e; }
};

int main()
{
  cout << "H-alpha-Linie" << endl;
  spektrum Halpha(Balmer,3);
  cout << "Wellenlaenge = "
       << Halpha.wellenlaenge() << " nm" << endl;
  cout << "Frequenz = " << Halpha.frequenz()
       << " GHz" << endl;
  cout << "Energie = " << Halpha.energie()
       << " eV" << endl;

  cout << "Ionisation" << endl;
  spektrum Ion(Lyman,1000);
  cout << "Wellenlaenge = " << Ion.wellenlaenge()
       << " nm" << endl;
  cout << "Frequenz = " << Ion.frequenz()
       << " GHz" << endl;
  cout << "Energie = " << Ion.energie()
       << " eV" << endl;
  return 0;
}
```

Prog. 20.10: *spektrum.cpp*

20.9 Eine Klasse aus der Atomphysik

Die Spektralserien sind hier als Aufzählungstyp ENUM definiert und gleichzeitig mit dem Wert der Quantenzahl versehen, der in die Spektralformel einzusetzen ist. Die BALMER-Serie ($n=2$) liegt dabei weitgehend im sichtbaren Bereich. Die LYMAN-Serie gehört wegen der größeren Wellenlängen im Infrarot (*IR*)-Bereich; entsprechend zeigt sich die PFUND-Serie im Ultraviolett (*UV*)-Bereich. Als Beispiel wird die Wellenlänge und Energie der bekannte H_α-Linie und der Ionisation berechnet. Für die unendliche große Quantenzahl der Ionisationstufe wählt man eine große Zahl, z.B. $m=1000$. Damit erhält die Ausgabe

```
H-alpha-Linie
Wellenlaenge = 656.469 nm
Frequenz = 456574 GHz
Energie = 1.88367 eV
Ionisation
Wellenlaenge = 91.1816 nm
Frequenz = 3.82786e06 GHz
Energie = 13.5976 eV
```

Letztere Energie ist der bekannte Ionisationspotential des Wasserstoffs vom Betrag 13.6 *eV*.

20.10 Eine Klasse aus der Astronomie

Als letztes Programm wird eine Anwendung aus der Astronomie gewählt, die Berechnung der Bahnen und Temperatur der Planeten. Als Parameter des Planeten wird der mittlere Abstand von der Sonne (in *Astronomischen Einheiten*, d.h. als Vielfaches der Erdbahnachse), die numerische Exzentrizität und das Reflexionsvermögen (*Albedo*) gewählt.

Daraus werden die Umlaufszeiten, Bahngeschwindigkeiten, Solarkonstante und Gleichgewichtstemperatur in KELVIN (absoluter Temperatur) berechnet. Bei der Berechnung der Ellipsenbahn wird auf die Klasse Ellipse zugegriffen.

```
// planet.cpp
// Planetengesetze im Sonnensystem
// Entfernungen in AE,Temperaturen in Kelvin
// Literaturhinweis: Ahnerts Kalender
// fuer Sternfreunde 1994, Barth Leipzig

#ifdef _MSC_VER
   const double M_PI = 3.1415926535898;
#endif
#include <iostream.h>
#include <math.h>
#include <assert.h>
enum BOOL {FALSE,TRUE};

class Ellipse
{
private:
   double a;   // grosse Halbachse
   double eps; // num. Exzentrizitaet
   double b;   // kleine Halbachse

public:
   Ellipse(const double A,const double E)
      { a = A; eps = E; b = a*sqrt(1.-eps*eps);}
```

Prog. 20.11: *planet.cpp (Fortsetzung auf der nächsten Seite)*

20.10 Eine Klasse aus der Astronomie

```cpp
    double kl_achse() const { return b; }
    double flaeche() const { return M_PI*a*b; }
    double exzentr() const  // lin.Exzentrizitaet
       { return sqrt(a*a-b*b); }
// Naeherungswert f.ellipt.Integral
    double umfang() const
       { return M_PI*(1.5*(a+b)-sqrt(a*b)); }
};

class Planet
{
private:
    double r;    // mittl.Abstand von Sonne in AE
    double eps;  // num.Exzentritaet der Bahnellipse
    double A;    // Albedo
    double T;    // Siderische Umlaufszeit
public:
    Planet(const double rad,const double E,
           const double alb)
    { r = rad; eps = E; A = alb; T = pow(r,1.5); }

    BOOL inner_planet()  // innerer Planet?
    { return (r<1.)? TRUE : FALSE;}

    double synode()  // Synodische Umlaufszeit
    { return
      inner_planet()? 1./(1+1./T) : 1./(1-1./T); }

    double perihel()  // Sonnennaehe
    { return r*(1.-eps); }

    double aphel()  // Sonnenferne
    { return r*(1.+eps); }

    double bahngeschw()  // mittl.Bahngeschw.in km/s
```

Prog. 20.11: *planet.cpp (Fortsetzung auf der nächsten Seite)*

```cpp
{
    Ellipse E(r,eps);
    double umf = E.umfang();
    umf *= 1.496e8; // AE in km
    return umf/(T*3.15576e7);
}

double perihelgeschw() // Perihelgeschw. in km/s
{ return sqrt(883.1/r)*sqrt((1.+eps)/(1.-eps)); }

double aphelgeschw() // Aphelgeschw. in km/s
{ return sqrt(883.1/r)*sqrt((1.-eps)/(1.+eps)); }

double solarkonstante() // W/m^2
{ return 1360./pow(r,2.0); }
            // Gleichgewichtstemperatur in K

double temperatur()
{ return
    5780.*pow((1.-A)/2.,0.25)*sqrt(0.00464/r); }
void ausgabe();
};

void Planet::ausgabe()
{
    cout.precision(4);
    cout << "Siderische Umlaufszeit " << T
         << " Jahre" << endl;
    BOOL innen = inner_planet();
    if (innen) cout << "innerer Planet" << endl;
    else cout << "aeusserer Planet" << endl;
    cout << "Synodische Umlaufszeit " << synode()
         << " Jahre" << endl;
    cout << "Perihel " << perihel() << " AE "
         << endl;
    cout << "Aphel " << aphel() << " AE" << endl;
```

Prog. 20.11: *planet.cpp (Fortsetzung auf der nächsten Seite)*

20.10 Eine Klasse aus der Astronomie

```
    cout << "mittl.Bahngeschwindigkeit "
         << bahngeschw() << " km/s" << endl;
    cout << "Perihelgeschwindigkeit "
         << perihelgeschw() << " km/s" << endl;
    cout << "Aphelgeschwindigkeit "
         << aphelgeschw() << " km/s" << endl;
    cout << "Solarkonstante " << solarkonstante()
         << " W/m^2" << endl;
    cout << "Gleichgew.Temperatur " << temperatur()
         << " K" << endl;
}
int main()
{
  double r,eps,A;
  cout << "Mittlerer Sonnenabstand in AE "
       << "(Jupiter 5.203)? " << endl;
  cin >> r;
  cout << "Numer.Exzentritaet (Jupiter 0.0484)? "
       << endl;
  cin >> eps;
  cout << "Albedo (Jupiter 0.52)? " << endl;
  cin >> A;
  assert(0. < eps && eps < 1. && r>0.
         && 0.< A && A < 1.);
  Planet planet(r,eps,A);
  planet.ausgabe();
  return 0;
}
```

Prog. 20.11: *planet.cpp*

Für die Werte von Jupiter ergibt sich folgende Ausgabe:

```
Siderische Umlaufszeit 11.87 Jahre
aeusserer Planet
Synodische Umlaufszeit 1.092 Jahre
Perihel 4.951 AE
Aphel 5.455 AE
mittl.Bahngeschwindigkeit 13.05 km/s
Perihelgeschwindigkeit 13.67 km/s
Aphelgeschwindigkeit 12.41 km/s
Solarkonstante 50.24 W/m^2
Gleichgew.Temperatur 120.8 K
```

21 Die Standard Template Library (STL)

Die Wiederverwendbarkeit von Code durch Anwendung von Templates, d.h. von datentypunabhängigen Funktionen und Klassen, ist ein grundlegendes Ziel der OOP. Durch die Aufnahme von standardisierten Templates in die ANSI C++-Norm wird dem Programmierer eine erprobte, flexible, allgemeingültige Implementierung von Algorithmen und Datenstrukturen an die Hand gegeben. Nach der Verabschiedung des *Final Draft* im November 1997 ist nun keine Änderung mehr zu erwarten, obwohl viele Entwickler bis zuletzt noch auf die Einbeziehung einer Template-Klasse zur Hashsuche gehofft haben.

Der grundlegende Entwurf der STL stammt von den Mitarbeitern Alex Stephanow und Meng Lee der Fa. Hewlett-Packard. Dieser Entwurf ist nach einigen Kürzungen 1994 Bestandteil des Entwurfs der ANSI C++- Norm geworden. Die STL umfaßt folgende die Bibliotheken

- Algorithmen <algorithm>,
- Numerik <numerics>,
- Containers,
- Iteratoren,
- Hilfsmittel (utilities),
- Diagnostik (mit <exceptions>).

Diese Bibliotheken bilden den Namensraum (namespace) der STL, std genannt.

Die Iteratoren bilden die Schnittstelle, mit der die Algorithmen auf den Datenstrukturen operieren. Dies ist notwendig, da die Algorithmen nicht direkt als Elementfunktionen auf den Datenstrukturen operieren können.

Bei den folgenden Aufzählungen der Template-Eigenschaften wird keine Vollständigkeit angestrebt, da diese ein eigenes

Buch erfordern würde. Alle Programme werden vom Borland/Inprise C++-Compiler 5.02 compiliert.

21.1 Die Iteratoren

Die Iteratoren arbeiten wie Zeiger und ermöglichen den Zugriff nicht nur auf die STL-Behälter, sondern auch gewöhnliche C-Arrays. Die Positionen, auf die sie zeigen, sind durch begin() und eine Position nach end() gegeben. Ein leerer Container ist gekennzeichnet durch die Gleichheit von begin() und end(). Weiterschalten mittels ++ liefert bei einem Array einen Zeiger auf das folgende Element. Das folgende Beispiel erzeugt eine zunächst leeres ganzzahliges Array durch den Konstruktoraufruf der <vector>-Templates und deklariert einen zugehörigen Iterator. In der FOR-Schleife werden die ersten 10 ungeraden Zahlen erzeugt und mit der Methode push_back() dem Array hinten angefügt. Der Iterator durchläuft das Array und gibt nach Dereferenzierung die Werte aus.

```
// array.cpp
#include <iostream>
#include <vector>
using namespace std;

int main()
{
  vector<int> a;
  vector<int>::iterator i;
  for (int j=0; j<10; j++) a.push_back(2*j+1);
  for (i=a.begin(); i!=a.end(); i++)
    cout << (*i) << endl;
  return 0;
}
```

Prog. 21.1: *array.cpp*

Zu beachten ist hier die Bedingung i!=a.end(). Nur wenn in der jeweiligen Template-Klasse der Kleiner-Operator < definiert ist, darf diese Bedingung durch i<a.end() ersetzt werden. Die FOR-Schleife

```
for (i=a.rbegin(); i!=a.rend(); i++) cout << (*i)
  << endl;
```

läßt den Iterator rückwärts laufen. Vorwärts und rückwärts laufende Iteratoren heißen auch bidirektional (*bidirectional*). Neben diesen sind auch noch Iteratoren zur Ein- und Ausgabe (*input / output iterator*) definiert und solche zum wahlfreien Zugriff (*random access iterator*). Eine Ausgabe-Prozedur mit Ausgabe-Iterator für das Array von oben stehendem Programm ist

```
void ausgabe(vector<int> v)
{
    copy(v.begin(),v.end(),ostream_iterator
        <int>(cout," "));
    cout << endl;
}
```

21.2 Funktionsobjekte

Neben den Iteratoren werden auch Funktionsobjekte gebraucht, um Vergleichsrelationen, ein- und zweistellige Verknüpfungen zu realisieren. Vordefiniert sind
- plus,minus,times,divides // Rechenarten
- modulus,negate // Modulo,Vorzeichenwechsel
- logical_and,logical_or,logical_not // Logik
- equal_to,not_equal_to // (Un)-Gleichheit
- greater,less // Vergleich

Als Anwendung der Vergleichs-Funktionsobjekte soll eine Reihung (array) auf- und absteigend sortiert werden.

21 Die Standard Template Library (STL)

```cpp
// Vergl.cpp
#include <iostream>
#include <vector>
#include <algorithm>
using namespace std;
int main()
{
  vector<int> a;
  for (int j=0; j<10; j++)
      a.push_back((10+19*j)% 100);
  cout << "Unsortiert" << endl;
  copy(a.begin(),a.end(),ostream_iterator
  <int>(cout," "));
  cout << endl;
  cout << "Aufsteigend sortiert" << endl;
  sort(a.begin(),a.end(),less<int>());
  copy(a.begin(),a.end(),ostream_iterator
  <int>(cout," "));
  cout << endl;
  cout << "Absteigend sortiert" << endl;
  sort(a.begin(),a.end(),greater<int>());
  copy(a.begin(),
      a.end(),ostream_iterator <int>(cout," "));
  cout << endl;
  return 0;
}
```

Prog. 21.2: *vergl.cpp*

```
Unsortiert
10 29 48 67 86 5 24 43 62 81
Aufsteigend sortiert
5 10 24 29 43 48 62 67 81 86
Absteigend sortiert
86 81 67 62 48 43 29 24 10 5
```

21.3 Der Container <vector>

Die Template-Klasse <vector> kann zur dynamischen Erzeugung einer beliebigen sequentiellen Reihung verwendet werden, wobei nur am Ende ein Element angefügt (mittels push_back()) oder entnommen (mittels pop_back()) werden kann. Es gibt folgende Formen des Konstruktors

```
vector(int)           // Anzahl
vector(int,value)     // Anzahl und Wert
vector(*first,*last)  // Array
vector(&vector)       // Kopie eines anderen Vektors
```

Beispiele sind

```
int a[] = {1,4,9,16,25};
vector<int> v(a,a+5);
vector<double> v(10,1.0);
```

Im ersten Fall wird das Array in den Vektor v kopiert, im zweiten Fall erhält man ein Array, das gleiche 10 Elemente vom Wert 1.0 enthält.

Die aktuelle Größe des Array wird durch die Funktion size() geliefert, sie ändert sich dynamisch beim Anfügen oder Entfernen des letzten Elements. Die Funktionen back() und front() geben einen Zeiger auf das erste bzw. letzte Element zurück. Der Operator [] ist so überladen, daß die Elemente einer Reihung a auch für den Index a[i] angesprochen werden den können.

21.4 Der Container <deque>

Die Template-Klasse <deque> (*double ended queue*) kann zur dynamischen Erzeugung einer beliebigen sequentiellen Reihung verwendet werden, wobei am Anfang und am Ende Elemente angefügt oder entnommen werden können.

- push_back(), pop_back() // hinten anfügen,entnehmen
- push_front(),pop_front() // vorne anfügen,entnehmen

Es gibt folgende Formen des Konstruktors
- deque() // leere deque
- deque(int) // Anzahl
- deque(int,value) // Anzahl und Wert
- deque(*first,*last) // Array
- deque(&deque) // Kopie einer anderen deque

Ein Programmbeispiel zu <deque> sind

```cpp
// deque.cpp
#include <iostream>
#include <deque>
using namespace std;

int main()
{
deque<int> d;
deque<int>::iterator i;
int j;
for (j=0; j<20; j++) d.push_back(2*j+1);
for (j=0; j<5; j++) d.pop_front();
for (j=0; j<5; j++) d.pop_back();
for (i=d.begin(); i!=d.end(); i++) cout << (*i) << endl;
return 0;
}
```

Prog. 21.3: *deque.cpp*

Ausgabe 11 13 15 17 19 21 23 25 27 29

Zunächst wird die beidseitige Warteschlange d mit den ersten 20 ungeraden Zahlen gefüllt. Sodann werden vorne 5 und hinten 5 Elemente entfernt und die verbleibenden Elemente ausgegeben.

Die aktuelle Größe des Deque wird durch die Funktion size() geliefert, sie ändert sich dynamisch beim Anfügen oder Entfernen des letzten Elements. Die Funktionen back() und front() geben einen Zeiger auf das erste bzw. letzte Element zurück. Der Operator [] ist so überladen, daß die Elemente einer beidseitigen Warteschlange a auch für den Index a[i] angesprochen werden können.

21.5 Der Container <list>

Die Template-Klasse <list> kann zur dynamischen Erzeugung einer sequentiellen Reihung mit wahlfreiem Zugriff verwendet werden. Die Methoden
- push_back(), pop_back() // hinten anfügen, entnehmen
- push_front(), pop_front() // vorne anfügen, entnehmen

von <deque> sind übernommen werden. Es gibt folgende Formen des Konstruktors
- list() // leere Liste
- list(int) // Anzahl
- list(int, value) // Anzahl und Wert
- list(*first,*last) // Array
- list(&list) // Kopie einer anderen Liste

Das Einfügen und Löschen an einer beliebigen Stelle geschieht mittels
- insert(*position, value) // Einfügen von value an Iteratorstelle position
- insert(*position, int, value) // Einfügen von n Werten ab Iteratorstelle position
- erase(*position) // Löschen des Element an Iteratorstelle position
- erase(*first,*last) // Löschen zwischen den Iteratorstellen first, last
- remove(value) // Löschen aller Werte value

Zusätzlich sind noch definiert die Methoden
- unique() // Entfernen von Duplikaten
- sort() // Sortieren
- reverse() // Rückwärts anordnen

21 Die Standard Template Library (STL)

Ein Programmbeispiel zu <list> ist

```
// list.cpp
#include <iostream>
#include <list>
#include <algorithm>
using namespace std;

void ausgabe(const list<int>& L)
{
copy(L.begin(),L.end(),ostream_iterator
<int>(cout," "));
cout << endl;
}

int main()
{
list<int> L;
for (int j=0; j<20; j++) L.push_back((2*j+1) % 10);
ausgabe(L);
L.remove(5); ausgabe(L);
L.sort(); ausgabe(L);
L.unique(); ausgabe(L);
return 0;
}
```

Prog. 21.4: *list.cpp*

```
1 3 5 7 9 1 3 5 7 9 1 3 5 7 9 1 3 5 7 9
1 3 7 9 1 3 7 9 1 3 7 9 1 3 7 9
1 1 1 1 3 3 3 3 7 7 7 7 9 9 9 9
1 3 7 9
```

Wie die Ausgabe zeigt, wird die Liste vierfach mit den einstelligen ungeraden Zahlen gefüllt und dann alle Werte 5 entfernt. Die so entstehende Liste wird sortiert und alle mehrfach vorkommenden Elemente entfernt. Die verbleibende Liste ist somit 1 3 7 9.

Die aktuelle Größe der Liste wird durch die Funktion `size()` geliefert, sie ändert sich dynamisch bei Änderung der Elementezahl. `back()` und `front()` geben einen Zeiger auf das erste Element zurück. Der Operator `[]` ist so überladen, daß die Elemente einer Liste Warteschlange `L` auch für den Index `L[i]` angesprochen werden können.

21.6 Der Container <map>

Der assoziative Behälter `<map>` verwaltet eine Menge von geordneten Paaren, bestehend aus Schlüssel und Wert, wobei der Schlüssel eindeutig sein muß. Mögliche Konstruktoren sind
- `map() // leere Map`
- `map(compare) // Leere Map mit Vergleichsrelation`
- `map(*first,*last,compare) // Kopie eines Array`

Folgende Methoden sind definiert:
- `empty() // Gibt an ob Map leer`
- `size() // Anzahl der Paare`
- `erase(*position) // Löscht Paar an Iteratorposition`
- `find(&key) // Suche nach Paar mit Schlüssel key`
- `erase(&key) // Suche nach Paar mit Schlüssel key`
- `insert(Pair) // Einfügen eines Paares`

Das folgende Programm stellt ein Telefonverzeichnis als Map dar.

```
// telefon.cpp
#include <iostream>
#include <map>
#include <string>
using namespace std;
class compare
{
```

Prog. 21.5: *telefon.cpp (Fortsetzung auf der nächsten Seite)*

```
public:
bool operator()(string A,string B) const
{ return A < B; }
};

int main()
{
map<string,long,compare> Telefon;
Telefon["Franz Meier"] = 12345;
Telefon["Arnold Mayer"] = 1111;
Telefon["Dieter Bauer"] = 2323;
Telefon["Max Mueller"] = 565656;
Telefon["Peter Becker"] = 6666;
string gesucht = "Boris Becker";
if (Telefon.find(gesucht)!= Telefon.end())
cout << "Telefonnummer = " << Telefon[gesucht] << endl;
else
cout << "Teilnehmer nicht gefunden!" << endl;
return 0;
}
```

Prog. 21.5: *telefon.cpp*

Wichtig ist hier, daß die Telefonnummern nicht übereinstimmen dürfen. Eine vergebliche Suche mit der Methode find() erkennt man daran, daß der Iterator auf den Platz nach dem letzten Eintrag zeigt. Die STL-Bibliothek <string> ersetzt hier die char*-Zeichenketten der Namen.

21.7 Der Container Multimap

Der assoziative Behälter Multimap ist ebenfalls in der Template-Klasse <map> definiert. Wie die Map-Klasse verwaltet er eine Menge von geordneten Paaren, wobei hier auf die Eindeutigkeit der verwendeten Schlüssel verzichtet wird. Mögliche Konstruktoren sind
- multimap() // leere Map
- multimap(compare) // Leere Map mit Vergleichsrelation
- multimap(*first,*last,compare) // Kopie eines Array

Das folgende Programm zeigt die Realisierung einer Hashtabelle für ein englisches Mini-Wörterbuch mittels Multimap.

```cpp
// Multimap.cpp
#include <iostream>
#include <map>
#include <string>
using namespace std;

long hashcode(string str) // vierstellig
{
long hash = 1L;
for (int i=0; i<str.size(); i++)
   hash = (hash*19) % 9973;
return hash;
}

typedef multimap<long,string,less<long> > Lexikon;

int main()
{
Lexikon L;
long N = hashcode("sky");
L.insert(Lexikon::value_type(N,"sky"));
```

Prog. 21.6: *Multimap.cpp (Fortsetzung a. d. nächsten Seite)*

441

21 Die Standard Template Library (STL)

```
N = hashcode("sun");
L.insert(Lexikon::value_type(N,"flat"));
N = hashcode("dog");
L.insert(Lexikon::value_type(N,"dog"));
N = hashcode("house");
L.insert(Lexikon::value_type(N,"house"));
N = hashcode("cat");
L.insert(Lexikon::value_type(N,"cat"));
string gesucht = "moon";
N = hashcode(gesucht);
if (L.find(N) != L.end())
  cout << "Stichwort moeglicherw. gefunden " << endl;
else
  cout << "Stichwort nicht gefunden!" << endl;
return 0;
}
```

Prog. 21.6: *Multimap.cpp*

Da der Schlüssel der Hashtabelle eine long-Zahl ist, kann hier als Vergleichsfunktion das vordefinierte Funktionsobjekt less<long> verwendet werden. Da im Gegensatz zum Map-Behälter der Index-Operator [] nicht definiert ist, muß das Datenpaar in der Form Lexikon::value_type(,) eingefügt werden. Lexikon wird mit der typedef-Anweisung als Datenstruktur definiert. Der Typ der Multimap ist hier notwendig, da die Hashcodes zweier Lexikonwörter nicht notwendig verschieden sind. Mit Hilfe der count()-Funktion könnte man die Anzahl der Lexikonwörter zum gleichen Hashcode zählen.

21.8 Der Container <set>

Der assoziative Behälter `<set>` realisiert den mathematischen Mengentyp, der keine mehrfachen Element zuläßt. Mögliche Konstruktoren sind
- `set() // leere Menge`
- `set(compare) // Leere Map mit Vergleichsrelation`
- `set(*first,*last,compare) // Kopie eines Array`

Folgende Methoden sind für `<set>` definiert:

```
empty() // Menge leer?
count(key) // Anzahl der Elemente
find(key) // Suche nach Element key
size() // Mächntigkeit der Menge
erase(key) // Löschen des Elements
```

Als Anwendung des Mengentyps soll ein Lottotip ausgelost werden.

```cpp
// lotto.cpp
#include <iostream>
#include <set>
#include <stdlib>
#include <time>
using namespace std;

typedef set<int,less<int> > Menge;

void startzufall()
{ time_t now; srand((unsigned) time(&now)); }

int main()
{
Menge Lotto;
startzufall();
do {
```

Prog. 21.7: *lotto.cpp (Fortsetzung auf der nächsten Seite)*

21 Die Standard Template Library (STL)

```cpp
    int x = 1 + rand() % 49;
    Lotto.insert(x);
  }while(Lotto.size()<6);
  Menge::iterator i = Lotto.begin();
  while(i!=Lotto.end())
   {cout << (*i) << " "; i++; }
  cout << endl;
  return 0;
}
```

Prog. 21.7: lotto.cpp

Für die Set-Klasse sind in der Algorithmen-Bibliothek die Methoden zur Bildung der Schnitt-, Vereinigungs- und Differenzenmengen vordefiniert.

```
set_difference(), set_union(), set_intersection(),
set_symmetric_difference()
```

Dazu ein bißchen Mengenlehre:

```cpp
// menge.cpp
#include <iostream>
#include <set>
#include <algorithm>
using namespace std;
typedef set<int,less<int> > Menge;
void teilermenge(Menge& M, int n)
{
  for (int teiler=1; teiler<=n; teiler++)
  if (n % teiler == 0) M.insert(teiler);
}

ostream& operator<<(ostream& s,const
Menge& M)
{
  copy(M.begin(),M.end(),ostream_iterator
  Menge::value_type>(cout," ")); return s;
```

Prog. 21.8:   menge.cpp (Fortsetzung auf der nächsten Seite)

444

```cpp
}
int main()
{
Menge T24,T36;
teilermenge(T24,24);
teilermenge(T36,36);
cout << "T24 = " << T24 << endl;
cout << "T36 = " << T36 << endl;
cout << "Maechtigkeit von T24 = " << T24.size() << endl;
cout << "Maechtigkeit von T36 = " << T36.size() << endl;
Menge A,B,C,D;
insert_iterator<Menge> i(A,A.begin());
set_intersection(T24.begin(),T24.end()
,T36.begin(),T36.end(),i);
insert_iterator<Menge> j(B,B.begin());
set_union(T24.begin(),T24.end(),T36.
begin(),T36.end(),j);
insert_iterator<Menge> k(C,C.begin());
set_difference(T24.begin(),T24.end(),
T36.begin(),T36.end(),k);
insert_iterator<Menge> l(D,D.begin());
set_difference(T36.begin(),T36.end(),
T24.begin(),T24.end(),l);
cout << "Schnittmenge = " << A << endl;
cout << "Vereinigungsmenge = " << B << endl;
cout << "Differenzmenge T24-T36 = " <<
C << endl;
cout << "Differenzmenge T36-T24 = " <<
D << endl;
return 0;
}
```

Prog. 21.8: *menge.cpp*

Der Datentyp Menge ist mittels `typedef`-Anweisung definiert worden. Zum Erzeugen der Teilermengen T_{24} und T_{36} ist eine separate Prozedur erstellt worden. Da die Mengenausgabe mehrfach erfolgt, wurde hier der Ausgabe-Operator überladen. Für jede Anwendung der Mengen-Operationen wird ein `insert`-Iterator benötigt. Die Ausgabe des Programms zeigt

```
T24 = 1 2 3 4 6 8 12 24
T36 = 1 2 3 4 6 9 12 18 36
Maechtigkeit von T24 = 8
Maechtigkeit von T36 = 9
Schnittmenge = 1 2 3 4 6 12
Vereinigungsmenge = 1 2 3 4 6 8 9 12 18 24 36
Differenzmenge T24-T36 = 8 24
Differenzmenge T36-T24 = 9 18 36
```

Es besteht auch die Möglichkeit diese Mengen-Operationen mittels Operatoren zu überladen, was hier aus Umfangsgründen als Übungsaufgabe empfohlen wird.

21.9 Der Container Multiset

Die Template-Klasse Multiset ist ebenfalls in `<set>` definiert und läßt, im Gegensatz zur Menge, auch mehrfache Elemente zu. Multimengen werden z.B. in der Graphentheorie benötigt, wo die Kanten von Graphen als Multimengen von Eckpunkten dargestellt werden. Die Implementierung der Multisets erfolgt völlig analog zur Menge.

21.10 Der Adapter <stack>

Ein Stack (Kellerspeicher) ist ein Adapter, mit dem jeder Container, der einen Zugriff auf das letzte Element hat, ein FILO (*First In Last Out*)-Prinzip realisieren kann. Ein Konstruktor muß stets den zugrunde liegende Container angeben, z.B.

- `stack<vector<int> >`
- `stack<deque<double> >`
- `stack<list<char> >`

21.10 Der Adapter <stack>

Die Methoden des Stacks sind
- push(value) // Legen auf den Stack
- pop() // Entnehmen des obersten Elements
- top() // Zeiger auf obersten Elements
- empty() // Stack leer?
- size() // aktuelle Größe des Stacks

Eine einfache Anwendung des Stacks ist die Umkehrung eines Wortes.

```
// stackrev.cpp
#include <iostream>
#include <vector>
#include <stack>
#include <string>
using namespace std;

typedef stack <char,vector<char> > Stack;

int main()
{
Stack S;
string wort,ergebnis;
char ch;
cout << "Welches Wort soll auf Stack gelegt werden? ";
cin >> wort;
for (int i=0; i<wort.size(); i++)
   { ch = wort[i]; S.push(ch); }
while (!S.empty())
   { ch = S.top(); ergebnis += ch; S.pop(); }
cout << "Entnommenes Wort : "<< ergebnis << endl;
return 0;
}
```

Prog. 21.9: *stackrev.cpp*

21.11 Der Adapter <queue>

Eine Queue (Warteschlange) ist ein Adapter, mit dem jeder Container, der einen Zugriff auf das erste und letzte Element hat, ein FIFO (*First In First Out*)-Prinzip realisieren kann. Ein Konstruktor muß stets den zugrunde liegende Container angeben, wobei hier <deque> sicher die bessere Wahl ist.

- queue<deque<int> >
- queue<list<char> >

Die Methoden der Queue sind
- push(value) // Anfügen von value an die Schlange
- pop() // Entnehmen des ersten Elements
- front() // Zeiger auf erstes Element
- back() // Zeiger auf letztes Element
- empty() // Schlange leer?
- size() // aktuelle Größe der Schlange

Ein Beispiel zeigt, wie 10 ungerade Zahlen hinten eingefügt und vorne entnommen werden.

```
// queue.cpp
#include <queue>
#include <list>
using namespace std;
int main ()
{
queue<int,list<int> > Q;
cout << "Hinten angefuegt :" << endl;
for (i=0; i<10; i++)
    { cout << (2*i+1) << " "; Q.push(2*i+1); }
cout << endl << "Vorn entfernt :" << endl;
for (i=0; i<10; i++)
    { cout << Q.front() << " "; Q.pop(); }
cout << endl;
return 0;
}
```

Prog. 21.10: *queue.cpp*

Die Programmausgabe zeigt das FIFO-Prinzip:

```
Hinten angefuegt : 1 3 5 7 9 11 13 15 17 19
Vorn entfernt werden : 1 3 5 7 9 11 13 15 17 19
```

21.12 Der Adapter <priority_queue>

Eine Prioritätswarteschlange <priority_queue> ist ein Adapter, mit dem jeder sequentielle Container, der einen wahlfreien Zugriff hat, eine sortierte Struktur realisieren kann. Das zugehörige Prioritätskriterium muß definiert werden. Ein Konstruktor muß den zugrunde liegende Container und die Prioritätsfunktion angeben, z.B.

- priority_queue<deque<int>,less<int> >

Die Methoden der Prioritätswarteschlange sind
- push(value) // Anfügen von value an die Schlange
- pop() // Entnehmen des Elements höchster Priorität
- top() // Zeiger auf Element höchster Priorität
- empty() // Schlange leer?
- size() // aktuelle Größe der Schlange

Das folgende Programm definiert eine compare()-Funktion, die zwei ganze Zahlen anhand der Einerziffern vergleicht und entsprechend sortiert.

```
// compare.cpp
#include <iostream>
#include <queue>
#include <vector>
using namespace std;

class compare
{
public:
bool operator()(int x,int y) { return (x % 10)>(y % 10); }
};
```

Prog. 21.11: *compare.cpp (Fortsetzung a. d. nächsten Seite)*

```
int main()
{
priority_queue<int,vector<int>,compare> P;

cout << "Unsortiertes Array\n";
for (int i=0; i<20; i++)
   {
   P.push(1+(i*17) % 100);
   cout << (1+(i*17)% 100) << " ";
   }
cout << endl;
cout << "Array mit Einerziffern aufsteigend
geordnet\n";
while(!P.empty())
   { cout << P.top() << " "; P.pop(); }
return 0;
}
```

Prog. 21.11: *compare.cpp*

Die Ausgabe ist hier:

```
Unsortiertes Array
1 18 35 52 69 86 3 20 37 54 71 88 5 22 39 56 73 90 7
24
Array mit Einerziffern aufsteigend geordnet
20 90 71 1 22 52 3 73 54 24 35 5 86 56 7 37 88 18 39
69
```

21.13 Die Template-Klasse <complex>

Die Template-Klasse <complex> wird in der Regel für numerische Anwendungen verwendet, man wird daher meist den Datentyp complex<double> wählen. Als Beispiel sollen die komplexen Nullstellen eines reellen quadratischen Polynoms bestimmt werden. Für den Fall, daß nur eine lineare Funktion eingegeben wird, wird ein Ausnahmefall (exception) geworfen.

```
// except.cpp
#include <iostream>
#include <complex>
#include <math>
#include <excpt.h>  // C++ Norm <exceptions>
#include <stdlib.h>
using namespace std;

typedef complex<double> komplex;

void quadglch(double a,double b,double c,komplex& x1,komplex& x2)
{
double diskr;
x1 = komplex(0,0);
x2 = komplex(0,0); // Rueckgabe (0,0) im Fehlerfall
try{
    diskr = b*b-4.*a*c;
    if (fabs(a)<1e-14) throw("Keine quadratische Gleichung!\n");
    if (diskr >= 0)
        {
        double d = sqrt(diskr);
        x1 = komplex((-b+d)/(2.*a),0);
        x2 = komplex((-b-d)/(2.*a),0);
        }
    else {
```

Prog. 21.12: *except.cpp (Fortsetzung auf der nächsten Seite)*

```
        double d = sqrt(fabs(diskr));
        x1 = komplex(-b/(2.*a),d/(2.*a));
        x2 = komplex(-b/(2.*a),-d/(2.*a));
        }
    }
    catch(char* error) { cerr << error; }
    return;
}
int main()
{
    double a,b,c;
    komplex x1,x2;
    cout << "Loesung der quadratischen Gleichung
a*x^2+b*x+c=0\n";
    cout << "Eingabe der reellen Koeffizienten a b c ";
    cin >> a >> b >> c;
    quadglch(a,b,c,x1,x2);
    cout << "x1 = " << x1 << endl;
    cout << "x2 = " << x2 << endl;
    return 0;
}
```

Prog. 21.12: except.cpp

21.14 Nicht-verändernde Sequenz-Algorithmen

Die nicht-modifizierenden Sequenz-Algorithmen durchsuchen einen sequentiellen Container ohne Änderung der Reihenfolge

- for_each() //Durchmustern aller Elemente
- find(),find_end(),find_first() //Suchen
- adjacent_find() // Suchen benachbarter Elemente
- count(),count_if() // Zählen
- mismatch() // Untersuchen auf Ungleichheit
- equal()// Untersuchen auf Gleichheit
- binary_search()// Binärsuche

Ein Beispiel für die find()-Funktion ist z.B. im Abschnitt 21.6.

21.15 Ändernde Sequenz-Algorithmen

Die modifizierenden Sequenz-Algorithmen durchsuchen einen sequentiellen Container und ändern bei Bedarf der Reihenfolge

- copy() //Kopieren
- swap(),swap_iter() //Vertauschen
- transform() // transformieren
- fill() // Füllen einer Sequenz mit Wert
- remove() // Entfernen
- unique()// Entfernen von Vielfachen
- reverse()// Rückswärts durchlaufen
- partition() // Partition bilden

Das folgende Programm demonstriert das Vertauschen zweier Zeigerstellen mittels swap_iter() beim Sortieren durch Minimumsuche:

```
// swap.cpp
#include <iostream>
#include <algorithm>
#include <list>
using namespace std;

ostream& operator<<(ostream& s,const list<int>& L)
{
copy(L.begin(),L.end(),ostream_iterator
<int>(cout," "));
return s;
}

int main()
{
int i;
list<int> L;
for (i=0; i<15; i++) L.push_back((i+15)*19 % 100);
cout << "Unsortierte Liste\n" << L << endl;
```

Prog. 21.13: *swap.cpp (Fortsetzung auf der nächsten Seite)*

```
list<int>::iterator first,minimum;
first = L.begin();
for (i=0; i<15; i++)
  {
    minimum = min_element(first,L.end());
    iter_swap(first,minimum);
    advance(first,1);
  }
cout << "Sortierte Liste\n" << L << endl;
return 0;
}
```

Prog. 21.13: *swap.cpp*

Die Zeiger auf den ersten Platz und auf das Minimum werden als Iteratoren definiert. Die Anwendung von swap_iter() vertauscht die entsprechenden Zeiger. Mit advance(i,1) rückt der Iterator um ein Listenelement weiter. Die Ausgabe des Programms ist

```
Unsortierte Liste
85 4 23 42 61 80 99 18 37 56 75 94 13 32 51
Sortierte Liste
4 13 18 23 32 37 42 51 56 61 75 80 85 94 99
```

21.16 Mischen und Sortieren

Die folgenden Algorithmen mischen, sortieren und permutieren einen sequentiellen Container:

- sort() //Sortieren
- sort_heap() //Vertauschen
- min(),max(),min_element(),max_element()
- rotate() // Rotieren
- random_shuffle() // Zufallspermutation
- merge()// Mischen
- nth_element //k-größtes Element
- next_permutation() // Permutationen

21.16 Mischen und Sortieren

Das folgende Programm bestimmt alle 5!=120 Permutationen einer 5-elementigen Menge

```cpp
// permut.cpp
#include <iostream>
#include <algorithm>
using namespace std;

int main()
{
int a[5] = {1,2,3,4,5};
bool fortsetzung = true;
long zaehl=0L;
while(fortsetzung)
  {
  copy(a,a+5,ostream_iterator<int>(cout,""));
  if (++zaehl % 6 ==0) cout << endl;
  else cout << " ";
  fortsetzung = next_permutation(a,a+5);
  }
cout << zaehl << " Permutationen\n";
return 0;
}
```

Prog. 21.14: *permut.cpp*

```
12345 12354 12435 12453 12534 12543
13245 13254 13425 13452 13524 13542
14235 14253 14325 14352 14523 14532
15234 15243 15324 15342 15423 15432
21345 21354 21435 21453 21534 21543
23145 23154 23415 23451 23514 23541
24135 24153 24315 24351 24513 24531
25134 25143 25314 25341 25413 25431
31245 31254 31425 31452 31524 31542
32145 32154 32415 32451 32514 32541
34125 34152 34215 34251 34512 34521
35124 35142 35214 35241 35412 35421
```

21   Die Standard Template Library (STL)

```
41235 41253 41325 41352 41523 41532
42135 42153 42315 42351 42513 42531
43125 43152 43215 43251 43512 43521
45123 45132 45213 45231 45312 45321
51234 51243 51324 51342 51423 51432
52134 52143 52314 52341 52413 52431
53124 53142 53214 53241 53412 53421
54123 54132 54213 54231 54312 54321
120 Permutationen */
```

21.17   Numerische Algorithmen

Folgende numerische Algorithmen sind vordefiniert
- accumulate() // Aufsummieren
- inner_product() // Skalarprodukt
- partial_sum() // Partialsumme,produkt
- adjacent_difference //Differenz aufeinanderfolgender Elemente

Zur Demonstration der Funktion accumulate() werden hier die Partialsummen der e-Reihe berechnet.

```cpp
// partsum.cpp

#include <iostream>
#include <iomanip>
#include <math>
#include <vector>
#include <numeric> // #include <algorithm>
using namespace std;

double term(int n) // Reihenterm 1/n!
{
  double fak=1.; // fak(0)
  for (int i=1; i<=n; i++) fak *= double(i);
  return 1./fak;
```

Prog. 21.15: *partsum.cpp (Fortsetzung a. d. nächsten Seite)*

```cpp
}
int main()
{
  vector<double> v;
  vector<double>::iterator i;
  for (int j=0; j<15; j++) v.push_back(term(j));
  cout.setf(ios::fixed);
  cout << "Partialsummen" << endl;
  for (i=v.begin()+1; i!=v.end(); i++)
    {
      double sum=0.;
      sum = accumulate(v.begin(),i,sum);
      cout << setprecision(12) << sum << endl;
    }
  cout << "Grenzwert e = " << setprecision(12) << M_E
       << endl;
  return 0;
}
```

Prog. 21.15: *partsum.cpp*

Die Ausgabe zeigt die schnelle Konvergenz der Partialsummen:

```
1.000000000000
2.000000000000
2.500000000000
2.666666666667
2.708333333333
2.716666666667
2.718055555556
2.718253968254
2.718278769841
2.718281525573
2.718281801146
2.718281826198
2.718281828286
2.718281828447
Grenzwert e = 2.718281828459
```

Anhang

A.1 Literaturverzeichnis

[1] AMMERAAL, L : *C for Programmers* : Wiley Chicester-New York 1986

[2] ANSI-C Commitee: *Draft Proposed American National Standard for Information Systems – Programming Language C* : Washington DC 1987

[3] BANAHAN, M.: *The C Book* : Addison Wesley Wokingham- Reading- Menlo Park 1988

[4] BORLAND *Turbo-C 4.0 Reference Guide*: Borland International Scott Valley CA 1991

[5] DAUBACH, G./HANCOCK, L./KRIEGER, M.: *C-Programmierung*: IWT Vaterstetten 1984

[6] FEUER, A. R.: *C-Puzzle-Buch* : Hanser München-Wien, 1985

[7] FREIBEL, W.: *Using Quick C* : McGraw Hill Berkeley 1988

[8] HERRMANN, D.: *Probleme und Lösungen mit Turbo-Prolog*: Vieweg Wiesbaden 1987

[9] HERRMANN, D.: *Statistik in C*: Vieweg Wiesbaden 1991

[10] HERRMANN, D. : *Algorithmen für Chaos und Fraktale*, Addision-Wesley, Bonn 1994

[11] HOROWITZ, E./SAHNI, S.: *Algorithmen* : Springer Berlin-Heidelberg-New York 1981

[12] JAMSA, K.: *The C Library* : McGraw-Hill Berkeley 1985

[13] JAMSA, K.: *DOS - Power Users Guide* : McGraw-Hill Berkeley 1988

[14] JONES, R./STEWART, I.: *The Art of C Programming* : Springer New York-Berlin-Heidelberg 1987

[15] KELLEY, A./POHL, I.: *C Grundlagen und Anwendungen* : Addison-Wesley Bonn-Reading 1987

[16] KIEßLING, I./LOWES, M./PAULIK, A.: *Genaue Rechnerarithmetik - Intervallrechnung und Programmieren mit PASCAL-SC* : Teubner Stuttgart 1988

[17] KERNINGHAN, B./RITCHIE, D.: *Programmieren in C* : Hanser München-Wien 1983

[18] KERNINGHAN, B./RITCHIE, D.: *The C Programming Language* : Prentice Hall New Jersey 1988 (Second Edition)

[19] LIPSCHUTZ, S.: *Datenstrukturen* : McGraw-Hill Hamburg-New York, 1987

[20] MICROPORT *UNIX System V/386 Software Development System I,II* Scotts Valley CA,1987

[21] MICROSOFT *Optimizing C Compiler 7.0 Language Reference* : Microsoft Corporation , Redmont WA, 1993

[22] NORTON, P.: *Programmierhandbuch für den IBM-PC* : Vieweg/Microsoft Press ,Wiesbaden, 1986

[23] PLUM, T.: *Das C-Lernbuch* : Hanser München-Wien 1985

[24] SCHILDT, H.: *Using Turbo C* : Osborne-McGraw-Hill, Berkeley CA 1987

[25] SCHILDT, H.: *C - The Complete Reference* : Osborne-McGraw-Hill Berkeley CA 1987

[26] SCHILDT, H.: *Advanced C*: Osborne-McGraw-Hill Berkeley CA 1986

[27] SCHIRMER, C. : *Die Programmiersprache C*: Hanser München-Wien 1985

[28] SCHOSTAK, S. : *Variationen in C*: Vieweg/Microsoft Press Wiesbaden 1987

[29] TONDO, C. L./GIMPEL, S. E.: *Das C-Lösungsbuch zu Kerningham & Ritchie*: Hanser München-Wien 1987

[30] WIRTH, N. : *Algorithmen und Datenstrukturen mit Modula-2* : Teubner Stuttgart 1986

Für C++:

[31] STROUSTRUP, B. : *Die C++-Programmiersprache*, Addison-Wesley Bon 1994 n

[32] STROUSTRUP, B. : *The Design and Evolution of C++*, Addison-Wesley, Reading 1994

[33] BREYMANN,U.: *C++, Eine Einführung*, Hanser Verlag München 1994

[34] BREYMANN,U.: *Die C++ Standard Template Library*, Addison-Wesley, Bonn 1996

[35] GLASS G./ SCHUCHERT B.: *Einführung in STL*, Prentice Hall, München 1996

[36] GUDENBERG,J.W. von: *Objektorientiert programmieren von Anfang an*, BI Wissenschaftsverlag Mannheim 1993

[37] HERRMANN,D.: *C++ für Naturwissenschaftler*, Addison-Wesley, Bonn 1997

[38] HITZ,M.: *C++, Grundlagen und Programmierung*, Springer, Wien 1992

[39] KRIENKE,R: *C++ kurzgefaßt*, BI Wissenschaftsverlag Mannheim 1994

[40] Schader M. / Kuhlins S.: *Programmieren in C++*, Springer Berlin 1993

A.2 Verzeichnis der Beispielprogramme

Programm	Nr.	Seite	Bemerkung
01tupel.c	15.2	276	Rekursion
acker.c	10.7	179	Ackermann-Funktion
aegypt.c	13.3	249	Ägyptische Multiplikation, assert
alias.c	6.12	111	Pointer-aliasing
alias.cpp	18.1	361	Aliasing durch Referenzen
alias2.cpp	18.2	362	Aliasing durch Pointer
am.c	17.3	325	Mehrschrittverfahren von Adams-Moulton
ansi.c	16.17	314	ANSI-Treiber benutzen
ansisys.h	16.16	313	Header-Datei
argv.c	14.3	260	Befehlszeilenparameter
array.cpp	21.1	432	Iteratoren
ascii.c	3.3	28	Alle druckbaren ASCII-Zeichen
assert.c	13.2	248	Fehlerprüfung mittels assert
atoi.c	7.6	138	String in integer
bahn.c	12.5	212	Verkettete Liste
bahn2.c	12.7	217	Doppelt verkettete Liste
binaer.c	5.7	85	Binär-Umrechnung
binom.cpp	20.8	416	Wahrscheinlichkeitsrechnung
bintree.c	12.9	224	Binärbaum
bisect.cpp	20.6	411	Bisektion
bitcount.c	4.1	52	Bits verschieben
block.c	8.1	143	Blockstruktur eines Programms
bruch.c	11.3	188	Brüche addieren
bruch.cpp	19.1	378	Klasse für Brüche
bsearch.c	5.2	76	Binäres Suchen
bsearch2.c	5.3	78	Binäres Suchen
call.c	7.4	133	Wertübergabe
call.cpp	18.4	364	Wert-Übergabe an Funktionen

Anhang

Programm	Nr.	Seite	Bemerkung
capslock.c	16.15	311	CAPSLOCK-Taste abfragen
chivrt.cpp	20.9	419	Chi-Quadrat-Pruefverteilung
cls.c	16.1	298	Bildschirm löschen
collect.c	15.5	283	Simulation
compare.cpp	21.11	449	Prioritätswarteschlange
complex.c	11.4	190	komplexe Zahlen
complex.cpp	19.3	389	komplexe Zahlen
damen.c	15.7	287	8-Damen-Problem
datles.c	14.2	258	Lesen einer Datei
datschr.c	14.1	256	Schreiben in eine Datei
datum.cpp	20.1	399	Datums-Klasse
dblptr.c	6.9	106	Pointer auf Pointer
debug.c	7.8	141	Programm mit Fehlern, Übung
deque.cpp	21.3	436	Sequentielle Reihung
direc.c	16.5	302	Directory ermitteln
diskfree.c	16.8	304	Freien Plattenplatz ermitteln
dosver.c	16.6	303	DOS-Version ermitteln
dreieck.cpp	20.5	407	Dreiecksberechnung
drive.c	16.4	301	aktuelles Laufwerk ermitteln
dump.c	14.9	270	Hexadezimale Darstellung
dynfeld.c	6.11	109	dynamische Reihung
encrypt.c	14.8	268	Daten verschlüsseln
environ.c	16.10	306	Umgebungsspeicher auslesen
epidemie.c	15.4	281	Simulation
epidemie.cpp	19.5	395	Simulation
except.cpp	21.12	451	Exception
extern.c	8.4	149	externe Variablen
fahrenh.c	4.3	53	Fahrenheit in Celsius umrechnen
fak.c	3.7	34	Fakultätsfunktion
farn.c	17.9	346	Fraktalgrafik

A.2 Verzeichnis der Beispielprogramme

Programm	Nr.	Seite	Bemerkung
fib_rek.c	10.2	166	Fibonacci rekursiv
fixpunkt.c	15.1	274	Iteration
float.c	3.6	33	float-Genauigkeit
float2.c	3.9	38	float-Genauigkeit
float3.c	3.10	39	float-Genauigkeit
forever.c	10.1	163	Endlosschleife!!
gauss.c	4.10	64	Ostersonntag berechnen
gettime.c	16.7	303	Datum / Uhrzeit ermitteln
ggt.c	4.5	57	ggT berechnen
gint.c	17.4	329	Gauß-Integration
global.c	8.5	149	globale Variablen
golden.c	3.12	42	Goldener Schnitt
gotoxy.c	16.2	299	Cursor positionieren
hanoi.c	10.3	169	Türme von Hanoi
hanoi_it.c	12.3	208	Türme von Hanoi iterativ
heapsort.c	12.10	227	Heapsort
hello.cpp	18.5	367	Hello als C++
horner.c	5.8	87	Horner-Schema
househ.c	17.7	337	Householder-Verfahren
huffmann.c	12.11	231	Huffman-Code
isprint.c	7.7	139	char-Funktionen
itoa.c	4.6	58	integer nach String
josephus.c	12.8	220	Ringliste
kalender.c	11.2	184	Wochentagsberechnung
kartensp.c	11.1	183	ENUM-Variablen
kfz.c	11.6	195	UNION / STRUCT
list.cpp	21.4	438	Liste
liste.c	12.6	214	Verkettete Liste
llist.c	12.4	211	Durchlesen einer Liste
ln.c	4.4	55	Logarithmus berechnen

465

Anhang

Programm	Nr.	Seite	Bemerkung
long.c	3.13	43	Long double
lotto.cpp	21.7	443	Mengentyp
lvalue.cpp	18.3	363	Referenzen sind L-Values
magic.c	5.4	80	Magisches Quadrat
matherr.c	13.1	244	matherr-Fehlermeldungen
matrix.c	5.9	89	Matrizenaddition
memfree.c	16.9	305	Freien Hauptspeicher ermitteln
menge.c	5.6	82	Mengenoperationen
menge.cpp	21.8	444	Mengentyp
mises.c	17.6	334	von Mises-Integration
mixed.c	3.14	45	char und int verknüpft
multimap.cpp	21.6	441	Hashtabelle für Wörterbuch
normvrt.c	17.8	342	Normalverteilung
numline.c	14.7	267	Zeilen numerieren
numlock.c	16.14	311	NUMLOCK-Taste abfragen
numlock2.c	16.18	315	NUMLOCK-Taste schalten
ovrflow.c	3.1	24	Overflow demonstrieren
ovrflow2.c	3.2	25	Overflow demonstrieren
ovrflow3.c	3.4	31	Overflow mit float
pack.c	11.7	198	Bitfelder
pentium.c	3.11	409	Pentium-Fehler
permut.c	10.4	172	Permutation
planet.cpp	20.11	426	Planetengesetze im Sonnensystem
point.c	6.1	94	Pointer und Adreßoperator
point2.c	6.2	95	Pointer auf verschiedene Datentypen
point3.c	6.3	96	Reihungen und Pointer
polar.c	11.5	193	Polarkoordinaten
print.c	14.4	262	Drucker ansteuern
prints.c	16.3	300	Drucker ansteuern
ptr_ueb1.c	6.16	118	Pointer-Übung

A.2 Verzeichnis der Beispielprogramme

Programm	Nr.	Seite	Bemerkung
ptr_ueb3.c	6.17	119	Pointer-Übung
ptr_ueb5.c	6.18	119	Pointer-Übung
ptr_ueb6.c	6.19	120	Pointer-Übung
ptradd.c	6.4	98	Pointer-Rechnung
ptrfkt.c	6.13	113	Pointer auf Funktionen
ptrfkt2.c	6.14	114	Pointer auf Funktionen
ptrfkt3.c	6.15	116	Pointer auf Funktionen
partsum.cpp	21.15	456	Partialsumme
permut.cpp	21.14	455	Permutation
ptrsub.c	6.5	99	Pointer-Rechnung
qsort.c	10.6	177	Quicksort
queue.cpp	21.10	448	Warteschlange
quicksrt.c	10.5	175	Quicksort
random.c	8.3	147	Zufallszahlen
rkf.c	17.2	322	Runge-Kutta-Fehlberg
romberg.c	17.5	332	Romberg-Integration
romdate.c	16.12	310	Daten aus ROM lesen
romeo.c	15.6	285	Simulation
rotkoerp.cpp	19.2	383	Rotationskörper berechnen
rucksack.c	15.8	292	Backtracking
savage.c	3.8	37	Benchmark für C-Compiler
scrnfill.c	16.13	310	Bildschirm direkt schreiben
shell.c	5.1	74	Shell-Sort
show.c	14.6	266	Datei auf Bildschirm anzeigen
sideeff.c	7.1	123	Variablenveränderung durch Seiteneffekt
sideff2.c	7.9	142	Seiteneffekt-Übung
sieb.c	5.5	81	Sieb des Erathostenes
sieb.cpp	19.4	375	Sieb des Eratosthenes, C++
simpson.cpp	20.7	413	Simpson-Formel
sizeof.c	9.1	153	Speicherbedarf von Variablen ermitteln

Anhang

Programm	Nr.	Seite	Bemerkung
sound.c	16.11	308	Port ansteuern
sparen.c	1.1	7	C-Programm mit Ein- und Ausgabe
spektrum.cpp	20.10	423	Wasserstofflinien nach Bohr
stack.c	12.1	203	Stack-Funktionen
stack.cpp	20.4	405	Benutzt Template in stack.h
stack.h	20.3	404	Template für Datentyp Stack
stackrev.cpp	21.9	447	Stack-Funktionen
stack2.c	12.2	206	Stack-Funktionen
static.c	8.2	146	static-Variablen
stimmgab.c	17.1	320	Frequenzen berechnen
strfkt.c	7.5	136	String-Funktionen
strlen.c	6.8	104	Länge eines Strings ermitteln
strptr.c	6.6	102	Pointer und String
strptr2.c	6.7	102	Pointer und String
summe.c	7.2	125	Funktions-Prototyp
swap.cpp	21.13	453	Zeigerstellen vertauschen
tabell.c	6.10	107	zweidimensionale Reihung
telefon.cpp	21.5	439	Telefonverzeichnis
tilgung.c	14.5	263	Drucker oder Bildschirm ansteuern
tilgung.cpp	20.2	402	Hypothekentilgung
tmpfkt2.cpp	18.6	368	Template-Funktion
undflow.c	3.5	32	Underflow demonstrieren
vergl.cpp	21.2	434	Vergleichsfunktionen
waegepro.c	15.3	278	Das Teile-und-Herrsche-Prinzip
wuerfel.c	7.3	128	Zufallszahlen
wurzel.c	4.7	59	Wurzelberechnung
zeller.c	4.8	62	Kalender-Algorithmus nach Zeller
zinsesz.c	4.2	53	Zinseszins berechnen
zykloid.c	17.10	349	Grafik

Sachwortverzeichnis

A

Abbildung
  affin 344
abweisende Schleife 54
accumulate( ) 456
Acht-Damen-Problem 287
Ackermann-Funktion 178
Addition von Pointern 98
Adresse 91, 187
Adreßoperator 91, 131, 361
Ägypter 67
alert 254
Algorithmus 74, 184, 231, 322, 411, 415
  stochastischer 345
Aliasing 361
Allokation 392
alphanumerisch 139
Alternativ-Anweisung 59
Anfügen a.e. Datei 256
Annuitäten-Darlehen 263
ANSI C++ 354
ANSI C++-Norm 431
ANSI C-konform 134
ANSI C-Norm 35, 41, 113, 129, 150, 153, 238, 239, 241, 260
ANSI-Institut 2
Anweisung 21
  arithmetische 44
Approximation 341, 413
Arithmetik
  komplexe 190, 385
Arithmetikfehler 40
Array 205, 435
ASCII-Code 26
ASCII-Null 72
ASCII-Nummer 61
ASCII-Wert 139
ASCII-Zeichensatz
  erweitert 28
asctime( ) 247

Assembler-Code 316, 317
assert 415
assert( ) 247, 387, 395, 415
assert.h 247
assert-Anweisung 247
Assoziativität 152
AT&T 354
atoi( ) 137
Aufbau eines Heap 228
Aufzählungstyp 181, 358
Augensummen 90
Ausdruck 19
Ausgabe-Iterator 433
Ausgabe-Operator 446
Ausgabe-Prozedur 130
Ausnahmebehandlung 243
Ausnahmefall 451
Aussageverknüpfung 157
Auswerten v. Ausdrücken 155

B

Backtracking 286
Balmer 425
Barnsley M. 344
Basic 354
Basis-Klasse 381
Batchdatei 315
bdos( ) 300
Bedingungsoperator 152
Beispiel-Programm 7
Benchmark 37, 82
Bernoulli-Kette 415
Bessel-Funktion 331
Betriebssystem 315
Bezeichner 10
Bibliothek 6, 241
Bibliotheksfunktion 103
bidirektional 433
Bildschirmadresse 310
Bildschirm-Attribut 197

469

Sachwortverzeichnis

Bildschirmausgabe 266
Binärcodierung
  optimale 231
Binärdatei 270
Binärsuche 76
Binärsystem 158
Binärzahl 88
Binomialkoeffizent 180
Binomialkoeffizie 67
Binomial-Wahrscheinlichkeit 415
binout( ) 160
BIOS 297
Bisektionsverfahren 341
Bit 158
Bitdarstellung 159
Bitfeld 197
Bitkomplement 158
Bitnumerierung 198
Bitoperatoren 158
Blockstruktur 144
blockstrukturiert 3
Bohrsches Atommodell 423
bool 355
Boole G. 20
BOOLEAN 181
Boolesche Variable 4, 20, 156
Borland 354
Branch&Bound 290
BREAK-Anweisung 62
BRUCH 186
Bruchrechnung 372
bsearch 77
Bubble-Sort 131
Byte 82, 353

C

C mit Klassen 354
Call-by-Reference 130, 188
Call-by-Value 130, 376
CASE-Anweisung 61
CASE-Marke 61
Cast-Operator 46
Celsius- 53
char-Funktion 138
Chi-Quadrat 418
Codierung
  optimale 236
compare 441
compare( ) 449
Compiler 432
Compiler-Optionen 239
Compilieren 6
complex 385, 451
const 356
const-Anweisung 376
Container 446, 448, 449
Copy-Konstruktor 377
cout 366
C-Philosophie 3
C-Richtlinien 3

D

Datei 255
Daten-Element 371, 394
Datenkapselung 398
Datenstruktur 201
Datentyp
  Binärbaum 222
  bitfield 197
  BOOL 359
  char 26
  dynamischer 201, 210
  Heap 226
  höherer 181
  int 23
  Konversion 45
  Pointer 92
  UNION 296
  unsigned int 26
  Verbund 186
Datentyp-Konzept 3
DATUM 187
Datum / Zeit 246
De La Loubere 79
Default-Konstruktor 377
Default-Parameter 360
Default-Wert 146
Default-Zugriffsrecht 398
delete 391
deque 435
Dereferenzierung 107
Destruktor 391, 398

Sachwortverzeichnis

Determinante 344
Dezimalsystem 88
Differentialgleichung 324, 327
Digital Equiment 1
Dijkstra E. 66
DOMAIN error 244
doppelt verkettet 217
DOS 162
DO-Schleife 56
DOS-Funktion 300
double-Arithmetik 243
Dreiecksberechnung. 407
dreistellig 152
dynamische Reihung 392

E

e 457
Eigenfrequenz 319
Eigenwert 320, 334, 337
 betragsgrößter 336
Eigenwertproblem 340
Ein-/Ausgabe 366
einfache Vererbung 381
Eingabe 47, 388
 e.Datums 22, 48
 Gelingen 22
eingespannter Stab 319
Einmaleins 49
Einschrittverfahren 325
Element-Funktion 371, 381, 335, 391
Element-Operator 188
Ellipse 426
Elliptisches Integral 334
Endlosschleife 33, 51, 54, 57, 67
enum 358
ENUM-Typ 182
ENUM-Variable 188
Epidemie 394
Epidemie-Modell 281
Epizykloide 347
Eratosthenes 81, 391
e-Reihe 456
Erwartungswert 283
Escape-Sequenz 254, 312
exception 243, 451
explizites Argument 386

Exponential-Darstellung 30
extern-Erklärung 150
Extrapolationsschema 334

F

Fahrenheit 53, 121
Fakultätsfunktion 34, 163
false 355
Farn 344
fclose( ) 255
Fehlberg E. 322
Fehler
 relativer 40
Festkomma-Darstellung 30
fib( ) 167
Fib(30) 167
Fibonacci 166
FIFO-Prinzip 448
FILO-Prinzip 446
Final Draft 355
find( ) 452
Fixpunkt-Iteration 273
Flächeninhalt 90
Flatter-Array 106
float-Overflow 31
fopen( ) 256, 262
formale Parameter 130
formatiertes Einlesen 257
FOR-Schleife 51
Fragezeichen-Operator 152
Friend-Funktion 385
Funktion 121
 befreundet 385
 f.Zeichenketten 134
 für char 138
 mathematische 126
 parametrisierte 368
 funktionsähnlich 250
Funktionsaufruf 122, 146
 bei Rekursion 167
Funktionsblock 122
Funktionsobjekt 433
Funktions-Overhead 398
Funktions-Prototyp 125
Funktionsstack 122

471

G

Gauß C.F. 63, 287, 328
Gauß C.W. 90
Gauß-Integration 328
Geltungsbereich-Operator 358, 377
Genauigkeit d.Arithmetik 38
Geschke 97
ggT 165, 190, 373
Ghezzi 4
Gleichverteilung 422
Gleitkomma-Darstellung 30
Gleitkommazahlen
   Gleichheit von 32
global 149
globale Variable 123
Graphik 347
Gültigkeitsbereich 357

H

Halbierungsverfahren 76
Halbwinkelsatz 410
Hashsuche 431
Hashtabelle 441
Hastings 341
Header-Datei 6, 241, 366, 377
   stack.h 404
Heap 226
Heap-Bedingung 226
Heapsort 227
Heron 58, 410
Hewlett-Packard 431
Hexadezimalsystem 24
Hexadezimalzahl 162
Hexdump 270
Hexzahlen 15
Hoare C.A. 91, 173
Horner W. 87
Householder-Verfahren 337
Huffmann D. 230
Huffmann-Baum 233
Hypozykloide 347

I

IF-Anweisung 59

Implikation 157
Index 70
Indexgrenze e.Reihung 69
Initialisierung 24, 361, 381, 394
   e.Pointers 94
   e.Reihung 69
   e.Schleife 52
   v.statischen Reihungen 148
inline-Funktion 377, 386
inport( ) 307
int86( ) 297
intdos( ) 300
Integer-Overflow 23, 25
Integral 341
Intercity-Zug 212
Interrupt 297
ISO-Komitee 355
istream 388
Iteration 55, 273
iterative Lösung 167
Iterator 446, 454
Iteratoren 432

J

Josephus 219

K

K & R 2
Kalender-Algorithmus 62
Kelvin 426
Kerninghan B. 2
kgV 190
Klasse 371
   abgeleitete 381, 382
Knuth D. 163
Kommandozeile 259, 260
Komma-Operator 52
Komma-Regel 44
Kommentar 17
KOMPLEX 186
komplexe Arithmetik 192
komplexe Zahl 385
komplexen Nullstellen 451
Konstante 15, 16
   hexadezimal 15

long-Typ 34
mathematische 357
NULL 93
oktal 15
symbolische 16, 237
konstanter Pointer 96
Konstruktor 373, 381, 382, 398, 435, 436, 437, 439, 441, 443
Konstruktur 448, 449
kontrahierend 344
Kronecker L. 23

L

Länge
  e.Zeichenkette 103
Laufzeit-Fehler 31
Lautsprecher 307
Lebensdauer 357
Lee M. 431
Legendre-Polynom 329
LIFO-Prinzip 202
limits.h 242
Linken mit C 367
list 437
Liste 73, 210
  doppelt verkettet 217
  verkettete 210
Listenelement 210
Listen-Operationen 214
locale.h 245
Logarithmus 56
logischer Operator 156
lokale Variable 122
long double-Funktion 127
long-int-Overflow 35
Lottotip 443
Lottozahl 127
Lucas E. 169
L-Value 363
Lyman 425

M

Macro 237, 313
Macro m.Parameter 250
magische Zahl 79

magisches Quadrat 79
make_tree( ) 223
malloc( ) 108
Mantisse 35
map 439
math.h 243
matherr( ) 244
Matrix 88, 110, 336, 340
Matrizenaddition 88
Matrizenmultiplikation 88
Matrizenprodukt 90
Maximum 60
Meadows D. 280
Median 76
Mehrschrittverfahren 325
Mengen-Algorithmen 444
Mengenlehre 444
Mengenoperation 82
Mengen-Realisierung 81
Mengentyp 81
Menütechnik 117
Minimumsuche 453
mischen 454
MODULA-2 3
Modularität 4
Modulo-Rechnung 14
Monatsnamen 148
Monte-Carlo-Simulationen 281
MS-DOS 195, 197, 201, 240, 258, 295, 297, 307, 312
Multimap 441
Multiplikation
  v.Matrizen 88
Multiset 446
Musterung 343

N

Nachbedingung 249
Namensraum 355, 431
Nebeneffekt 252
new 392
Newton 319
Newton-Iteration 58
nichtabweisende Schleife 56
Nicht-Element-Funktion 386
Norm 2

Normalverteilung 341
Nullhypothese 418
Null-Pointer 260
numerische Algorithmen 456
numerische Integration 328, 413
NUMLOCK 311
Numlock-Taste 315

O

Objekt 353
objektorientiert 371
objektorientierte Version 283
Öffnen e.Datei 255
OOP 431
Open Software Foundation 1
Operator 13
 arithmetischer 44
 BOOLEscher 156
Operatoraufruf 377
Operatoren 44, 151
optimale Füllung 294
Ordnung e.Matrix 88
Oster-Algorithmus 63
ostream 387
outport( ) 307

P

Paar 439, 441
Parameterliste 122, 130
 leere 364
Partialsumme 456
Party-Problem 162
Pascal 81, 181
PASCAL 2, 45, 66
Pentium-Prozessor 40
Permutation 171, 455
PERSONALIE 187
Pfund 425
Pivot 173
Planetenbahn 426
Plaugher P.J. 2
Pointer 91, 398
Pointer auf Funktion 113
Pointer auf String 101
Pointer-Arithmetik 99

Pointer-Ausdruck 97
POLAR 186
Polarkoordinaten 192
Polygonfläche 90
Polynom 86, 451
POLYNOM 70
Polynomdarstellung 88
pop( ) 203, 206
Prädiktor 325
Primzahl 392
Primzahlsieb 391
print_tree( ) 223
printf( ) 253, 365
Prinzipien von C 2
Priorität 152, 365
Prioritätsliste 155
priority_queue 449
Programm
 01-Tupel 276, 277
 acker.c 179
 alias.c 111, 112
 am.c 325, 326, 327
 ansi.c 314
 ansisys.h 313
 argv.c 260
 array.cpp 432
 atoi.c 138
 bahn.c 212, 213
 bahn2.c 217, 218, 219
 binom.cpp 416, 417
 bintree.c 224, 225, 226
 bisect.cpp 411, 412
 bitcount.c 52
 bruch.c 188, 189, 190
 bruch.cpp 377
 bsearch.c 78
 bsearch2.c 76, 77
 call.c 133
 call.cpp 364
 chivrt.cpp 419, 420, 421, 422
 cls.c 298
 collect.c 283, 284
 compare.cpp 450
 complex.c 190, 191, 192
 complex.cpp 389, 390
 datles.c 258
 datschr.c 256, 257

datum.cpp 399, 400, 401
dblptr.c 106
debug.c 141, 142
deque.cpp 436
direc.c 302
diskfree.c 304, 305
dosver.c 303
dreieck.cpp 407, 408, 409, 410
drive.c 301
dump.c 270, 271, 272
dynreih.c 109
encrypt.c 268, 269, 270, 271 272
environ.c 306, 307
epidemie.c 281, 282
epidemie.cpp 395, 396, 397
except.cpp 452
fahrenh.c 53, 54
farn.c 346, 347
fibrek.c 166
fixpunkt.c 274
float1.c 33
float2.c 38
gettime.c 303, 304
ggt.c 57
gint.c 329, 330, 331
global.c 149
golden.c 42
gotoxy.c 299
hanoi.c 169, 170
hanoi_it.c 208, 209, 210
househ.c 337, 338, 339, 340
huffmann.c 231, 232
isprint.c 139, 140
itoa.c 58
josephus.c 220, 221, 223
kartensp.c 183
kfz.c 195, 196, 197
list.cpp 438
liste.c 214, 215, 216
llist.c 211, 212
ln.c 55, 56
long.c 43
lotto.cpp 444
lvalue.cpp 363
matherr.c 244
memfree.c 305, 306
menge.cpp 445

mises.c 334, 335, 336
multimap.cpp 442
normvrt.c 342, 343
numline.c 267
numlock2.c 315
pack.c 198
partsum.cpp 457
pentium.c 40, 41
permut.c 172, 173
permut.cpp 455
planet.cpp 426, 427, 428, 429
point.c 94
print.c 262, 263
prints.c 300, 301
ptrfkt.c 113, 114
ptrfkt2.c 114, 115
ptrfkt3.c 116
ptrsub.c 99
qsort.c 177
queue.cpp 448
quicksrt.c 175, 176
random.c 147
rkf.c 322, 323, 324
romberg.c 332, 333, 334
romdate.c 310
romeo.c 285, 286
rucksack.c 292, 293
savage.c 37
scrnfill.c 310, 311
show.c 266
sideeff.c 123
sieb.cpp 392, 393, 394
simpson.cpp 413, 414
sizeof.c 153, 154
sound.c 308, 309
sparen.c 7
stack.c 203, 204, 205
stack2.c 206, 207
stackrev.cpp 447
static.c 146
strfkt.c 136, 137
strlen.c 104
strptr.c 102
strptr2.c 102
summe.c 125
swap.cpp 454
tabell.c 107, 108

475

telefon.cpp 440
tilgung.c 263, 264, 265
tilgung.cpp 402
tmpfkt2.cpp 368, 369
vergl.cpp 434
waegepro.c 278, 279, 280
wuerfel.c 128, 129
wurzel.c 58
zinsesz.c 53
zykloid.c 349, 350, 351
protected 381
Prototyp 124, 377, 386
Prozeduraufruf 132
Prozedurblock 130
Prozessor 295
push( ) 202, 205
putchar( ) 254

Q

Quadrat
   magisches 79
quadratisch 88
quadratische Gleichung 451
Quersumme 180
Queue 448
Quicksort 173

R

RAND_MAX 127
readonly 376
Referenz 112, 361, 376, 387, 388
   nichtkonstante 398
register 145
Register 295
Reihung 86, 96, 391, 433
   mehrdimensionale 107
   zweidimensionale 72, 88
Reihungen 69
Reihungzugriff 71
Rekursionsanfang 163
Rekursionsschema 163, 276
Rekursionstiefe 208
rekursiver Aufruf 208
RETURN-Anweisung 122, 130
RETURN-Wert 315

reverse( ) 165
Richards M. 1
Ringliste 219
Ritchie D. 1
ROM 309
Romberg 332
Romeo & Julia 285
Rotationskörper 381
RTTI 355
Rucksack-Problem 290
Runtime-Error 31

S

Sammelbild-Problem 283
scanf( ) 47, 254
Schachbrett 287
Schaltalgebra 157
Schleife
   gekoppelte 357
Schleifeninvariante 249
Schleifenvariable 52
Schließen e.Datei 255
Schlüssel 439
Schlüsselwort 12
Schnittmenge 85
Schreibzugriff 256
Scope-Operator 358
Seiteneffekt 123, 142, 150
Sequenz-Algorithmen 452
set 443
setfill( ) 366
setprecision( ) 366
Shell D.L. 73
sichtbar 150
Simpson Th. 413
Simpson-Verfahren 415
Simulation 280
   e.Wahrscheinlichkeit 284
sizeof( ) 153
Skalarprodukt 70
sortieren 433, 449, 453
Sortieren 73
Sortierverfahren 131
Spaghetti-Code 353
Speicherbereich
   addressierbar 111

Sachwortverzeichnis

Speicherblock 392
Speicherformat 35
Speicherformate 153
Speicherklassen 150
Speicherplatz 92
Speicherreservierung
 dynamische 109
srand( ) 128
Stack 202, 446
Standard-Ausgabe 253
Standard-Dateien. 261
Standarddrucker 261
Standard-Eingabe 254
Standardfunktion 126
Standard-Funktionen
 long double-Typ 42
Standard-Numerierung 182, 226
Stapel 206
Stapel-Verwaltung 210
startzufall 443
static 146
statische Variable 146
stddef.h 242
stderr 261
stdin 258
stdio.h 255
Stellensystem 366
Stephanow A: 431
Steuerzeichen 15
Stimmgabel 319
STL 355, 431
string 440
string.h 134
Stringfunktion 134
Stringlänge 71
Stroustrup B. 354, 355
struct 358
Suchmethode 76
swap( ) 131
SWITCH-Anweisung 60
Syntax 9, 253, 381
 e.Funktion 121
Systemkonstante 240
System-Programmierung 295

T

Tabelle 344
 d.Speicherformate 35
 d.Speicherklassen 150
 d.Wahrheitswerte 156
 zweidimensionale 79
Tabellieren
 e.Funktion 115
Teilermenge 446
Teile-und-Herrsche-Prinzip 277
Telefonverzeichnis 439
Template-Funktion 368
Thomson K. 1
Tilgungsplan 402
Tilgungsrechnung 263
time.h 245
Token 18
Token pasting 251
toupper( ) 153
Trefferwahrscheinlichkeit 415
Trennzeichen 18
Trigraph 10
true 355
Türme von Hanoi 167, 208
Type Checking 354
typedef 442
typedef-Anweisung 358
TYPEDEF-Anweisung 70, 186
typeid( ) 355
Typenbezeichner 253, 254

U

überladen 385
Überladen
 v.Funktionen 360
 v.Operatoren 365
Überladen e.Operator 376
Ulam 68
Umkehrung 447
Umleitung 258
Umrechnung 85
Underflow 31
underscore 10
UNION-Typ 195
Universalzeit 246

477

Sachwortverzeichnis

UNIX 1, 77, 126, 129, 176, 258

V

Variable
   automatische 143
Variablenübergabe 364
Variante .194
vector 435
VEKTOR 186
Verbund 186, 373, 398
   variabler 194
Vereinigungsmenge 85
Vererbung
   einfache 381
Vergleichsfunktion 114
Verifikation 247, 248
verkettete Liste 210
Verschiebung v.Bits 159
Verschlüsselung 267
void 129
volatile 150
von Mises 334
von-Mises-Iteration 334
Vorrang v. Operatoren 155
Vorzeichen 60
Vorzeichenwechsel 411

W

Wägeproblem 278
Wahrheitswert 156, 181
Wahrscheinlichkeit 343, 417
Wahrscheinlichkeitsrechnung 341
Wahrscheinlichkeitsvektor 345
Warteschlange 448
Wasserstoffspektrum 423
Wertaufruf 360
Wertebereich 35
Wertübergabe 122
Wertzuweisung
   an Zeichenkette 72
   implizite 97
WHILE-Anweisung 55

WHILE-Schleife 54
Widerstand elektr. 343
Williams J. 226
Wirth N. 286
Wittgenstein 9
Wochentag 62
WOCHTAG 182
Wörterbuch 441
Würfelprogramm 128
Würfelzahlen 422
Wurzelberechnung 58

X

xor 157

Z

Zählwiederholung 51
Zeichenkette 17, 71
Zeilennumerierung 266
Zeller Chr. 62, 184
Ziffernfolge 165
Zinseszins 52
Zinsformel 49
Zuckerpackung 343
Zufallsgenerator 147
Zufallszahl 127, 422
Zufallszahlen-Generator 127
Zugriffsrecht 398
Zugriffs-Spezifizier 398
Zusicherung 247, 249, 395
Zuweisung 96

Sonderzeichen

#define 237
#error 239
DATE 239
FILE 239
01-Tupel 275
16-Bit Darstellung 23